Alles scheint ganz einfach zu Beginn dieses Romans, in dem ein junger Mann und Weltenbummler von seiner Sizilienreise erzählt. Doch bald schon – spielerisch und fast unmerklich – verwandelt sich der Reisebericht in einen magischen Mystery Thriller. Der arg- und ahnungslose junge Reisende sieht sich Geheimnissen Siziliens ausgesetzt, von denen er sich niemals hätte träumen lassen – Geheimnisse, in denen etwas sehr Altes, eine fabelhafte Zeitschicht des Landes fortlebt. Aufgelöst in der Hitze und herben Süße des Landes wird der Held zum Spielball merkwürdiger, archaischer Gestalten und zum Agenten in einer ihm unbekannten Mission. Diese spannende Litera-Tour und fantastische Travestie eines Krimis und Agentenromans läßt ihre Leser die unvereinbaren und doch nebeneinander existierenden Seiten Siziliens erleben: das moderne, von Korruption, Armut und Umweltverschmutzung schwer gezeichnete Land, das luxuriöse Land der Touristen, der Beutelschneider und Massenattraktionen – und zugleich eine Welt, für die Mythen und Träume nie aufgehört haben, lebendig zu sein.

Alban Nikolai Herbst wurde 1955 geboren. Für seinen Roman ›Wolpertinger oder Das Blau‹ (dtv 12833) erhielt er 1995 den Grimmelshausen-Preis. 1988 wurde er mit einem Jahresaufenthalt in der Villa Massimo und 1999 mit dem Phantastik-Preis der Stadt Wetzlar ausgezeichnet. Er lebt heute, neben häufigen Aufenthalten in Bombay, in Berlin.

Alban Nikolai Herbst

Eine Sizilische Reise
Fantastischer Bericht

Roman

Deutscher Taschenbuch Verlag

Von Alban Nikolai Herbst
sind im Deutschen Taschenbuch Verlag erschienen:
Wolpertinger oder Das Blau (12833)
Die Orgelpfeifen von Flandern (12930)

Vollständige Ausgabe
Juni 2002
Deutscher Taschenbuch Verlag GmbH & Co. KG,
München
www.dtv.de
© axel dielmann – verlag,
Kommanditgesellschaft in Frankfurt a. M., 1995
Umschlagkonzept: Balk & Brumshagen
Umschlaggestaltung: Stephanie Weischer
unter Verwendung einer Fotografie von
© The Image Bank/Christi Angarola
Gesetzt aus der Bembo 10/12·
Gesamtherstellung: Druckerei C. H. Beck, Nördlingen
Gedruckt auf säurefreiem, chlorfrei gebleichtem Papier
Printed in Germany · ISBN 3-423-12980-8

Jedes Land mit Seele hat Wölfe.
Wandern sie aus,
ist seine Seele gestorben.

Ciane

Ich habe viel Glück. Zwar legt die Fähre abends um halb neun ab, doch ist man besser vor acht an Bord. Eine ziemliche Hetze, wie ich meinen Rucksack über eine dreiviertel Stunde durch die stickige Schwüle vom Bahnhof herschleppe. Einfach kein Bus. Ganz Neapel leergefegt. Wenigstens noch einen Alimentari aufgetrieben, einen Lebensmittelladen, in dem ich mich mit dem für die Überfahrt Notwendigsten versorge: weich-pappige Brötchen im Plastikbeutel, ein Stück Parmesan, etwas Salami, eine Flasche Wein und anderthalb Liter Wasser. Stehe schweißnaß im Hafengebäude vorm Schalter, die Riemen schneiden in die Schultern. Bin froh, angekommen zu sein. Da schüttelt der Beamte den Kopf, zeigt wortlos auf ein handbeschriftetes Blatt Papier, das an die Scheibe geklebt ist: »Ausgebucht«. Mein Herz in den Kniekehlen pochend, erkläre ich, ich hätte kein Auto, »solo al punto«, nur die Passage, einen Schlafsessel brauchte ich nicht. Er zuckt mit den Schultern, wirft den Kopf zurück. »Versuch's oben«, heißt das. Also Rucksack und mich die breite Treppe rauf zum ersten Stock des Gebäudes wuchten, nach links abbiegen, durch eine Glastür hinaus auf den Freigang, von dort läuft die Gangway hinüber und füttert ein kleines hohles Rechteck in der hohen Steuerbordflanke des Schiffs mit Passagieren. Ich versuche, den beiden ziemlich unwirschen Kontrolleuren meine Lage auseinanderzusetzen. Sie lassen mich herein, verlangen aber meinen Paß und erklären mir etwas in einem völlig unverständlichen Dialekt. Der kleinere von beiden raunt mir auf deutsch das Wort »Zahlmeister« nach. Nahezu überall in Süditalien ehemalige Gastarbeiter.

Die engen Treppen hinauf, an dem Aufenthaltsraum, am

Restaurant vorbei, aufs Oberdeck – und den guten Platz gesucht, auf dem ich jetzt ziemlich aus der Puste vor mich hinsinniere. Das obere der beiden Achterdecks, Füße an der Reling. Auf einer der knapp hüfthohen hellblauen Kisten. Denke zurück, aber meine Erinnerungen sind irgendwie gebleicht.

Links die Burg, die den Hafen bewacht. Es ist zwar warm, 27 Grad, aber ich dächte, es müßte zum August heißer sein im Süden. Die Sonne steht ganz dicht über dem weißen Palast, der, hoch auf dem Berg und also weithin sichtbar, wie ein Perlmuttjuwel zu mir herunterleuchtet. Ziemlich viel Lärm und Betrieb. Heute ist Samstag und am Montag Ferragosto, *der* italienische Feiertag. Da zwischen Neapel und Palermo intimste Verbindung besteht, wird man die Tage nutzen, um Verwandte und Freunde zu besuchen. Soweit ich sehe und höre, sind durchweg Italiener an Bord, kaum Nordeuropäer und nur wenige Amerikaner. Mir im Rücken, aus einem Gefängnisverschlag im Schiffsaufbau, Hundegebell: klagende, nervöse Rufe. Leute mit drahtlosen Telefonen. Italiener haben eine ausgeprägte, kindliche Neigung zu jederlei technischem Spielzeug.

Das Schiff legt ab. Vom Kai herauf und vom Schiff hinunter winken Leute. Trotzdem ist der riesige Parkplatz vorm Fährhafen fast geleert. Der Vesuv nahezu im Dunst verschwunden, eine dunkle, rechts in den Horizont hineingeschobene Silhouette. Schließlich berührt die Sonne den Palazzo und wird rot darüber. Am Ufer glimmen die ersten Lampen. Schwerer, graubrauner Dunst über der Stadt: Smog, Hitze und Staub. Um mich herum wird dauernd drahtlos telefoniert. Schneller, als ich erwarte, wird es finster, und Neapel beginnt, in Tausenden von Lichtern zu schillern, zu glühen, zu leuchten. Sehr langsam gleiten wir in den Golf, an der sorrentinischen Halbinsel vorbei, passieren Capri, schieben uns aufs freie Meer. Es wird zehn, wird halb elf. Die Bordlampen werfen ein Licht, das man schattig nennen könnte. Der Dampfer rollt bedächtig über das sehr stille Wasser. An Steuerbord hängt der Mond überm Meer und streckt vom Horizont her einen schimmernden, kräusligen Arm bis an den Schiffsrumpf. Außer mir hat er zwei Liebespaare angelockt. Die Motoren dröhnen unter den Planken, und es jault ein kräftig aufgefrischter Wind. Ich bin nun doch ganz froh, meine Windjacke dabeizuhaben. Vereinzelt flimmern Sterne am Himmel.

Auf dem Oberdeck ist Ruhe eingekehrt. Die meisten Leute scheinen schon in ihren Kabinen zu liegen, oder sie treiben sich an der Bar und im Aufenthaltsraum herum. Als ich einmal hinabgeh, liegen bereits ein paar in den Gängen und schlafen auf Decken. Andere spielen Karten. In einer Ecke zupft jemand für sich auf seiner Gitarre. Die Luft unter Deck ist schwer und stickig. Auf jeden Fall im Freien übernachten.

Ich rolle meinen Schlafsack aus über zwei der Ladekisten. Was nicht ganz leicht ist: Der Wind schießt ständig in die Isoliermatte und knickt sie in die Fuge zwischen den Boxen, klebt sie an die Vorderwand der hinteren, und während ich ziehe, um die Matte wieder freizukriegen, nimmt sich der Wind den Schlafsack vor. So geht das einige Zeit halb zu meinem Verdruß, halb zum Vergnügen der paar Zuschauer, die noch an der Reling lehnen. Schließlich bin ich aus den Turnschuhen und in den Schlafsack geschlüpft, stopfe meine Wertsachen zu mir herein und fixiere, was um mich und unter mir ist, durch mein Körpergewicht. Mache mich bereit zu schlafen. Denke an Arndt. Meine Blicke verschwimmen im bleigrauen Firmament.

Irgendwann steht neben mir, er stützt sich mit nach hinten gedrückten Armen gegen eine der Kisten, ein älterer hochgewachsener Herr. Er ist mir vorhin schon aufgefallen. Auch er in einen Anorak gehüllt. Dem Typus nach kein

Italiener. Ein Fotoapparat baumelt nebst Futteral vor seiner Brust. Die gefütterte Kapuze flattert wie eine aufgeplusterte Windfahne. Er nimmt keinerlei Notiz von mir. Halb schlafe ich schon. Das Wort »Urlaub« fällt mir ein. Ich freue mich auf knapp zwei Wochen Ferien. Aber Ferien wovon?

Plötzlich die Bordsprechanlage. Sie tölt sowieso unentwegt, seit das Schiff abgelegt hat. Immer wieder werden Passagiere aufgerufen, manche wiederholt und mit besonderem Nachdruck. Der Mann wendet sich zu mir und sagt etwas, das bekomme ich im Halbschlaf erst nicht mit. Er wiederholt es, spricht deutsch: »Entschuldigen Sie, aber ich glaube, man ruft Sie.« Verwirrt blinzle ich ihn an. Er lächelt. Über uns zieht der speckige Dieselrauch aus dem Schornstein und zerwolkt jenseits des Unterdecks knapp hinterm Bug. Die Ansage wird, etwas schärfer im Ton, wiederholt. »Sie haben ja recht!« rufe ich, wühle mich aus Dösen und Schlafsack, in den sofort wieder der Wind faßt. Der Zahlmeister. Natürlich. Ich bündele mein Zeug zusammen, so gut es Böen und Hektik erlauben, schnalle alles mit einem Gürtel oben am Rucksack fest. Wenn ich meine Sachen nicht unbeaufsichtigt lassen will, werde ich sie mitschleppen müssen. »So ist das immer, nicht wahr?« sagt der Mann nebenhin, aber ganz ohne Spott. »Immer im falschen Moment.« Er spricht einen östlichen Dialekt. – »Ja. Blöd«, mache ich unwirsch. – Er schreitet, vornübergebeugt und langsam, davon. – Als die Ansage zum vierten Mal ruft, verlasse ich gerade das Deck.

Die Gänge im Schiff sind eng, dauernd stoße ich irgendwo an oder komme nur mit Ächzen und Zerren hindurch. Erstaunlicherweise geht aber mit dem Ticket alles glatt. Ich zahle meine Passage und erhalte meinen Ausweis zurück. 60 Mark. Na ja. Dann darf ich wieder hinauf.

Kaum biege ich oben hinter der Doppeltür ins Freie, steht dort wieder ein Italiener mit tragbarem Telefon, in das er leise hineinspricht. Habe zumindest diesen Eindruck. Er könnte schreien: selbst das wäre im Windgepfiff nicht zu hören, das einem um die Ohren heult. Doch sieht mich der Mensch für einen Augenblick scharf an, reißt seinen Blick zur Seite weg und schließt die Augen. Das hinterläßt in mir einen gleichsam leergesogenen Schrecken. Verwirrt gehe ich an ihm vorbei. Ich drehe mich noch einmal um. Er ist verschwunden.

Abermals die Prozedur mit dem Schlafsack,

Zurückdenken. Ich habe keine Erinnerung. Kann mich beim besten Willen auf nichts besinnen, was hinter mir liegt. Doch weil das Schiff sich so ruhig unterm Meereshimmel dahinwälzt und unter den Sternen der Dieselqualm wie eine zweite, aber sich grauschwarz verflockende Milchstraße fließt, die auf allem: auf Kleidung, Schlafsack, auf Händen und Gesicht eine schmierige Kriechspur hinterläßt, – und da auch noch drei Mädchen keine fünf Meter entfernt plätschernd tratschen – bisweilen spült eine Seitenböe Lachperlen herüber –, werde ich bald eingeschlafen sein.

KURZ NACH SECHS UHR WERDE ICH WACH. Ein rotblasses Band knapp überm Meeresspiegel achtern. Heut ist der 14. August. Das Wasser, silbergrau, eine plissierte, doch fest ausgespannte Pergamentfolie. Sie sondert, wiewohl das Schiff so träge und ungetüm darin schwimmt, ein sirrendes Geräusch ab, als würde Papier von einer scharfen Klinge durchschnitten. Dünne Wattefasern am Himmel. Leicht diesig alles. Sehr feucht die Luft. Leute in Anoraks, dicken Pullovern. Wehende, bei einigen verklebte Haare. Pärchen, die aufs Meer schauen, als strömte ihr Entrücktsein hinein. Freudiges Kläffen endlich wieder freigelassener Hunde. Solch ein kleiner Kerl bekommt sich gar nicht mehr ein, springt am Herrchen bis zur Brust hinauf, fällt ab, jagt mit wie zum Dreieck eingeknicktem Körper quer übers Deck, legt den Oberleib auf den Boden, kläfft, stutzt, kläfft wieder und jagt zurück. Die Seile, die von den Rollenspitzen der kleinen Kräne gegen die Krangalgen schlagen. In vielen Gesichtern das gesammelte, entschieden sanfte Sinnieren solcher, die über See gefahren sind und mythische Gefahren hinter sich gelassen haben. In anderen Augen eine müde Erwartung.

Das schönste Vorgebirge der Welt breitet gemächlich die Arme aus. Links zur Fahrtrichtung schiebt sich ins Meer, also den Osten, ein eher flaches Doppelkap, Capo Monger-bino und Capo Zafferano, eine graublaue Felsenmasse, die, je näher man der Küste kommt, um so mehr wie ein dünner Finger mit aufgehügeltem Nagel wirkt. Rechts der heilige Berg Palermos, Monte Pellegrino, ein urweltlich wirkender Kalksteinklotz. Ein Palais schaut von oben auf die Stadt. Diese wie platt niedrig, über den Häusern die Smogschicht. Palermo liegt in einer fruchtbaren Ebene, die, zum Meer offen, von einem Riesenbogen trutziger, glutkahler Berge geschützt ist. Conca d'Oro, Goldmuschel. Die Plantagen, die, wenn fruchttragend, die ebene Bucht in von Zitronen-gelb durchpunktetes Apfelsinenkupfer tauchen, haben Pate gestanden. Und die Sonnenfarbspiele am Bergmassiv.

Ich schlüpfe putzmunter aus dem Schlafsack. Er faßt sich ölig an, von den Niederschlägen des Dieselrauchs während der Nacht. Meine Haut riecht auch nach Benzin. Gegen Lee rolle ich Isoliermatte und Schlafsack zusammen, nehme einen Schluck aus der Wasserflasche, halftere mein Gepäck und begebe mich zu den Toilettenräumen. Unter Deck Geschiebe. Die frühen Gerüche von Zahnpasta, Seife und ersten Parfums. Vor den Toiletten eine Menschenschlange. Viele Leute drängen sich bereits mit ihrem Gepäck vor dem Ausstieg und besonders an den Fahrstühlen, deren Schächte hinab zu den Parkdecks im Schiffsbauch führen.

Gleich sieben. Ich sitze wieder auf meiner Kiste, wieder die Füße an der Reling, und warte. Je näher wir der Stadt kommen und je mehr drum der Wind abflaut, desto schwüler wird es. Ja, beinah ist es schon heiß. Dabei fällt mir auf, daß heute morgen gar niemand telefoniert. Sowieso ist kaum noch jemand hier oben, man will wohl, so schnell es irgend geht, die Fähre verlassen. Ich aber hab es nicht eilig, versuche, mich einzustellen auf den langen, ruhigen Zeitfluß Siziliens. Und bin gespannt, was Arndt von mir will.

AUS DEM HAFENKOMPLEX HINAUS. Die Via Emerico Amari, die von ihm wegführt, geradeaus hinan. Mich umfängt eine derartig dichte Schwüle, daß ich schon nach wenigen Metern völlig durchgeschwitzt bin. Kehre auf einen Caffè direkt am Hafen in einer Bar ein, die sinnigerweise »Bristol« heißt. Ein Blick des Capo auf mein Gepäck genügt vollauf, mich als touristischen Problemfall zu identifizieren. Auf dergleichen bin ich gefaßt. Sizilianer können Rucksacktouristen fast schon prinzipiell nicht leiden. Der Drogenhandel von Nordafrika aus lange Jahre über Sizilien abgewickelt und die Junkies eine Gefährdung des strikten Normsystems: Haltungs- und gottlose Desperados, die allein durch ihre Anwesenheit darauf aus sind, das Seelenheil sizilianischer Mädchen zum Einsturz zu bringen oder doch wenigstens ihre unbefleckte Verheiratung zu hintertreiben. Sizilianer kennen da keinen Spaß. Deshalb muß ich unbedingt meinen Rucksack loswerden. Das kann ich am Deposito des Bahnhofs; es wäre aber ein blödsinniger Umweg, erst dorthin zu marschieren oder mit dem Bus zu fahren und dann wieder zurückzukehren zur Sicantur.

Es ist halb zehn, als ich die Agentur an der Ecke der Via R. Wagner erreiche. Geschlossen. Arndt hat weder den Ferragosto noch die Ferienzeit bedacht. Ich könnte mein

Hemd auswringen, so naß ist es bereits. Die breiten Fenster und die Eingangstür über und überbunt mit Buttons verklebt: »Tirrenia«, »Aliscafi«, »Lufthansa«, »Alitalia«, »Meridiana«, »AM cards welcome«. Ein Schildchen für die Öffnungszeiten gibt es nicht. Kein Spaziergänger auf der Straße, überhaupt niemand, bei dem ich mich erkundigen könnte. Allerdings weiß ich, es geht abends eine Fähre nach Neapel zurück. Also wird am Nachmittag geöffnet werden, irgendwann nach vier, da zwischen 12 und 16 Uhr konsequente Siesta herrscht. Mein Rucksack insistierend schwer. Wo denn, fällt mir jetzt auf, sind die Passagiere und Autos von der Fähre abgeblieben? Wenigstens die müßten doch irgendwo zu sehen sein. Und weshalb hat mich Arndt ausgerechnet hierher bestellt?

Ich kritzele ein paar Zeilen auf einen Zettel, falte ihn, schreibe »Sig. Arndt« darauf und klemme ihn in den Türspalt.

Gegenüber die Politeama Garibaldi, das klassizistische Konzert- und Operngebäude Palermos. Am Haupteingang nach dem Abendprogramm geschaut. Ein Ensemble der MET vertanzt Tschaikowskij. Das muß nun nicht sein. Der schöne, wenn auch nicht sehr gepflegte Bau blickt auf einen breiten palmenbestandenen Platz. Ein eher nüchternes Hochhaus mit großer Lichtwerbefläche aus Neonröhren und Stahlstreben auf dem Dach beschließt die gegenüberliegende Seite der Piazza. In deren hinterem Drittel ein blumenumstandener Musikpavillon aus den Zwanzigern. Der Platz trennt die verarmte und ins Elend abgefallene Altstadt von den westlichen Quartieren zu beiden Seiten der gutbürgerlichen, von Geschäften, Boutiquen, edlen Restaurationen geschmückten Viale della Libertà.

Also zum Bahnhof. Nur selten einer der orangegelben Stadtbusse. Es gibt keine Fahrpläne. Das ganze Geschleppe zu Fuß. Bis auf ein paar wenige Bars – also Cafés – ist alles geschlossen. Ganz Palermo in Ohnmacht gefallen. Gitter vor den Schaufenstern und fast überall die kleinen weißen Schildchen »chiuso per ferie«, wegen Ferien geschlossen. Es ist nicht ruhig in Palermo, es ist erbärmlich still. Wie mit zugestopften Ohren schlepp ich mich dahin. Hin und wieder taucht zu Seiten der Via Roma, die quer durch die Altstadt direkt dem Hauptbahnhof zuführt, ein wie verirrter Sizilianer auf, dem ihre Stille offensichtlich den Schlaf geraubt hat. Erschüttert und schlurfend verschwinden solche Verzweifelten wieder. An den Bushaltestellen wartende Schwarze: Algerier, Marokkaner, Tunesier. Schweißtropfen hängen mir an der Nase, in den Brauen. Die sonst von aufgeregtem Kleinhandel, von Bäckereien, Fleischerläden, Supermärkten, Schuhständen und Barbieren berstenden Straßen zugeschlossen, vergittert, verkettet, verbrettert, zugenagelt. Nichts mehr als ein von im Sommer mörderischer Hitze, im Winter bisweilen bösester Kälte und unausgesetzten Wolkenbrüchen, sowie ein in allen Jahreszeiten von Blei und Wind weggeätzter, abgemeißelter, aufgesprengter Abbruch. Häuser, die sich enthäutet haben. Fenster wie Löcher. Und die brüchigen Prachtfassaden der barocken, aus gelb strahlendem Sandstein errichteten Gebäude leuchten verlassen vor sich hin. Selbst der kleine, grün angestrichene, stets von Zitruskaskaden überschüttete Kiosk, wo man die herrlichsten kühlen Fruchtsäfte und die beste Granita di limone Italiens bekommt – in knalligem Rot steht »Birra Messina« darüber –, ist verschlossen. Erst auf der Piazza Cesare, dem Bahnhofsvorplatz, belebt sich die Stadt ein wenig. Schon deshalb, weil er zentrale Station sowohl für die Stadt- als auch, neben dem Bahnhof die Via Balsamo hinauf, für die blauen Überlandbusse ist. Ich gebe den Rucksack ab, behalte nur meine Umhängetasche mit Paß und Sparbuch und dem Handgeld bei mir.

Wie schlafend sitzen in dem kleinen Mittelpark des Platzes unter Palmen und Nadelholz ein paar sehr dunkelhäutige Männer und lesen die Zeitung. Links das Hotel Elena. Autoclub-Empfehlung. Auf dem Dach eine Art Wappen oder Emblem, in welchem ein Wikingerschiff schwimmt. Das ist so unpassend, daß ich hineinschauen muß und nach den Zimmerpreisen frage. Natürlich zu teuer. Also für mich.

Jetzt ein Gang durch die Hafenquartiere. Im Gassengewirr große, zerbombte Plätze voller Bauschutt und Abfallberge. Eingestürzte Barockfronten, hinter denen Wohnlöcher gähnen. Selten der Blick durch einen Rundbogen hinein in einen halbwegs instandgehaltenen Hof: Auf den bröckelnden Balustraden der Balkone rührend liebevoll ein paar Blümchen, Kletterpflanzen, an einer ziselierten Kette hängt eine gußeiserne Laterne mit kleinen, butzenartig gelben Scheiben. Vor den Türen zerbeulte FIATs. Eng an eng die Häuser. Auf dem Weg liegt eine verwesende Scheibe Fleisch, an das nicht einmal mehr Ratten gehen. Auch die Fliegen halten sich zurück. Ein Elend ohne Angebot ist besonders fürchterlich. Es läßt sich nicht kaschieren. Etwa an all das süße Backwerk zu denken, geröstetes Lammgekröse, gekochten Tintenfisch, mitten auf dem kleinen Markt der Vucciria aus einem riesigen Blechtopf mit Zitrone und Brotstücken mundgerecht zerhackt auf Pappscheiben serviert und im Stehen mit Zahnstochern gegessen. Die Vucciria ist eine der ganz alten, traditionellen Märkte und der Garküchenbereich Palermos, sie speist die Armen. Noch wittert sich Arabien hier aus. Die Seiten vollgepropft sonst mit Ständen, Auslagen, Fisch, Muschelbergen, Fleisch, Gemüse, Kräutern, Früchten. Ich liebe diesen Platz. Lerne ihn hassen. Zwei Ständchen. Das sauer riechende Eingangsloch der Vineta, in der man an einer fleckigen Holzbar für 50 Pfennige ein Wasserglas voll des öligen, bitteren, schweren Weines bekommt, dessen Geschmack an vergorenen

Sherry erinnert. Draußen am Boden neben Müllhaufen hocken Kinder. Sie starren vor verkrustetem Schmutz. Gegenüber spielen an einem Plastiktisch drei Männer Karten. Die Blicke, abweisende Mimik, eine Heranwachsende tritt im bunten Kleidchen aus dem Laden, aufblinkender Flirt, der wird von den Männern, in deren Gesichter die Not sich eingeschartet hat, stolz und böse unterbunden. Das wie ein überhitzter Stoffwechsel gärende Menschenleben von Hitze und Einsamkeit und Elend fast völlig zum Stillstand gebracht. Der junge Reisejournalist, den es immer wieder nach Palermo treibt, und zwar hierher. Vucciria ist gleichbedeutend mit Sucht, er ihr erlegen: Man findet einige Knochen von ihm in einer Seitengasse. Er wird erst niedergeschlagen, ausgeraubt und liegengelassen. Es ist kein reicher Mann. Armbanduhr, ein Ring vielleicht, eine Kette, das Reisegeld. Er steht nicht mehr auf. Also nimmt man ihm die Kleidung. Läßt ihn liegen. Beobachtet. Wartet. Bevor die streunenden Hunde kommen, die Palermo in ständiger Suche nach Aas und Küchenresten und räudig aus Furcht vor Schlägen durchstreifen, zerhackt man ihn. Serviert tags darauf sein Fleisch auf dem Grill. Augen, Hoden und Glied läßt man den Hunden. Das ist die Vucciria.

Ich steige das Treppchen zur Via Roma hinauf. Durch die schmale Via Venezia zur Via Marqueda, diese rechts zur Piazza Verdi entlang. Das monumentale Teatro Massimo mit den riesigen Löwen zu beiden Seiten der noch riesigeren Freitreppe, wuchtig die Kuppel vor dem Schnürbodenaufbau, seit Jahren in Renovierung befindlich. Blinde, zerborstene und gänzlich fehlende Scheiben. Rohe, vor Hitze geplatzte Bretter vor und an und um den Protzbau genagelt. Faschistoid wie alle Restauration schaut er neidisch auf die antike Baukunst zurück. Die zur Instandsetzung bisweilen abgestellten Gelder werden umgeleitet, strömen durch subterrane Kanäle und versickern irgendwo im Landesinnern zwischen Corleone und Mussomeli. Dann wieder Elendsquartiere. Fast in allen süditalienischen Orten ist aus den alten Ensembles der Wohlstand längst emigriert und läßt die Häuser verrotten. Kaum eine Toilette funktioniert. Oft fehlt Wasser. Auf manche Balkone leerer verfallener Häuser, von denen oft nur noch die Fassaden stehen, gestützt von mächtigen Holzpfeilern und mittels Eisenstangen zusammengeklammert, sind Pappfiguren gestellt mit historischen Kostümen bemalt. Das gibt der Stille und dem Elend bisweilen eine illusionäre, freundliche Liebkosung bei. Irgendwann fallen diese Gebäude einfach in sich ein. Dann werden auf dem Grundstück unter Verwendung billigsten Materials Mietskasernen und Bürogebäude hochgezogen.

Ein nächster Caffè und eine erste, wenig überzeugende Granita. Es ist kaum halb zwölf. Soll ich sicherheitshalber noch einmal bei der Sicantur vorbeischauen? Ist ja nur um die Ecke. Und noch immer geschlossen. Schon gar kein Arndt in Sicht. Hat er mir einen Streich gespielt? Seltsam, daß ich mich seiner so gut erinnern kann, während doch alles frühere sonst in einem milchigen Nebel liegt.

Immerhin fiele seine Kluft hier selbst zur Hauptverkehrszeit auf: Burnus, in Hüfthöhe den weiten kunstperlenbesetzten Lederbeutel am bunt verschlungenen Riemen über Schulter, Brust und Rücken und die Linke an der Wurzel des Doppellaufs seines Gewehrs. Das nennt er Platon. Wird hoffentlich in Palermo auf dessen Schaustellung verzichten. Freilich sind arabischstämmige Menschen hierzulande nicht selten, es gibt eine ständige Fährverbindung nach Tunis. Das hat historische Gründe. Als im 10. Jahrhundert die Araber die römische Provinz überrennen, bleibt die für ihre Unbeugsamkeit berühmte Stadt Syrakus, zuvor über Jahrhunderte bedeutendster Ort Siziliens, noch lange Jahre im Widerstand. Die Araber halten eine kräftezehrende Belagerung für absurd und bauen das damals noch sehr unbedeutende Panormos, das sie Bulirma nennen, zur Hafen- und schließlich Hauptstadt aus. Der Handel geht seither an Syrakus vorbei. Das bricht ihm das Genick. Palermo blüht auf. Im 12. Jahrhundert füttern die Normannen die Vormachtstellung Palermos noch aus. Überhaupt orientiert sich Siziliens Westen in historischer Zeit eher an Afrika und Kleinasien. Nach dem Fall Trojas fliehen einige Troer nach Sizilien und siedeln sich unter dem neuen Namen Elymer an. Hingegen hängt der Osten des Landes psychisch und faktisch noch sehr lange am griechischen Erbe.

Von Trojas Fall aus betrachtet, stehe ich jetzt 3178 Jahre später vor einem sizilianischen Reisebüro und warte auf einen Menschenjäger. Der aber nicht kommt, sondern mich in dem nahezu völlig paralysierten Palermo sitzenläßt. Also noch mal am Nachmittag hin. Jetzt will ich mir eine Imbißstube suchen, eine *Tavola Calda*. In Restaurants nimmt man »il pranzo«, das italienische Mittagessen, ein. Das ist wenigstens dreigängig. Weder habe ich genügend Hunger, noch läßt meine Reisekasse eine solche Schwelgerei zu. Und bloß Nudeln zu bestellen, wäre, als verlangte man in einem gutbürgerlichen Lokal nur Kartoffeln mit Soße. Ich denke eher an Arancine, das sind mit Ragout, Erbsen, Tomaten und Käse gefüllte Reisbällchen, denen Safran die Farbe verleiht, mitunter zipfel-, dann wieder, und daher der Name, orangenförmig. Oder an Panzerotti: gefüllte, in Öl gebackene Hefeteigkrapfen. Oder einfach nur an Pasta al Forno im welligen Aluminiumschälchen. Oder. Oder. Aber ich will mich auch setzen; ich beginne, meine Beine zu spüren.

Der Weg ist weiter, als ich denke. Es wird immer heißer. Eine Temperaturanzeige zeigt 40 Grad Celsius. Was die Glut so nachdrücklich macht, ist die extreme Luftfeuchtigkeit. Ich trage, wenn es sehr warm ist, stets ein Handtuch über der Schulter. Das ist klitschnaß. Vor der riesigen Kathedrale parken zwei Touristenbusse. Menschen sind aber nicht zu sehen. Dann die Villa Bonanno, ein erstaunlich gepflegter und, noch erstaunlicher, kaum verbrannter Garten aus Blütenpracht und haushohen Dattelpalmen, in denen mächtige rotbraune Fruchttrauben hängen. Selten mal donnert ein Wagen an mir vorbei. Zum Palazzo Reale, dem normannischen Schloß, dessen erste Mauern auf Resten der phönizischen Stadtgründung von Arabern errichtet sind. Das Cassaro – von arabisch Kasr – Königssitz der Monarchia Sicula. Durch die an der Südseite mit afrikanischen manieristischen Männertorsi verzierte Porta Nuova auf die Piazza Indipendenza. Auch hier alles geschlossen, von einer Bar abgesehen, die draußen Stühle stehen hat. Drei Männer dösen dort. Ich nehme bei ihnen Platz und schaue über die spärliche, wenn auch weiträumige Grünanlage auf die wuchtig abfallenden Mauern des Palastes.

Minuten verstreichen. Niemand kommt mich bedienen. Das wird mir zu dumm. Ich rufe. Nicht einmal die drei Männer sehen auf. Ich entschließe mich zu einem Besuch der Cappuccini. Das Wort meint keinen kaffeeartigen Sud, sondern die Katakomben unter einem Kapuzinerkloster. Ich frage nach der Busverbindung. Alle drei zucken mit den Schultern und schweigen. Ich frage nach dem Weg, und man sieht mich tief verwundert an. Endlich erklärt mir einer von ihnen, ich solle einfach die Via Cappuccini entlanggehen, dann käm ich schon hin. Die Straße zweige direkt von der Piazza ab, ja, dort drüben gleich. So gehe ich los. Die drei grinsen heimlich. Denken, ich merk das nicht. Kein Sizilianer käme jemals auf die Idee, bei hohem Sonnenstand einen Fuß, geschweige die Beine zu bewegen.

Mitten auf der kahlen glühenden Piazza dei Cappuccini

eine haushohe Stange für Scheinwerfer. Eine nur lose hängende Reklametafel daran. Ein paar parkende Autos und ein Reisebus mit olivgrünen Streifen. Der Fahrer, wartend, hinterm Steuer. Er raucht, liest die Zeitung. Über dem Metall der Wagen flirrt die Luft. An einer Ecke ein Händler mit Früchten und Gemüse. Schräg gegenüber ein Blumenladen. Außerdem eine Art flacher Portikus mit vier eckigen Säulen. Dahinter, also über dem breitspitzen Giebel des Portals und dem ebenen Dach, sind hohe Neubaukasernen zu sehen und, offensichtlich liegt direkt dahinter ein Garten, ein paar Baumwipfel.

Es ist sehr eigenartig, aus der gleißenden, dieser niederdrückenden Hitze in einen Keller, zumal eines Klosters – und dann eines solchen! – abzusteigen. Hinter der kleinen versteckten Pforte der Mönch in brauner, in der Taille geschnürten Kutte, die Kapuze nicht auf dem Kopf. Dichter Bart. Die Kollekte wird in ein Bastkörbchen hineingetan. Außerdem, für die Touristen, Verkauf von Postkarten und kleinen Katalogen. Nicht daß es eigentlich kühler würde, wenn man die Treppen der gekalkten, mehrfach zur Seite knickenden Gänge hinunterschreitet. Aber es stellt sich der Eindruck her. Es geht über Stein-, mal über Marmorplatten. Häßliche kleine Schächte zur Seite. Neonleuchten schwelen darin. Die Katakomben dann, lieblos und ernüchternd wie Mietskellerräume, vollgestopft: in den Wänden – doppelt, manchmal dreifach übereinander – endlose Muldenreihen, einfache Gerüste auch und Lagerregale, unten mit Gittern abgesperrt. In diesen Mulden und auf den Regalbrettern liegen, sitzen und stehen, auf Stöcke gespießt, mit Draht festgehalten, oft quillt das Stroh vor, mit dem sie vollgestopft sind, – liegen, sitzen und stehen Leichen. Mumifizierte, verknitterte, teils nur noch knochige, teils aber auch im Fleisch vertrocknete und ganz selten, in Vakuumsärgen, gleichsam lebendig gebliebene, schlafende Körper. Rund achttausend Greise, Frauen, Kinder, Säuglinge, Reeder, Priester im Ornat, einer neben dem anderen, oft mit Schildern um den Hals, wer sie gewesen, wann sie geboren, was sie getan. Kleinkindmumien, in den Augen ein seltsam poröser Blick.

Es ist ziemlich laut im Gewölbe: Lachende Jugendliche, makaber quasselnde Frauen, Reisetrupps, Kameras, Geklikke, pietätloses Blitzlicht. Dumpf riecht es nach Staub, nach mürber Wärme, nach Insektennestern. Durch leere Augenhöhlen gefädelter Draht, zur Seite um Nägel gewickelt, die die Köpfe halten. Die Zeit frißt sich durch Mumien und Wände und weist die Lebenden ab. Nichts gibt es darum hier, was unheimlich wäre.

Plötzlich wird es still.

Ein paar Schritte hallen noch von den Treppen her. Als wären die Leute mit einem knappen geräuschlosen Windstoß weggepustet. Ich bleibe mit den Toten allein. Zum letzten Luftschnappen, weil die Seelen nicht ablassen wollen, aufgerissene Münder. Als schrien sie im Tod. Das papierhafte Wangenfleisch verzerrt gegens Ohr. Alles ein letzter und verzweifelter Kampf. Und es ist nicht so sehr Rosalia Lombardo, das zweijährige Mädchen im luftdichten Sarg, den eine Glasplatte verschließt, damit man hindurchsehen könne, wie sehr schön sie noch sei, »sleeping beauty« nennt ein Schild sie, Marienbild auf dem Deckchen über dem wahrscheinlich aufgeplatzten Bauch, orangesamtenes Schleifchen im Haar, 1920 gestorben, die Geschwister, sogar greise Eltern könnten noch leben, man stelle sich vor!, – und ebensowenig die wohlerhaltenen Gesichtszüge eines hübschen jungen Mannes, in der Kapelle gleich daneben aufgebettet, die Augen noch in den Höhlen, blaue Augen, Tote haben immer blaue Augen, – und erst recht nicht sind es die Legionen eingetrockneter Säuglinge, manche zu zweit in Kindersärglein gesperrt ... sondern wenn man die

Eingangsstufen hinabkommt und geradeaus geht bis zu dem Bretterverschlag ... Ja, schau nach links, die letzten beiden Toten in der unteren Reihe dort: Dort ist etwas geschehen. Etwas leise Triumphales. Etwas Fürchterliches. Überheblich und sentimental.

Es gibt da nämlich zwei *Menschen*. Sehr eigenartig. Eine Nachlässigkeit. Denn obgleich man so strikt den Tod sortiert: Männer zu Männern, Frauen zu Frauen, Kinderreihen, Priester, Bischöfe, alle die zu ihresgleichen, – obwohl also alles so widerstandslos und kirchlich-bürokratisch sich hat einrichten lassen, ist doch der Schädel einer ... ich mag nicht »Mumie« zu ihr sagen: – ist der Schädel des einen Toten auf die Schulter der nächsten gesunken, auch berühren sie einander an den Händen, wie unabsichtlich, zufällig, geradezu diskret. Nur deshalb sieht es so aus, als wüßten die beiden über den Tod hinaus sich vereint zu halten und verstünden es, die letzte, die endgültige Trennung ganz zart zu unterlaufen und das hinüberzuretten, worauf es einzig ankommt. Einzustehen dafür. Das Leben eben nicht zu denunzieren mit dem Satz, alles sei eitel.

Gerührt seh ich das an. Ein paar Minuten vielleicht. Dann pfeift es.

Es pfeift hier jemand. Ich dreh mich zur Seite. Keine Menschenseele zu sehen. Ich bin allein. Abermals pfeift es. Das ist wie ein Ruf, wie »Komm her!«. Ich höre: »Komm her!«. Tue ein paar Schritte. Der Ruf kommt von über mir. Ich hebe den Kopf. Hat der Mann, der in zweiter Reihe in einer holzgerahmten Mulde der Wand steht, und über ihm steht ein dritter, – hat der sich eben bewegt? Eine Täuschung, keine Frage. Trotzdem trete ich, ein Reflex, etwas zurück. Muß lächeln. Stelle mich auf die Schuhspitzen, um das verblaßte Schild lesen zu können, das ihm zu Füßen schräg rechts in der Ecke steht. Mühsam entziffere ich die geschnörkelte Handschrift:

Sig. Antonino Prestigiacomo
mori a 4 Xbre 1844

Sein Gesicht ähnelt dem Hans Christian Andersens, wirkt aber nicht blasiert, sondern traurig. Ich warte darauf, daß sich Signor Prestigiacomo noch einmal rührt. Er trägt eine kaftanähnliche Kutte. Kordel um den Bauch. Das um den Hals geschlungene Seidentuch, die Zipfel drapiert in den Kuttenausschnitt. Lederne, rotbraune Gesichtshaut, leicht vorspringende Knochen über eleganten schmalen Wangen. Ein fast klarer Blick. Stirnglatze. Ein schöner Mann ist das einmal gewesen. Die schwarzen Haare noch jetzt wie gepflegt. »Da sind Sie ja endlich«, sagt er. Ich sehe mich um. Es gibt wieder Besucher. Zwei Grüppchen damit beschäftigter Leute, permanent die Leichen zu knipsen. Man könnte meinen, es gebe ein fotografisches Gen, das immer dann in Reflex tritt, wenn Menschen verreisen. »Das hat diesmal aber lange gedauert«, sagt er. Ich räuspere mich, schaue mich abermals um. »Keine Sorge«, wieder er, »die sind zu unaufmerksam, um etwas zu merken.« Verstummt. Setzt hinzu: »Wenn ich allerdings jetzt hinabstiege zu Ihnen, dann würde das *schon* Aufsehen machen.« Er lacht über diese Bemerkung. »Sehen Sie, ich hänge hier doch ständig herum und warte darauf, mich wieder einmal mit jemandem unterhalten zu können. Ich freue mich wirklich sehr, daß Sie gekommen sind.« Er verstummt. Kein Fingerzucken, kein Lidschlag. Angestrengt lausche ich. Die Stimmfetzen der Besucher finde ich störend. Die Situation hat etwas Peinigendes. »Ich bin Tuchhändler gewesen«, erzählt Signor Prestigiacomo. »Es ist mir nicht schlecht gegangen. Etwas früh gestorben bin ich vielleicht. Meine Frau liebt mich sehr. Sie vergöttert mich. Darum bin ich für sie konserviert, da kann sie mich anschauen kommen, wann immer sie will. Sie und die Kinder. Denn gewiß, Signore, es gibt Kinder, *bambini*«, sagt er, »acht in neun Ehejahren. Ich warte auf sie. Ich warte immer. Alle Sizilianer warten. Und ich bin Sizilianer, mein Herr! Ich bin zu Zeiten auch ein Dieb. Ein Sizilianer muß Dieb sein. Aber jetzt habe ich eine Aufgabe, jetzt soll ich Ihnen Sizilien zeigen. Nur müssen wir noch etwas warten, Signore, wir müssen wenigstens warten, bis man hier schließt.«

Gemurmel, abermals von den Touristen. Blitzlichter. Ich grüble. Ich habe etwas vergessen. Welch ein Schicksal! Ich bin mir sicher, er spricht jeden so an. Ganz offensichtlich tut er das, seit er hier aufgestellt worden ist. Vielleicht schweigt er ganz zu Anfang noch, zwanzig, dreißig Jahre lang. Doch nicht ein einziges Mal erscheinen seine Frau und die Kinder, um ihn anzuschauen und ehrend zu grüßen. So legt er sich dann Wort für Wort zurecht, und er spricht nun wie ein Automat, der ins Leere ein Magnetband repetiert. »Ich warte immer darauf, daß jemand mir zuhört.« Scheu sehe ich zu beiden Seiten nach den Besuchern der Gruft. Räuspere mich. »Nein, nein, Sie müssen keine Angst vor mir haben!« Ich höre Signor Prestigiacomo deutlich sprechen. Das macht mich nervös. Es ist keinesfalls meine innere Stimme. Es ist durchaus kein Selbstgespräch. Weil ich mir dessen so sicher bin, will ich weg. Ich presse die Augen zusammen. Doch Signor Prestigiacomo entgeht meine Anstrengung nicht: »Bitte! Sprechen Sie mit mir! O ein Wort nur!«

Ich lasse die Muskeln in den Oberschenkeln spielen. Drei Besucher – Vater, Mutter, Onkel – kommen nahe heran, stellen sich neben mir auf. Zeigen mit dem Finger auf Signor Prestigiacomo und sind über seine Lebensechtheit entzückt. Ich bin darüber eher entsetzt. Der Onkel hebt die Spiegelreflex. Kinder laufen herbei, zwei Jungen, die Kriegen spielen. Der eine rüttelt an den Metallstäben. Signor Prestigiacomo zuckt. Ja. Jetzt seh ich es deutlich. Dabei erreicht das Zittern des Gitters ihn eigentlich nicht, er ist ja fast einen Meter dahinter positioniert. Trotzdem zuckt er.

Das Blitzlicht blascht, in einem flüchtigen Moment trifft mich ein leidvoller stahlblauer Blick, dann kippt der Kopf nach vorn, wackelt, löst sich mit einem Geräusch vom Rumpf, als würde Papier zerrissen. Die Mutter schreit auf, die Kinder lachen, die Eltern ziehen sie an den Schultern zurück und drücken sie an sich, vor Bauch und Brust, die Arme schützend um die beiden Körper, und mit einem gestopften Laut, als bestünde er aus nichts als locker aufgefülltem Leder, klatscht Signor Prestigiacomos Kopf vor meinen Schuhen zu Boden.

Eltern und Kinder sind weg, als sich meine benommene Körperstarre zu lösen beginnt. Was soll ich tun, verdammt?! Dem Kapuziner bescheidgeben, der oben am Eingang die Kollekte entgegennimmt? Ja sicher! Und doch hält mich etwas davon ab. Eine Beobachtung. Über ihre Konsequenzen mache ich mir besser keine Gedanken. Ich registriere den Sachverhalt auch nicht gleich. Sondern zögernd nur und ganz langsam und sehr widerstrebend kann ich, was ich sehe, für wahr nehmen. Aus dem gegerbten Hals büschelt Stroh, seit langem graugeworden. Und auch unter den gesprungenen, aufklaffenden Stirnbeinen quillt eine spröde, muffige Stopfmasse vor. Aber aus dem linken Nasenloch sintert ein dünner Faden Bluts. Kaum zu erkennen, so wenig ist es. Aber läuft, läuft. Tropft auf den Stein. Gerinnt. Ein alter Farbfleck. Mehr nicht. Läuft aber immer noch nach. So sieht es aus. Eine Verfärbung der Haut? Ein dürrer Schatten vielleicht. Mir ist flau. Ich ringe nach Atem. Dann laufe ich los. Die Gänge hoch. Der Kapuziner. Ich starre ihn an. Er starrt mich an. Senkt die Augen. Wahrscheinlich bin ich aschfahl im Gesicht. Oder grün. Er murmelt etwas in seinen dichten grauweißen Bart. Blickt wieder hoch, lächelt unfaßbar tröstlich. Erst im Pinienduft und dem Geruch erhitzten, geradezu flüssigen Steins schüttele ich meine Vision von mir ab.

KEINE AHNUNG, WIESO ICH WELCHEN WEG EINSCHLAGE. Fieber aus Sonne. Bin irgendwie zur Piazza Indipendenza zurückgelaufen. Die Konturen der Häuser, an deren Fassaden die Hitze herumbeißt, flocken an den Rändern schneeweiß aus. Es geht auf drei. Ich flüchte durch alldies dahin. Viertel nach drei, halb vier. Links an den massiven schrägen Burgmauern des Palastes vorbei. In mir und durch mich hindurch bereitet sich etwas vor, das meine Kräfte übersteigt. Ich bin zu unruhig für dieses Land. Eigenartig. In allem Radau, den Sizilianer für gewöhnlich veranstalten, schwatzend, schreiend, mit Kofferradios und röhrenden Motoren und Hupen, liegt doch etwas Ergebenes, ein ihr Inneres durchfließender Fatalismus. Lärm ist hier Ersatz für Leben. Eine Art islamisches Erbe, das ich selbst nicht teile und das eine ungute Verbindung eingegangen ist mit dem christlichen Auftrag, sich die Erde untertan zu machen. So grübele ich und tue es eigentlich nur, um mein Erlebnis von mir zu rücken, es in meinen abstrakten Gedankengängen gewissermaßen auszutrocknen. Denn es ist ja kein Lärm. Alles ist still. Ich bleibe stehen. Chiesa di S. Giovanni degli Eremiti. Wische mir mit dem Handtuch Gesicht, Stirn und Nacken.

Auf dem strengen Steinkubus der aufgelassenen Kirche zwei märchenhafte, rot leuchtende Kuppeln. Eine dritte schmückt das Dach des eckigen kleinen Turms, in dem man hinter noblen Fensterbögen den Glockenstuhl ahnt. Daneben, wie eine Treppe, zwei weitere Kuben mit noch je zwei Kuppeln. Hinter dem Gebäude aber, verborgen vor allem Betrieb, weltfern, verträumt, der wunderbarste Kreuzgang. Steinerne Bogengirlanden schlafen sich aus aller Erwartung heraus, von schmalen Doppelsäulen gehalten, inmitten eines strotzenden, blütenprallen verzauberten Gartens. Orangen, Pampelmusen, weiße Blütengehänge, Passionsblumen, Bananen, riesige Feigenkakteen, Rosen sogar, ein Margaritenmeer. Wandelröschen, Roseneibisch, Magnolien. Oase aus Farben im Steinmeer. Wer hineintritt, den betäubt vielschattiger, schwindelerregender Duft. Sprühtröpfchen wie gebauschte Stoffe, Gehänge aus Feuchtigkeit. Der Brunnen, eine Steinbank. Ein englisch sprechendes Paar erscheint. Den Reiseführer aufgeschlagen in der Hand, erklärt der Mann dies und das. Und noch jemand. Eine Frau, erstaunlich hochgewachsen, auch breit, besonders in Schultern und Hüften. Eine vollschlanke Matrone, die ihr blondes überfülliges Haar zu einem wulstigen Turban um den Kopf geschlungen hat. Drei hochgeschossene, aber magere Hunde hat sie bei sich. Ziemlich häßliche Tiere: weißes kurzes Fell, aber rote Ohren. Rosa die versabberten Schnauzen. Erstaunlich winzige Zähne. Die Frau mag um die sechzig sein. Sie sieht herüber. Und noch einmal. Jetzt kommt sie, nein: schwimmt durch die schwere, süße, blütenschwangere Luft auf mich zu.

Die drei Hunde durchstöbern den Garten. Die Frau trägt ein wadenlanges weißes Kleid. Rotgoldene Bordüren am Saum und der schräg seitlich versetzten Knopfleiste. Ihr Haar leuchtet wie aus Stroh gesponnenes Gold. Am eigentümlichsten aber ist, daß sie um so älter wirkt, nein: wird, je näher sie herankommt. Mittlerweile schätz ich sie auf siebzig. Und weiß doch, mich zu irren.

Tatsächlich spricht sie mich an. Auf italienisch. Ihr zur Seite hecheln zwei ihrer Tiere. Deren Schnauzen erinnern an Schweinenasen. Verständnislos und erstaunt seh ich auf. Da wechselt sie ins Deutsche: »Ich denke, Sie sollten sich beeilen.« – »Bitte?« – »Vielleicht mag er nicht warten, Ihr Freund. Wenigstens eine Nachricht dürfte dasein für Sie.« – »Ich verstehe nicht ganz.« – »Sie erkennen mich nicht?« – Tatsächlich kommt sie mir, auf widerstrebende Weise, bekannt vor. – »So beleidigen Sie mich doch nicht. Bin ich nicht der Anlaß Ihrer ersten Sizilien-Reise?« – Als mich meine Erinnerung faßt, erschreck ich. Es ist auch keine

Erinnerung. Es ist so starr wie ein Bild. Ich lerne die Frau in Olevano kennen, das ist kaum ein paar Jahre her, da ist sie aber 40, höchstens 45. Was mag einem zustoßen, das einen so fürchterlichen Altersschub bewirkt?! Fragen will ich sie das nicht. – »Und zwar eines Werwolfes wegen, nicht wahr? Wissen Sie das wirklich nicht mehr?«

Ich massiere mit je zwei Fingern die Schläfen. Woher komme ich? Was ist vor Neapel gewesen? Ich muß das doch wissen! Was ist denn nur mit mir los?

Ganz allmählich Bewegung. Ich sehe Zimmer voller Bilder und Teppiche und Figuren an sämtlichen Wänden. Die Wände sind aus nacktem Fels. Ein Konzertabend. Richtig. Der Mann einst ein weltberühmter Skrjabin-Interpret. Längst nichts mehr davon zu merken. Das traurige, weiche und hagere Kerlchen spielt den ganzen Abend über Jarrett. Irgendwann sackt er sturzbetrunken über der Klaviatur zusammen. Da führt mich die Frau durch ihr in den Berg hineingeschlagenes Haus. Im Schlafzimmer bleibe ich vor einer Grabplatte stehen. Ein Kälteschauer. »Mein Gott! Wo haben Sie *das* her?!« Mit süffisantem Lächeln schraubt sie sich heran. Es ist ein abgegriffenes Namensrelief zu sehen, darüber ein wüst behaarter Kopf, noch aus dem Stein so intelligente wie böse Augen, unter den Schlupflidern leicht angeschrägt. Drohend im geöffneten Mund Fänge wie Dolche, von einem dichten Oberlippenbart überfranst. Auf einem Flohmarkt Palermos habe ihr Mann die Platte aufgetrieben. Es sei kaum möglich gewesen, das wuchtige Ding herzutransportieren, geschweige es durch die enge Haustür zu bekommen. Erst nach unvorstellbaren Widernissen habe es seinen Platz dann eingenommen. Ich bin derart fasziniert, daß ich keine Woche später nach Sizilien reise. – »Haben Sie Ihren Werwolf gefunden?« – »O nein«, ich lache, »nein, natürlich nicht! Setzen Sie sich, Frau … Frau …« – »Jördsdóttir«, sagt sie. – »Richtig, verzeihen Sie.« – »Das ist ein isländischer Name.« Stolz setzt sie das nach. – »Sind Sie nicht Dänin?« – »Danaerin«, sagt sie. – »Was tun Sie auf Sizilien?« – Nun haben sich alle drei Hunde um sie geschart. »Ich habe hier Besitz. Von Alters her.« – Ich zaudere. Dann: »Und dort wohnen Sie jetzt?« – »Aber nein! Meine Güter liegen bei Enna.« – »Und woher, um Gotteswillen, wissen Sie, daß ich mit einem Freund verabredet bin?« – »Vollkommene Männlichkeit«, sagt sie, »ist von Dummheit kaum zu unterscheiden. Also immer langsam, junger Mann.« Einer der Hunde legt die Ohren nach hinten und knurrt. Die Jördsdóttir gibt ein grausames »Gå væk!« von sich. Sofort verzieht sich das Tier, krümmt sich etwas entfernt auf den Boden. »Ich habe befürchtet«, sagt sie, »Sie würden Ihre Zeit vergessen.« – Das Ganze wird immer rätselhafter. »Ich darf wohl eine Erklärung verlangen.« – Sie lacht. »Dürfen Sie nicht. Denn Sie müssen sich wirklich beeilen.« – »Moment mal!« – »Nein, nein! Besuchen Sie mich heute abend. Dann können wir plaudern. Hotel Elena, kennen Sie das? Am Hauptbahnhof.« – »Kenne ich, ja, aber . . .« – »Piazza Cesare.« Schnalzlaut zu den Hunden, die schießen geradezu hoch. Zu mir: »Machen Sie hin. Bevor man wieder schließt dort.« Sie wendet sich um, die Hunde neben ihr weichen keinen Schritt, streifen ihr Kleid. Ich lauf ihr durch den betäubenden Duftgarten nach: »So warten Sie doch!« – »Sein Sie kein Kind. Haben Sie etwas Geduld.« – Es ist vergeblich, sie umstimmen zu wollen. Sie läßt mich einfach stehen. Ich hab auch nicht die geringste Lust, mich wie eines ihrer abscheulichen Viecher an sie zu hängen. Vor der Pforte des Gartens, die an dem kleinen Büro der Aufsicht vorbeiführt, bleib ich stehen. Die Jördsdóttir denkt nicht daran, sich auch nur noch einmal umzusehen. Ich schau ihr nach. Je weiter sie sich entfernt, desto jünger scheint sie zu werden. Als sie um die Ecke biegt, ist sie keine Dreißig mehr. Auch die Hunde werden zunehmend welpenhaft.

DIE UHR ZEIGT FÜNF. Ich frage die beiden Damen in dem Aufsichtshäuschen nach einem Bus Richtung Piazza Verdi. Erst schauen sie mich ratlos an, dann diskutieren sie das Problem, und zwar mit Leidenschaft und einander sehr widersprechenden Erinnerungen. Ich hab nicht die rechte Distanz, das amüsant zu finden und kehre ihnen genervt den Rücken. Eile zum Palazzo Reale zurück und erkundige mich bei einem der dort stehenden Busse. Ich solle die 108 nehmen, die bringe mich direkt zur Politeama.

Als ich im Büro der Sicantur anlange, ist Arndt zwar nicht da. Nicht anders hab ich das erwartet. Doch gibt es eine Nachricht von ihm. Sogar herrscht einiger Betrieb: Mehrere Leute bemühen sich, noch einen Fährplatz für ihr Auto, für sich und ihre Familien zu bekommen. Die Angestellten geschwollen unter ihrer Herkuleslast. Die versaut ihnen die Laune. Am Eingang steht ein junger Mann und telefoniert wieder drahtlos. Ist es derselbe wie auf dem Schiff? – Quatsch! – Ich stelle mich in dem Leuteklumpen vor einem der drei Schreibtische auf und versuche, geduldig zu sein. Die Hitze hilft mir dabei. Auch daß ich sowieso so verwirrt bin. Aber nach zehn Minuten unausgesetzten Vordrängelns wiederneuer prospektiver Passagiere, schieb ich mich meinerseits vor: »Permesso! C'è un messagio per me?« Ich muß den Satz wiederholen, bis man bereit ist, meine Frage zu akzeptieren. Muß meinen Paß zeigen. Verschiedene Leute werden zu weit auseinanderliegenden Hinterzimmern geschickt. Man flüstert sich ins Ohr. Der Typ mit seinem tragbaren Telefon hört zu telefonieren auf und beobachtet hingebungsvoll die von mir ausgelöste Konfusion. Schließlich reicht man mir, unter virtuos vollführter, enorm abfälliger Bakschisch-Geste, einen geöffneten und nachlässig wieder zugeklebten Briefumschlag. Ich nehme diesen und ignoriere jene. Sofort fängt der Telefonierer wieder zu telefonieren an. Als ich

31

rauswill, macht er mir nur unwillig Platz. Ich reiße den Briefumschlag auf. Ein kariertes Zettelchen, hingekritzelt die Nachricht:

>»Bin in Eile. Treffen uns morgen im Tempel
von Segesta. Sie mögen doch die Antike?«

Ohne Unterschrift, aber typisch Arndt der spöttische Ton. Schlimm ist: Wieder keine Uhrzeit. Wie stellt der sich das vor? Daß ich tatsächlich nach Segesta fahre, um in der Hitze möglicherweise fünf, sechs, zehn Stunden zu warten? Und wenn er dann schließlich auch dorthin nicht kommt? Für wen hält er mich?! Die Sache wird immer ärgerlicher.

Jedenfalls muß ich jetzt ein Zimmer suchen für die Nacht. Im Umdrehen stoße ich mit jemandem zusammen. Es ist der ältere Herr, der mich auf der Überfahrt von Neapel angesprochen hat. Trägt immer noch seinen Anorak. Daß es so schwülheiß ist, scheint er ignorieren zu können. Dabei läuft ihm in fetten Bächen Schweiß aus dem Ansatz der grauen, zurückgekämmten Haarsträhnen über Stirn und Brauen. An seiner Nase baumelt ein Tropfen. Die Kamera baumelt vorm Bauch. »O entschuldigen Sie«, sagt er in seinem östlichen Deutsch. – »Ach, Sie sind das«, ruf ich. »Na das ist ein Zufall. Was tun Sie hier? Gefällt Ihnen Palermo nicht? Sie wolln schon wieder zurück?« – »Nein, ich fahre weiter nach Osten. Aber ich möchte eine Fähre nach Malta buchen, von Syrakus aus, irgendwann Ende der Woche. Geht das hier?« – »Weiß nicht. Trotzdem angenehmen Aufenthalt!« – »Danke sehr.« – »Viel Glück.«

An sich wäre das Gelegenheit für eine harmlose Unterhaltung, aber mir ist nicht danach. Vordringlich ist die Suche nach einem Zimmer für zwei Nächte. Wenn ich morgen nach Segesta fahre – noch bin ich mir aber nicht sicher, ob ich das tun will –, muß ich davon ausgehen, nicht nur diese, sondern auch eine nächste Nacht in Palermo zu verbringen. Wende mich also Richtung Hafen, biege dann rechts wieder in die Via Roma. Oberhalb des Corsos Vittorio Emanuele gibt es eine Reihe preiswerter Herbergen. Ich will möglichst nahe am Bahnhof unterkommen. Gleich in einer Seitenstraße, die auf die Piazza della Cassa di Risparmio zuläuft, nehme ich im Albergo Olimpia für 20 Mark die Nacht Quartier. Auf dem Weg zum Bahnhof werfe ich einen Blick aufs Hotel Elena, will aber mit meinem Besuch bei Frau Jördsdóttir bis zum Abend warten. Frage wegen einer Verbindung nach Segesta für morgen. Die Sache ist kompliziert. Zehn nach sieben fährt ein Zug, mittags um eins geht einer retour. Das ist es schon. Sollte Arndt erst mittags oder noch später erscheinen, komme ich nicht mehr zurück. Es sei denn – und wie ich das erwäge, schlägt die Bahnbeamtin entsetzt die Hände überm Kopf zusammen – es sei also denn, ich ginge zu Fuß bis zum nächsten Bahnhof, Calatafimi. »Was?!« ruft sie. »In der Hitze über den ganzen Berg?! Il sole, signore, il sole!« Immerhin fahren von dort in Zweieinhalb-Stunden-Abständen wieder Züge; aber der letzte auch schon abends kurz nach halb acht. Wie auch immer.

Ich löse mein Gepäck aus, schlepp es zum Hotel und wasch mich. Im Waschbecken. Eine Dusche gibt es nicht. In dem kippeligen Plastikbidet, das unterm Becken auf einem verrosteten Drahtgestell steht, wasche ich mein Zeug, spanne eine provisorische Leine auf dem Balkon und hänge die nassen Sachen in die Sonne. Dann strecke ich mich aufs reichlich durchgelegene Bett, lese wiederholt Arndts Nachricht. Erwache, es ist fast acht, aber noch hell. Nehme ein neues Hemd, Krawatte, kurz: mach mich fein, und der Chef im Unterhemd, der im Kreis seiner Familie vor dem Fernseher sitzt, bekommt kaum den Mund zu, als er mich in diesem Aufzug das Haus verlassen sieht und hinter mir die Glastür abschließt. Kein Corso. Die Straßen unheimlich vor Einsamkeit.

Es ist nicht weit zum Hotel Elena. Direkt vorm Eingang steht bei einem nagelneuen roten Alfa der Kofferraum auf. Ich frage den Portier nach Frau Jördsdóttir. Er tut, als hätte er diesen doch ungewöhnlichen Namen niemals gehört. Ich beschreibe die Dame, beschreibe besonders eingehend die Scheusale, in deren Begleitung sie ist. Hunde und gar Raubtiere zu halten, sei im Hotel nicht gestattet, erklärt er mir. Was ich ja verstehen kann. Verstehe nur den zugrundeliegenden Sachverhalt nicht. Hab nicht die geringste Lust, ihn zu verstehen. Verkneife mir einen Wutanfall und verlasse wortlos das Hotel. Der Portier kann ja nun nichts dazu. Oder doch? Ich werde den Eindruck nicht los, er mache sich insgeheim über mich lustig. Möglicherweise steht er im Einvernehmen mit der Jördsdóttir. Vielleicht gehört der sogar das Hotel. Vielleicht hat sie sich mit Arndt verbündet gegen mich. Ohnedies stecken alle Palerminesen unter einer Decke.

Ich brauche zwei Straßenzüge, um mich leidlich zu beruhigen. Es ist jetzt kurz nach neun. Gerate in die Vucciria, stürze in der sauerstinkenden Vineta ein Glas Wein, stürze noch eines und geh hinüber zu der schmalen Seitengasse, von der aus die gewundene enge Treppe ins »Shanghai« hinaufführt. Es ist geschlossen, aber vielleicht hat die Wirtin sowieso gekocht und will auf eine Zusatzeinnahme nicht verzichten.

Tatsächlich. Sie ruft ihren Sohn herauf, der hat aber keine Lust, mich zu bedienen, und streitet sich ständig mit jemand anderem, den ich nicht sehe, der aber wohl auch keine Lust auf Gäste hat. Nehme auf der Terrasse Platz. Bestelle. Wein und Wasser kommen sofort. Das Brot. Die Polipetti. Ich hab noch nicht aufgegessen, da stellt man mir schon die Pasta hin. Das ist ziemlich unverschämt.

Dann ist es dunkel geworden, nachtschwarz, und Flutstrahler beleuchten den heruntergekommenen Platz, der kaum größer als ein Innenhof ist. Ich kaue an meinem gegrillten Tintenfisch. Unten ein sperriger Riesenkran. Müll und Abfälle darangehäuft. Noch nach zehn Uhr spielen Straßenjungs Fußball. Eine heftige Diskussion geht lärmend von Balkon zu Balkon. Ich kapiere kein Wort, aber die Sache scheint sich zu regeln. Es wird gelacht. Drinnen sitzt die Wirtin vorm Fernseher, dessen Ton bis an die Schreigrenze aufgedreht ist. Das mischt sich in Musik- und Sprachfetzen von anderswo her, von einem Fledermauspaar zickzack überschwirrt. Unter einem Baugerüst hocken am Boden sechs Tunesier und kauen den Vucciria-Tratsch durch. Im Haus über der Gasse nebenan, auf dem Balkon, in selber Höhe mit mir, tafelt eine Familie. Schließlich steht eine alte Frau auf, beugt sich zu mir herüber, schweigt indessen. Verschafft sich mit einem Fächer Luft.

Langsam betrinke ich mich. Der ölige Vucciria-Wein ist gefährlich. Zuviel Sonne drin. Vermutlich habe ich mich nicht mehr völlig unter Kontrolle, das kann in dieser Gegend verhängnisvoll sein. Etwa an den verspeisten Reisejournalisten zu denken. Der wird auch zu viel Wein getrunken haben. Ich darf meine Disziplin nicht verlieren. Es ist 22.30 Uhr. Bin schrecklich müde vom Herumlaufen. Der Caffè. Im Plastikbecherchen. Auch der Zucker wird im Plastikbecherchen gebracht. Eine dritte Fledermaus. Immer hin und her. Ich schwitze nicht: Ich zerlaufe. Ich winke zum Zahlen. Man gibt mir deutlich zu erkennen, mich endlich lossein zu wollen. Es ist eh an Wein genug. Der Knabe kommt zum Kassieren. Ich muß aufpassen: Mit vollem Recht derer, die nichts haben, versucht man auf Sizilien ständig, dich übers Ohr zu hauen. Niemandem darf man vertrauen, jede Rechnung muß nachgerechnet werden. Irgendwo fast immer eine Gaunerei versteckt. Es gehört zur Ehre jedes Händlers, sie zu versuchen.

Welch eine Unverschämtheit von dem Burschen, den 1.000-Lit.-Schein, den ich ihm zugesteckt habe, vor meinen Augen in Schnipsel zu zerreißen, aber so halb abgewandt, daß ich es nicht *zu* genau sehe und also auf die Ahnung angewiesen bin, beleidigt zu werden! Belustigt sich auch noch über mich von der Terrasse hinab mit seinen Kumpanen, die auf dem total verdreckten Plätzchen ihre Mopeds röhren lassen. Wenn die hier jetzt denken, ich würde nicht in aller Ruhe meinen Wein austrinken, dann haben sie sich geschnitten. Meine Pension ist keine fünf Minuten von hier, ich muß mich durchaus nicht beeilen. Hätte nicht dieser Tag eine solche Unordnung in mir angerichtet, würde ich jetzt losbrüllen und der ganzen Bagage klarmachen, was sizilianische Höflichkeit ist.

Der Tintenfisch liegt schwer im Magen. Es ist entsetzlich stickig im Zimmer. Trotz aufgerissener Balkontür kein Lüftchen. Draußen knattern manchmal Mopeds mit endlosem Echo in den Gassen. Dann noch ein ziemlich mieser Traum. Nachwallen der Mumien wahrscheinlich. Ich bin sehr froh, als erstes Licht durch die Balkontür fällt. Wenigstens keine Kopfschmerzen. 7.10 Uhr geht der Zug. Leider. Ich wäre lieber mit dem Bus gefahren. Doch die hiesige Linie *heißt* zwar Segesta, fährt aber nicht hin.

Es sind keine zehn Minuten Weges von der Pension zum Bahnhof. Trotzdem verbummele ich mich, nehme in einer der wenigen nicht versiegelten Bars meinen Caffè und einen süßen Involtino als Frühstück und zahle mit meinem letzten Hartgeld. Menschenleer der Bahnhof, nur ein Kiosk geöffnet. Hinter den Schaltern schlafen die Beamten. Ich wecke einen, will meine Fahrkarte lösen. Habe aber nur noch eine 100.000-Lit.-Note. Die kann man nicht wechseln. Das Ding entspricht kaum einem 100-Mark-Schein, und der

Mensch dort hat nicht genügend Geld, um auf 3,20 DM herauszugeben! Schickt mich weg. Ich soll versuchen, am Kiosk zu wechseln. Dort schüttelt man nur den Kopf. In acht Minuten geht der Zug, außer dem gegen Mittag ist es der einzige, und für jenen gibt es keinen zurück. Bereits 30 Grad Celsius. Zum Verrücktwerden. Klar, der Schalterbeamte hat bloß keine Lust, Wechselgeld zu zählen. Ich zum Nachbarschalter. Noch mal fragen. Bereits stimmstärker. Der hat zwei Scheine à 50.000. Damit zurück zum Kiosk. Dort gibt man mir fünf à 10.000. Wieder zum Schalter. Bedaure, auch 10.000 könne er nicht wechseln. 32 Grad Celsius. Jemand tippt mir von hinten auf die Schulter. Es ist der ältere Herr vom Schiff. »Kann ich Ihnen helfen?« – »Sie schickt der Himmel!« Ich wolle nach Segesta usw. – Welch ein Zufall: Auch er wolle dahin. Verlangt zwei Billets, zahlt mit einem 10.000er, da sind nur 3.600 zurückzugeben, darauf läßt der Schalterbeamte sich ein. Würdigt uns freilich kaum eines Blickes. – »Haben Sie Ihre Malta-Reise gestern buchen können?« frage ich. – »Ja, das heißt nein ...« – »Meine Güte, der Zug!« Ich packe den hageren, ein bißchen spirrigen Menschen am Anorakärmel – natürlich trägt er dieses Kleidungsstück noch immer, wahrscheinlich schläft er auch darin. Nichts sonst hat er bei sich, kein Wasser, nein: nichts –, pack ihn am Ärmel und zerr ihn mit mir. Wir kriegen gerade noch die Waggontür zu fassen, ich zieh mich hoch und ihn nach, der Bahnwärter pfeift. Ab geht der Zug. Das Gesicht des Alten glänzt, und er kriegt kaum noch Luft, als wir uns in die Sitze fallen lassen. Ein paar Minuten brauchen wir, um uns zu erholen. Dann, ich wische mir mit dem Handtuch den Schweiß weg, fängt er zu lächeln an, bekommt einen ausgesprochen pfiffigen Ausdruck in die Augen. Zögert noch eine halbe Minute, reicht mir dann seine Hand. »Vesely«, sagt er. Daraufhin fängt er sprudelnd zu erzählen an: daß er aus Prag stamme, ja, dort wohne er auch; und bereits mehrere Male sei er auf Sizilien gewesen. Vorm Zusammenbruch der CSSR habe das oft Schwierigkeiten gemacht, es sei ausgesprochen kompliziert gewesen, eine Genehmigung zu erwirken. Das gehe ohne Komplikationen eigentlich erst seit seiner Pensionierung. Wie sehr er unter den Devisenrestriktionen gelitten habe! Heute sei es nicht viel besser; da leide er unter der extremen Inflation, die italienische fange die tschechische nicht annähernd auf. Ohnedies sei Italien für einen wie ihn eigentlich ein viel zu teures Reiseland. »Aber was soll ich tun? Es zieht mich immer wieder her.« Er hat die knorpeligen Finger über seinen eckigen Knien gefaltet.

Segesta liegt etwas innerhalb des Nordzipfels Siziliens, von Palermo runde neunzig Kilometer westlich. Zum Meer und zum antiken Hafen der bis heute verschütteten Elymerstadt mögen es zehn sein. Der Zug fährt bis hinter Álcamo Marina immer am Meer entlang, erst dann biegt die Strecke rechtwinklig ins Land, bis Trápani an der Westküste parallel der Autobahn. Oft geht es vorher durch Tunnel, auf Fingerlänge braust der Zug an den höhlenartigen Wänden vorbei und hinaus in die vor kahle, weißstrahlende Berge hineingeschobenen Ebenen: Viel Grün, Orangenplantagen, Gemüse. Bis hinter Mondello alles vollgebaut mit Villen, Gärten. Private Buchten. Die berühmten Badeorte Capaci, Terrasini, Trappeto, Balestrate, Castellamare del Golfo. Daß auf und hinter den Bergen die Gluthölle tobt, ahnt man an der Traumküste nicht: scharfe Kontraste von Blau und Grün und Weiß. Die hellen Wochenend- und Ferienhäuser der Reichen, bisweilen steht ein Lamborghini vorm Zaun. Sogar Süßwasser gibt es in Bächen, sintern durch breite Betten, worein sich im Spätherbst und Winter Regenmassen schütten, die von den Bergen Schlamm und Steine reißen. Auf dem Meer kreuzen die Segler.

Vesely erzählt und erzählt. Der Zug rattert dahin, links

über den Bergen die Sonne, rechts von uns das Tyrrhenische Meer. Wir haben die Fenster heruntergezogen, so schlägt der Fahrtwind die Hitze aus dem Waggon. Keinen Blick scheint Vesely für die Landschaft zu haben. Nicht einmal mehr seinen Fotoapparat rührt er an. Ob ich den Osten der Insel schon kennte? Ich müsse unbedingt Taormina sehen! Und ob ich bereits einmal auf Stromboli gewesen sei, ja: dem kleinen tätigen Vulkan im Meer? So plaudert er und läßt mir kaum Zeit für die Antwort. Ich finde ihn rührend. »Sagen Sie mal«, unterbrech ich seinen Redefluß und zeige auf den Anorak: »Schwitzen Sie eigentlich nicht in dem Ding?« – »Was vor Kälte schützt, hilft auch gegen Hitze«, antwortet er. »Ich verreise niemals ohne diese Jacke.« Der Stolz eines Wüstenbezwingers. Ich lächle in mich hinein. »Und Sie?« fragt er. »Sie wollen sich den Tempel von Segesta nur ansehen?« – Da ich keine Lust habe, ihm von Arndt zu erzählen, und sowieso würde er mir den Menschenjäger nicht glauben, nicke ich. – »Wollen Sie danach zurück nach Palermo? Oder fahren Sie nach Trápani weiter?« – »Ich weiß noch nicht.« – »Ich will nach Malta. Eigentlich. Aber wissen Sie, das ist englisch. Und der Wechselkurs zum Pfund: O je!« Er schüttelt sich. »Schaun Sie nur, dort!« ruft er dann. Über einer Hügelkuppe scheint der Tempel auf, wird wieder vom Berg verdeckt. Wir sind knapp anderthalb Stunden gefahren.

Der Zug hält auf dem vereinsamten zierlich toten Bahnhof in einer menschenleeren Hügellandschaft. Man kann Felder sehen mit gelben Flecken, Honigmelonen wahrscheinlich. Wo bewässert wird, dehnen sich kleine Plantagen aus. Bisweilen Wein. Die Luft flirrt über den Geleisen. Es pfeift. Der Zug schiebt sich weiter. Wenig später ist er kaum noch Erinnerung. Das Gebäude, von Mussolini hierhergestellt, im Wortsinn zugenagelt. Die Scheiben, soweit überhaupt noch welche zu sehen, zerschmissen. Wir müssen außen herum zur Straße Richtung Calatafimi. Nun

39

den Berg hinauf, vielleicht zwei Kilometer, in nur selten engen Kurven. Vesely tut sich ausgesprochen schwer, aber will sich die Anstrengung nicht anmerken lassen. Allein käm ich schneller voran. Die Straße leer, seitlich rechts von einem Mäuerchen gegen Abrutsch des Hanges gesichert. Auf dem Hügelberg vor uns ein Kiefernwäldchen wie ein Haarbusch. Steine. Ganz aus Ferne die Ahnung eines Traktormotors. Stellenweise üppiges, robustes Steckenkraut, manchmal über einen Meter hoch. Ein paar Agaven. Blühende, trockene, spirrige Disteln. Kakteen mit kräftigen, orangeroten Feigen. Alles Naturlaut.

Ein kleiner Platz. Um ein begrüntes, jetzt im Hochsommer eher braunes Fleckchen, worin zwischen Macchia eine Steineiche döst, führt die enge Straße im Rund: Links am Hang nach Calatafimi, geradeaus – aber gesperrt von einem Schlagbaum – geht es den Monte Barbaro zum Gelände der alten Stadt und dem antiken Theater hinauf, und rechts endet die Asphaltierung an einem Parkplatz, den eine Art Ausflugslokal abschließt. Ein flacher ausgedehnter einfacher Bau, paar Stühle und Tischchen draußen angekettet. Noch ist geschlossen. Vielleicht bleibt auch geschlossen. Daneben geht's rechts zu dem Tempel. Ich bin froh, Wasser mitgenommen zu haben. Weniger froh bin ich darüber, daß die anderthalb Liter nun für zwei reichen müssen. Wir steigen rechts den Sandweg über den Hang, ein nächster Schotterplatz. Dahinter erst der Fußweg aus festgewalzten Steinchen und Sand, ziemlich gerade hinauf, ockerbraun, alle dreivier Meter ein schmaler Stufensims. Die beiden Seiten entlang Agaven, dicht gepflanzt, wie eine knie-, eine hüfthohe Hecke. In jeweils zweiter Reihe, sehr lose, Krüppelfichten, dürres Gebüsch, Fenchel und seltsam verkrümmte Zypressenarten. In die teils schlangenartig verknäulten, teils fordernd und spitz hochragenden öligfleischigen Agavenblätter haben Liebespaare Monate, Tage,

Jahre und Namen geritzt. Die drohend messerscharf gezackten Ränder sehen wie gelbe Uniformnähte aus. Aus einigen der Wurzelherzen sind bambusartige, mitunter über drei Meter lange Stämme hochgeschossen. Kurze Zweige verästeln sich daraus. An ihren Enden kleine ovale Plattformen, darauf winzig-dichteste Agavenkolonien. An der Kuppe beschreibt der Weg eine sanfte Kurve nach rechts, und in Ockergelb leuchtet der dachlose Tempel. Die verwitterte Krepis und besonders der Stylobatstein schimmern bleiblau. Die Säulen erinnern an Knochenfraß.

Wir steigen die sehr hohen Stufen zu den 36 Säulen hinauf, auf denen lasten die Blöcke des Architravs. Insgesamt wirkt der Bau dennoch leicht, ja luftig. Das ist ganz eigenartig. Über die Säulenhalle spannt sich in stechendem Blau wolkenlos das Himmelsdach. Ein junger Mann steht im Innern, etwas schräg nach hinten versetzt. Trägt keine Uniform, sondern Freizeitkleidung, trotzdem fegt er mit einem groben Reisigbesen Papierabfälle zusammen. Als Vesely und ich erscheinen, sieht er kurz auf: Gestört, mißmutig, als wären wir brutal in seine Meditation eingedrungen. Sind wir ja auch: Vesely ruft, kaum langen wir oben an, entzückt aus: »Mein Gott! Wie schön das ist!« – und fängt sofort zu knipsen an. Ich lächle dem in sich versonnenen Menschen ein entschuldigendes »Buon Giorno« zu, auch Vesely grüßt, aber der Mann reagiert nicht mehr, sondern fegt weiter. Fegt auch dort, wo gar keine Abfälle liegen. Gewissermaßen fegt er uns aus sich heraus. Besinnt die karthagische Gründung des gelben Tempels. Besinnt Rom und Geiserichs Wandalen, die schleifen die Mauern der elymischen Stadt. Besinnt das auf Segestas Ruinen errichtete Normannenkastell. Auch schon seit langem verfallen. Niemand mehr siedelt hier seitdem. Stehengeblieben nichts als der Tempel. Das Gelände eine Heidenidylle, kennt überhaupt keinen Kitsch, keine Süßlichkeit, sondern verströmt das herbe und luftige Aroma von heiteren, ja freundlich lüsternen Naturgeistern. Jeder, der hierherkommt und jemanden anderes trifft, zerstört das für die Zeit seiner Anwesenheit. Genau dies mag der junge fegende Mensch empfinden. Nach Segesta darf man nur alleine kommen, nur dann nimmt der Ort einen in sich hinein.

Auch ich will für mich sein. Unbedingt. Wie werd ich Vesely jetzt los? Der hat sich auf einen der Stylobaten gesetzt. Die zunehmend weiße Hitze macht ihm zu schaffen. Er atmet allezeit schwer. Das tut mir leid und erleichtert mich. Er hat den Reißverschluß des Anoraks aufgezogen und lehnt den Rücken gegen die Säule. Es ist ziemlich gehässig, daß ich ihn frage: »Ich will zum Theater hoch. Kommen Sie mit?« Natürlich lehnt er ab, so kann ich endlich alleine weiter.

Unten am Parkplatz wird soeben die Bar geöffnet. Ich trete ein, bitte um einen Caffè. Der Raum vollgestopft mit sogenannter Folklore: Erinnerungsnippes, Deckchen, Keramiktöpfereien aus Caltagirone. Außerdem Eiscafé und eben Bar. Man bekommt sogar Kleinigkeiten zu essen. Ich bestelle eine Granita, nehm den Becher mit hinaus, setze mich vor die Tür und besinne, indessen ich vor mich hinlöffele, den vorsichtig anhebenden, gleichsam noch schlummernden Betrieb. Ein Hutzelmännchen stellt an der Einfahrt Hocker und Sonnenschirm auf. Ein kurzer stämmiger Bus kommt aus Richtung Autobahn, der Fahrer steigt aus, hebt den Schlagbaum, fährt durch die Absperrung, läßt den Schlagbaum wieder herunter. Parkt am Rand der asphaltierten Straße, die wahrscheinlich zum Teatro führt, um den Touristen den Marsch auf den Berg zu ersparen und ihnen dafür Geld abzuknöpfen. Noch aber sind keine da. Also außer mir und dem Prager. Schließlich mache ich mich auf. Ich spaziere nicht die Straße entlang, sondern nehme einen ziemlich steilen Trampelpfad, der an Ausgrabungen vorbeiführt, bisweilen an Fundamenten antiker Häuser, bisweilen solchen einer Kirche, ganz hoch auf den Gipfel, 431 Meter über dem Meer, das ich jedoch nicht sehen kann, die Ferne ist zu diesig. Das Freilichttheater in griechischem Stil, von Rom zu martialischen Zwecken durch Umbauten verschandelt. Im Rundbogen unmittelbar in den Nordhang des Gipfels hineingebaut. Als Kulisse das gestreckte, außer im Hochsommer fruchtbare Hügelland bis nach Castellamare zur Küste. Zwanzig steinerne Sitzstufen führen zur weiten Orchestra hinab und ziehen die Hitze in ihr Rund. Wie ein bleierner Tausendfüßler schlängelt sich tief unter mir die Autobahn, fast durchweg als Hochbrücke gebaut nach Nordosten, zerteilt die Täler zwischen den braungrün überzogenen Bergen und verschwindet fern im Blaugrau. Mir genau gegenüber, in drei bis vier Kilometern Entfernung, der Monte Ínici, mehr als 1.000 Meter hoch, wenigen Wald ans kahle Massiv gemalt. Man sieht auf halbwegs geometrisch formierte Felder hinab. Durch nur schmalgrüne Landstreifen im Tal mäandert ein Rinnsal. Ich nehme auf einer der oberen Steinstufen Platz, binde mir als Schutz das Handtuch über den Schädel und döse vor mich hin. Irgendwann reißen mich die ersten Touristen aus der Versenkung. Vielleicht ist Arndt ja mittlerweile eingetroffen.

Unten am Parkplatz herrscht nun Betrieb. Ein Reisebus steht dort, und der stämmige kleine hinter dem Schlagbaum fährt vollgeladen zum Theater hinauf, kehrt zurück, fährt wieder hinauf. Es sind ziemlich viele Autos da: aus Catania, Agrigento, Roma, Milano. Stimmgewirr, Lachen, Kreischen, Radiomusik an der Bar. Auch Vesely. Endlich hat er sich seines Anoraks entledigt. Er leckt ein Eis, winkt mir zu, als ich auf den Parkplatz trete. »Wo sind Sie gewesen die ganze Zeit?« fragt er. »Sie sind seit fast drei Stunden weg.« – Das kann nicht sein, ich seh zur Uhr. Doch hat er recht: Es geht schon auf zwölf. – »Wir sollten uns auf den Weg

machen«, sagt er. »Sonst verpassen wir unseren Zug.« – Ich
schüttele den Kopf. »Ich bleibe noch!« – »Aber wie wollen
Sie zurückkommen?« – »Weiß noch nicht. Sind ja genügend
Leute hier. Die kann ich fragen, ob sie mich mitnehmen.« –
»Im Ernst?« – Ich nicke. »Aber gehen Sie ruhig. Um mich
müssen Sie sich nun wirklich keine Sorgen machen. Außerdem ist Calatafimi nicht weit. Von dort fährt alle zwei
Stunden ein Zug!« – »Dann müssen wir uns wohl verab-
schieden jetzt«, meint traurig der Prager.

Ich seh ihm nach, wie er, den Anorak unterm Arm, hinter der nächsten Kurve verschwindet. Ein Motorrad fährt
auf den Parkplatz, hält direkt neben mir. Schweizer Nummernschild. Das Hutzelmännchen hutzelt aufgeregt herbei,
spricht den Fahrer und die Beifahrerin an, hält die Hand auf.
Er sei der Parkwächter, er habe fünf kleine Kinder zu ver-
sorgen. Der Fahrer tut, als verstünde er nicht. »Mille lire«,
bittet das Hutzelmännchen. Das sind keine achtzig Rappen,
also kaum eine Mark. Der Mann mag sechzig oder siebzig
Jahre alt sein, die Geschichte mit den *bambini* ist geradezu
rührend erschwindelt. Der Motorradfahrer schüttelt den
Kopf. Seine Freundin reagiert überhaupt nicht. Ich finde das
peinlich und bin versucht, die beiden anzusprechen oder
dem Hutzelmännchen meinerseits den 1.000-Lit.-Schein
zuzustecken. Laß es dann aber bleiben, will mich nicht
einmischen. Die Schweizer ordern drinnen irgendwas und
setzen sich auf die Terrasse. Ich steige zurück zum Tempel
hinauf.

Viele junge Leute mittlerweile dort. Mit Kofferradios.
Eine Reisegruppe durchstapft die Säulenhalle, pulkt um
den Führer herum, der hier und dort französischsprachige
Erklärungen gibt. Hinten in der Ecke der junge Mann mit
seinem Reisigbesen. Es ist ihm anzusehen, wie er leidet.
Ich nicke ihm zu, setze mich in seiner Nähe in den Schatten
und versuche, Menschen wegzudenken.

44

Ich weiß nicht, wie lange ich dort sitze. Als ich einmal die Augen öffne, um nach meiner Wasserflasche zu greifen, hockt der junge Mann neben mir und schaut starr geradeaus. Ich biete ihm zu trinken an, er nimmt die Flasche und gießt sich daraus in den Mund, ohne mit den Lippen die Tülle zu berühren. Spricht kein Wort. Etwas später wühlt er in einem Stoffbeutel. Ich weiß nicht, woher er den genommen hat. Wühlt, zieht in Pergamentpapier eingeschlagene Wurst und ein halbes Weizenbrot heraus, bietet nun mir an. Schweigend kauen wir. Ich stelle die Wasserflasche zwischen uns. Das geht so eine halbe Stunde vielleicht. Dann erhebt er sich, nickt mir zu, läßt den Beutel neben mir liegen, nimmt seinen Besen und beginnt, erneut den Tempel zu kehren. Wie aus Bestimmung.

ER KEHRT NOCH IMMER. Mittlerweile ist es halb fünf. Den Zug ab Calatafimi um halb sechs krieg ich wahrscheinlich nicht mehr. Es sei denn, ich beeilte mich. Doch zum ersten Mal auf dieser Reise fühle ich mich angekommen und kaum mehr – schon gar nicht von mir selbst – bedrängt.

Der junge Mann ist fort. Ich habe ihn nicht gehen sehen, bin wohl eingenickt. Er hat komischerweise seinen Beutel liegenlassen. – Leer. Ein einfacher Stoffbeutel, wie man ihn überall kaufen kann. Leinen, Jute oder so was. Er wird ihn vergessen haben. Immer noch kommen Touristengruppen, gehen wieder, kommen neue. Die Hitze macht mich ganz rammdösig. Im Schatten der Wind angenehm kühl gegen das am Rücken klebende klitschnasse Hemd. Einmal mehr von Arndt versetzt. Lehne mich zurück, strecke die Beine aus, schließe die Augen, dämmere vor mich hin, höre auf die vielerlei Stimmen, die schwirren wie Insektentöne durch die wabernde Hitze zu mir her. Dann und wann nehme ich einen Schluck Wasser. Das läuft aus der durch-

45

sichtigen Plastikflasche in den Mund wie heißer Tee ohne Geschmack. Trotzdem köstlich. Es duftet nach Anis und ausgedörrter Macchia und Stein und trockenem Gras. Das Handtuch, das ich mir unter den Kopf gerollt habe, riecht, als hätte ich mich damit nach dem Baden in gechlortem Wasser abgetrocknet. Zikaden. Nadelgehölz. Weißer poröser Fels. Schmetterlinge. Ich genieße es herumzuliegen. Ich genieße es, mich nicht zu bewegen. Ich genieße es, mich gelegentlich aufzurichten und leichthin meine Blicke auf der Hitze schwimmen zu lassen, ohne daß sie irgendwo anlangen würden. Da sprengt ein Reiter übers Feld.

Welch ein Auftritt!

Arndt bindet den Zügel lose um ein Metallgeländer im Rücken des Tempels. Kein Sattel, aber eine bunte Decke zwischen Widerrist und Kruppe. Kaum Zaumzeug. An der Seite des nicht sehr hohen, ziemlich nervösen dunkelbraunen Tieres, von einem Leibgurt gehalten, ein längliches Futteral. Ich weiß, was drinsteckt. Arndt läßt es stecken. Meint wohl, ohnedies schon genügend Aufmerksamkeit auf sich zu ziehen. Nicht nur ich schaue hinüber, sondern einige Leute aus der Reisegruppe sind aufmerksam geworden. Ich stehe nicht auf. Den Satz, mit dem mich Arndt begrüßt, muß man sich langsam auf der Zunge zergehen lassen:

»Ich freue mich, Sie so sehr entspannt anzutreffen.« – Welch eine Infamie!

Er trägt keineswegs seinen Burnus, nein, trägt Jeans, ein offenes Hemd, eine dunkelblaue Windjacke darüber. Auf dem Kopf eine Schiebermütze, den Schirm im Nacken. Die Haare recht kurz, die Wangen hohl. Etwas Verhungertes wittert in dem ausgetrockneten, zerfurchten Gesicht. Seine ausgesprochen hellen Augen leuchten selbst am helllichten Tag. Er lacht. »Kommen Sie mit nach hinten. Ich mag nicht auf dem Präsentierteller sitzen.« – »Guten Tag,

Arndt«, sage ich. – »Ich hoffe, Sie sind nicht allzu ungehalten wegen dieser«, er lacht wieder, »Schnitzeljagd.« – Ich schweige und folge ihm hinter den Tempel. Da dieser auf ein Plateau in den Hang hineingebaut ist, gibt es hier kaum mehr eine Krepis. Etwa sechs oder sieben Meter weiter ein umzäunter, ziemlich tiefer und breiter Trichter, fast ein Krater, wie von einer Bombe in den Berg geschlagen. Aus dem Zweiten Weltkrieg vielleicht. – »Sie haben Ihren Beutel vergessen«, sagt Arndt. – »*Ist* nicht meiner.« – »A ja?« – Wir setzen uns unter ein Nadelholzgrüppchen. – »Es ist gut, daß Sie gekommen sind«, sagt Arndt. »Ich brauche Sie. Nein nein, ich brauche Sie *wirklich*! Werden Sie verfolgt? Ich bin mir sicher, daß Sie bereits beobachtet werden.« – »Ich?! Also Arndt . . .!« – Er wehrt ab. »Freilich, Sie *können* ja nicht ahnen . . .« – »Kommen Sie zur Sache.« – »Sie wissen, daß es mir nicht liegt, jemanden um Hilfe zu bitten. Aber es geht nicht anders, Sie werden, glauben Sie mir, all Ihren Mut brauchen. – Kommen Sie, ich zeig Ihnen was!« Er springt auf, nimmt mich am Arm, zieht mich nun hoch und mit sich bis zum Gipfel des Tempelbergs. Dann streckt er den rechten Arm aus und zeigt nach Südosten, mitten ins Land hinein. »Sehen Sie das?« fragt er. – Ich sehe nichts. – »Es brennt«, sagt er. – »Tut mir leid, Arndt, ich habe keine Augen wie Sie.« – Er quetscht seine Hand in die enge Hosentasche der Jeans, holt ein winziges Fernrohr heraus, zieht die Röhrchen auseinander. »Sehn Sie's jetzt?« – Tatsächlich kann man dünne Rauchfäden zwischen den Bergen des Horizontes erkennen. – »Und nun schauen Sie dort!« Er dreht mich direkt nach Osten. »Noch eins. – Lesen Sie keine Zeitungen? Ein Drittel des sizilianischen Baumbestandes ist bereits verbrannt.« – »Schrecklich, ja. Aber was hat das mit mir zu tun?« – »Noch nichts. Aber Sie können das ändern.« – »Ja wie denn?« – »Der Feuer wegen brauche ich Sie.« – »Ich habe wirklich keine Ahnung, wie man so etwas löscht.« – »Schauen Sie, hier.« Er zieht aus der anderen Hosentasche einen Schieferstein. »Wissen Sie, was das ist?« – »Na ja, ein Stein, nicht wahr?« – Er lacht. »Na gut«, sagt er und steckt den Stein wieder ein. »Lassen Sie uns wieder hinuntergehen.«

Im Schatten der Krüppelfichten erzählt er seine absurde Geschichte. Offenbar ist er krank. Die Augen glänzen über seinem Bericht wie im Fieber. Wirres Zeug fantasiert er. Berichtet von ziemlich blutigen Mysterienspielen, vom Demeter- und Venuskult, von einer alten Harmonie, die im geheimen immer noch währe. Erst Widerstand gegen die dorischen Griechen, dann gegen die Römer, die Araber, gegen den Katholizismus der Normannen, der Spanier, selbst gegen die Inquisition und die Mafia sogar. Die sei als Geheimbund gegen die Feudalaristokratie gegründet, aber vom Vatikan unterwandert und durch den in eine unerbittliche Unterdrückungsmaschinerie umgeformt. Ich schweige verwirrt, während er weitererzählt. Ja, mir wird zunehmend dümmer im Kopf von all den durcheinanderschwirrenden, abstrusen und unverbundenen Informationen. Nahezu eine halbe Stunde lang erzählt er. Und schließt: »Darum darf ich hier nicht mehr weg.« – »*Warum* dürfen Sie nicht weg?« – »Ich kann phönizisches Gebiet nicht verlassen.« – »Phönizien? Das liegt Tausende von Jahren zurück.« – Er lacht. »Sie irren sich«, sagt er. – »Na ja gut, was soll ich denn tun?« – »In knapp einer Woche in Noto sein. Nächsten Sonntag.« – »Ist das schwer? Wenn ich morgen früh fahre, bin ich spätestens übermorgen dort, also Mittwoch.« – »Aber nein! Nein! Eben nicht. Meine Kontaktperson wird erst am Sonntag dortsein.« – »Kontaktperson? Arndt, bitte! Erklären Sie sich endlich vernünftig.« – »Sie sollen sich etwas übergeben lassen dort. Eine Aktentasche.« – »Aktentasche?« – »Aktentasche. – Keine Angst. Hat kaum Gewicht.« – »Und was ist drin?« – »Uhren jedenfalls nicht.« – »Bitte?« – »Verzeihung. – Schauen Sie rein. Ja, wenn Sie wollen, dann schauen Sie rein.« – »Warum fahren Sie eigentlich nicht selbst?« – Er schweigt einen Moment, sieht zu Boden, sieht wieder hoch, sieht mir in die Augen. Er habe eine Verabredung in Noto für mich getroffen, an der Piazza XVI Maggio in der Bar/Pasticceria Piero, am 21. August vormittags halb zehn. Das sei von Syrakus aus gut zu schaffen. Dort werde mir die Aktentasche übergeben werden. – »Ist Heroin drin? Arbeiten Sie für die Camorra?« – Er lacht jetzt laut auf: »*Camorra*? Na Sie haben eine Vorstellung!« – »Ein Mikrofilm vielleicht?« – Er habe, erzählt er, vor anderthalb Jahren via Zürich einen ganz ähnlichen Auftrag erhalten. Damals sei er vorübergehend in Misratah untergeschlüpft. Seine Agentur habe ihn informiert, er möge nach Trápani fahren, um dort am Bahnhof eine Arbeit entgegenzunehmen. »Ich erspare Ihnen das Drumherum. Die Sache ist auf den ersten Blick völlig unpolitisch. Deshalb nehme ich an. Und aus einem anderen Grund.« – »Nun?« – »Kein Honorar.« – »Bitte?« – »Die Frau, mit der ich verhandle, teilt mir ohne großes Aufheben mit, daß sie mich nicht bezahlen werde. Das nimmt mich sofort für sie ein. Allerdings bin ich auf Geld seit längerem nicht mehr angewiesen, das muß ich dazusagen, denke ich.« – »Die Frau hat Hunde bei sich, stimmt's?« – »Sie kennen sie bereits?« – »Offenbar.« – »Ich solle ihr etwas besorgen. Sie brauche jemanden, der Nordafrika kenne. Übergabe in Tunis. Sie nennt die Stadt übrigens ›Karthago‹. Ich denke erst, sie meine den Vorort oder das archäologische Ausgrabungsgebiet. Sie meint aber Tunis selbst.« – »Nun und?« – »Die Punischen Kriege sind niemals zuende gewesen. Sie schwelen bis heute.« – Ich räuspere mich, sehe ihn skeptisch an. Er registriert das mit einem geradezu schmerzlichen Lachen. »Schon klar«, sagt er. »Das geht über Ihr Fassungsvermögen. Trotzdem. Ich bitte Sie inständig,

uns ... mir zu helfen. – Werden Sie nach Noto fahren?« –
Ich nicke. Er atmet auf. »Was haben Sie ihr denn besorgen
sollen?« – Er holt den Stein wieder aus der Jeans. »Unter
anderem dieses hier. Kultische Gegenstände. Die Frau – ich
kenne sie unter ihrem französischen Namen: Hélène Tanit –
hält überhaupt nicht hinterm Berge, daß es solche seien,
schützt allerdings archäologische Interessen vor. Ich glaube
ihr. Nehme erst an, sie wolle tunesisches Eigentum aus dem
Lande schmuggeln lassen. Halte sie für eine Sammlerin.
Ganz falsch liege ich damit nicht, aber am Wesen der An-
gelegenheit geht das völlig vorbei.« – »Moment, Arndt. Das
ist doch wirklich nur ein *Stein*!« – »Sie werden sehen, daß
Sie sich irren. In Noto. Glauben Sie mir. – In Tunis kriege
ich einen ganzen Beutel voller Steine ausgehändigt. Nur
Steine. Das unbedingte Gefühl, verschaukelt zu werden,
bis ...« Er verstummt. – »Also!« – »Madame Tanit nimmt
den Beutel in Trápani in Empfang. Danke, sagt sie. Das ist
alles. So läßt sie mich sitzen. Jetzt bin ich also von Libyen
nach Sizilien, von dort nach Tunis, von da wieder nach
Sizilien gereist, eines mit absolut wertlosem Gestein an-
gefüllten Beutels wegen, habe allerhand Auslagen, natürlich,
allein die Reisekosten. Und was kriege ich? Ein nicht mal
freundliches Danke. Das ist mir zuwenig. Ich habe den
Auftrag nicht ungern ausgeführt, aber doch gehofft, etwas
zu erfahren über ihn. Deshalb ...«, er streicht sich mit einer
Hand übers Gesicht, als er das sagt und stockt, » – nun,
deshalb folge ich Madame Tanit. Mich haben die Jahre
geübt, ich kann Leute unbemerkt beschatten, selbst wenn
die Gassen fast menschenleer sind. Ich weiß auch, wie man
Hunde täuscht, selbst *solche*. Ich folge ihr auf ihren Berg. Ich
rate Ihnen: Achten Sie auf Felsklippen! Ohne daß man das
will, gerät man in etwas hinein. – Denn die Tanit *bemerkt*
mich. Mich, den Profi! – Mehr darf ich Ihnen nicht erklären.« Er hält den Stein auf der flachen Hand. »Dieses Ding

werden Sie brauchen. Es ist ein Teil des Steins der Idäischen Mutter. Das darf ich sagen, weil Sie's mir ja doch nicht glauben, jedenfalls noch nicht. Nehmen Sie ihn meinetwegen als das Erkennungszeichen. Bar Piero, merken Sie sich das. Es wird sich jemand zu Ihnen setzen. Er wird auch einen Stein auf den Tisch legen. Legen Sie diesen hier dazu, aber halten Sie ihn fest. Das ist unbedingt wichtig. Man wird Ihnen die Aktentasche geben. Sie nehmen sie, stehen sofort auf und lassen den Kontaktmann sitzen. Es ist nicht nötig, sich mit ihm zu unterhalten. Aber vergessen Sie nicht, den Stein wieder einzustecken. Sie müssen ihn sowieso ständig bei sich tragen. Dürfen ihn nie aus der Hand geben und niemals unbeaufsichtigt lassen.« – »Versteh ich nicht.« – Ist Ihnen bekannt, daß es Wölfe gibt auf Sizilien?« – »Im Museum.« – »Spotten Sie nicht! Und seien Sie am 24. 8. auf Mozia, irgendwann tagsüber. Das ist ein Mittwoch. Die kleine Insel in der Lagune vor Marsala. Es gibt eine Tukkerbootverbindung hinüber. Ich werde Sie im Whitaker-Museum erwarten. Das ist alles.« – »Sie verzeihen, Arndt: Ist die ganze Sache nicht ein kleines bißchen verrückt? Wenn ich mich nicht drauf einlasse, was dann?« – »Dann fahren Sie nachher nach Palermo zurück und machen einfach etwas Ferien hier. Ganz einerlei. Ich zwinge Sie zu nichts und schon gar nicht zu so was. Ich darf Sie nicht zwingen. Alles, was kommt, müssen Sie freiwillig tun.« – »Und die Jördsdóttir?« – »Wer?« – »Madame Tanit.« – »Ich werde Ihnen nichts weiter sagen. Sie sollten jetzt sowieso besser gehn. Sonst verpassen Sie Ihren Zug. Und bitte: Vertrauen Sie niemandem, – auch mir nicht!« Er steht auf. »Nehmen Sie den Auftrag an?« – Ich zögere einen Moment. Aber was soll's? Nicke. – Er gibt mir den Stein. »Dann wünsche ich Ihnen viel Glück. Sie werden es brauchen können. Tun Sie so, als wären Sie wirklich nur Tourist. Sie haben insgesamt sehr viel Zeit. Also gehn Sie auch mal baden. Besuchen Sie

Museen. Fahren Sie auf keinen Fall direkt nach Noto. Reisen Sie einfach herum auf Ihre jugendlich-unzeitgemäße Art. Man wird Sie beschatten, das ist sicher. Also dürfen Sie nicht auffallen.« Er löst den Riemen des Zügels vom Zaun, schwingt sich auf das kurz scheuende Pferd, beugt sich vor, streichelt es beruhigend mit der flachen Hand am Hals. »Ach so, ja: Nehmen Sie sich vor Zecken in acht! Und lesen Sie die Zeitung! – Heii!« ruft er, und das nervöse Tier fällt in Lauf. Wenige Minuten nachher sind es und sein Reiter im Braun der Landschaft verschwunden. Ich stecke den Stein ein und mache mich meinerseits auf den Weg.

DER FÜHRT NICHT ÜBER DEN BERG, DIESE AUSKUNFT IST FALSCH. Führt einfach den Berg hinab. Keine übermäßige Anstrengung, sofern man von der Hitze absieht. Bisweilen, wenn ein Auto kommt, halte ich die Hand hinaus. Während der gesamten sechs Kilometer sind es vier Wagen: der Fahrer des ersten, eines kleinen dröhnenden Transporters, will nicht halten, die zwei weiteren sind vollbesetzt, der letzte nimmt mich mit. Für keine dreihundert Meter. Der Bahnhof liegt weit außerhalb des Orts. Das ist auf Sizilien nicht ungewöhnlich und trägt dazu bei, daß wenigstens im Landesinneren die staatliche Eisenbahn von den Einwohnern nicht recht ernstgenommen wird; sie ziehen aus verständlichen Gründen die stets im Zentrum haltenden blauen Überlandbusse vor.

Woher weiß ich das alles? Hab ich irgendwann gelesen. Doch wo?

Der nette Sizilianer läßt mich auf dem leergeräumten Vorplatz des Miniaturbahnhofes heraus, und ich höre soeben einen Zug abfahren. Meiner? In der Hoffnung, vielleicht noch aufspringen zu können, haste ich zu den Geleisen. Ich muß schon glänzen vor Schweiß. Hechle. Nichts mehr zu sehen und niemand hier. Nirgendwo Wasser. Der kleine Brunnen seitlich des Gebäudes völlig demoliert. Meine Plastikflasche längst leer, ich habe sie in den Müllbehälter am Parkplatz geworfen. Ich schau zur Uhr: Der letzte Zug soll in etwas weniger als einer Stunde gehen. Es ist zwanzig vor sieben. Zwar bereits langgestreckte, doch noch immer harte Schatten unter der Sonne. Bestimmt noch 38, 40 Grad Celsius. Die Steine des kleinen Gebäudes und der Steige aufgepumpt mit Hitze, und auch ich selbst glühe. Beide Wartesälchen geschlossen. Da erscheint ein hagerer, eher kurzwüchsiger Mann im fleckigen weißen Unterhemd in Begleitung dreier Kinder. Er sieht mich einen Augenblick irritiert an, geht daraufhin am Gebäude entlang, bückt sich, streckt den Finger aus. In Kniehöhe hat man den Fahrplan angebracht, einen Zettel, auf dem mit einer nicht mehr recht funktionierenden, jedenfalls verschmutzten Schreibmaschine die An- und Abfahrtzeiten getippt sind. Ich frage ihn, ob hier irgendwo ein Wasserhahn sei. Er antwortet nicht. Ich schreite den Bahnsteig zu einem separaten Häuschen ab: RITIRATA steht blaß daran, das altertümliche Wort für »Toiletten«. Ich schaue nach »Herren«. Es stinkt schon draußen nach Urin. Ich will die muffige Kammer betreten, da jagt, aufgeschreckt, ein großer brauner Hund heraus und verdrückt sich über die Geleise, versteckt sich gegenüber unter abgestellten Waggons. In dem Häuschen zwei Pißbekken aus Keramik an der Wand, aber die Abflußrohre nach unten offen: Der Urin läuft einfach auf den Boden. Der Wasserhahn tot. Hier sollte ich sowieso dem Wasser nicht trauen. Ich schreite zum Bahnhofsgebäude zurück. Der Mann mit seinen drei Kindern sieht mir zu. Er zuckt mit den Schultern, geht. Von draußen höre ich die Autotür, nicht aber den Motor. Ich setze mich auf die Bank. Also warten.

Die endlosen Reihen ausrangierter Waggons: Kein Fenster ist heil. Ein Eisenbahnfriedhof am Ende der Welt. Rost blüht auf den Dächern. Dahinter braune Hügel. Rechts steht – sie sehen in der Entfernung wie Miniaturpilze aus – eine lose Reihe Pinien den Hügel hinan. Nach Ablauf jeder Minute ruckt über mir mit lautem Klacken der lange schwarze Zeiger in der klassischen Bahnhofsuhr weiter. Tauben gurren, es zirpen Millionen Grillen. Johlen und Kreischen von Kindern aus den weit auseinanderstehenden Gehöften. Irgendwann stiehlt sich der Hund, noch im Schnüren geduckt, wieder über die Schienen heran und verschwindet im Toilettenhäuschen. Mir hat mal jemand erzählt, woran man wölfische Abkunft erkennt: Hunde liefen leicht schräg gegen ihre Körperachse, Wölfe hingegen strikt geradeaus. Es ist also keine Gefahr.

Schlurfende Schritte. Ich blick auf. Der kurzwüchsige Mann kommt zurück. »Prego, Signore«, sagt er und hält mir einen weißen Plastikbecher hin. Wasser füllt ihn, in dem Eiswürfel schwimmen. Ich bedanke mich vielmals, stottere dabei vor Erstaunen, er verbeugt sich leicht, dreht sich um, geht wieder. Abermals die Autotür. Dann der Motor. – Auch dies ist Sizilien.

Seit wann eigentlich kenne ich Arndt? Seit je doch. Aber woher? – Mein Kopf beginnt zu schmerzen. Salzverlust wahrscheinlich. Ein unausgesetztes, minutenlanges Klingeln. Derart fein, daß sich die nervös-schnellen Schläge des Klöppels gegen die Schelle einzeln heraushören lassen. Das kündigt den Zug an.

MIR GEGENÜBER MUTTER UND TOCHTER. Jene vormals schön, diese – sie mag zwölf oder dreizehn sein – wird es noch werden. Mädchen und doch schon halb junge Dame. Der momentane Schreck, als sie mich ansieht: Als schaute ich in die Augen der Jördsdóttir. Bis zu den kaum erkennbar kleinen Pupillen die Regenbogenhäute zunehmend und schließlich leuchtend hell. Stahlblaues Crescendo, über das sich, wenn die Lolita den Kopf dreht, manchmal grünes Schillern deckt. Eine ganz wunderbare genetische Komposition: Normannisch-arabische, staufisch angereicherte Schönheit. Dunkelbraune, unterm Sonnenlicht bisweilen bronzen schimmernde Haare, Kupferhaut und helle Augen. Beide von dunkelbraunen Kränzen umgeben, als wäre ein Streifen Kajals um die Iris gezogen.

Das Mädchen – ein zugleich kokettes wie grausames Spiel – fordert unbewußt die Mutter heraus. Beginnt, mit mir zu flirten. Ich spüre sofort, es geht nicht um mich, ich bin nur Anlaß, ich konnte irgendwer sein. Es geht um Konkurrenz mit der Mutter. Auch die flirtet: wissend, ruhig, fleischlich, doch von vornherein verzichtet sie. Das ist traurig. Man sieht ihr an, wie sie bis zum Platzen immer noch blühen könnte, auch möchte, eine geradezu schluchtartige Lust und doch schon ausgetretene Fährten der Verhärmung im Gesicht. Sie merkt, daß ich es merke. Lächelt schmerzlich für den Bruchteil einer Sekunde, fast ein Zukken. Die immer noch feuchten, gar nicht eingekniffenen Lippen. Der Zug hält. Álcamo diramazione. Die beiden steigen aus. Die Mutter verabschiedet sich mit einem so runden »Ciao« von mir, so vollmundig und doch diskret, als hätten wir heimlich miteinander geschlafen. Das leise Bedauern, das sich von ihr zu mir überträgt und wie eine Atmosphärenverdichtung im Waggon noch für Momente stehenbleibt.

Ich schaue durch die Scheibe den beiden nach. Die Tochter dreht den hübschen Kopf kurz und flüchtig zurück. Das ist, als zwinkerte sie mir zu. Die Mutter geht stolz weiter. Sie braucht sich nicht umzusehen, sie weiß, noch einmal hat sie gewonnen, und ihre Tochter ist Kind geblieben.

Wir fahren wieder. Bisweilen die Hügel durch Eisenbahnviadukte verbunden. Runde verzierte Bögen. Das fügt sich dem rauhen, dabei eigenartig sanften, jedenfalls großzügigen Land harmonisch ein. Wie häßlich dagegen oft der moderne Hochbrückenbau, der freilich auch etwas ausdrücken will. Daß man es geschafft habe, vielleicht? Also daß man nicht mehr mimetisch sein müsse? Daß es nicht mehr nötig sei, Rücksicht zu nehmen auf den natürlichen Strich? Das Land unterworfen, das Straßennetz als Kettenhemd, als Zwangsjacke darüber festgezurrt wie Fesseln. Dann die Berge von Castellamare del Golfo im blauen Dunst vor dem Meer. Das nächste Massiv Richtung Palermo: ein in die See gestampfter Gigantenfuß. Balestrate. Trappeto. Weiße Klinkermauern. Hinter denen überschotterte Parkplätze, ein dünner Streifen Steinstrand, dann das türkisfarbene Wasser. Dörrgras. Oft Abfälle, Autowracks, blaue Mülltüten, ausrangierte Kühlschränke. Die kleine Ísola delle fémmine vor Capaci. Sieht tatsächlich aus wie eine weibliche Brust: An der richtigen Stelle ein Türmchen errichtet. Die ersten Bungalows wieder, kurz vor Mondello: edel und weiß, auf den Terrassen Swimmingpools. Und immer das Leben nahe am Lärm: Mit Lust die Sommerhäuschen direkt an Geleise und Autobahn herangebaut; die Hausherren sind, das ist deutlich, durchaus nicht arm, sie könnten sich auch andere Plätze aussuchen. Wollen sie aber wohl nicht.

Der Monte Pellegrino strahlt in umdunstetem Kupferrot herüber. Seit Capaci hat sich der Zug immer mehr mit besonders Jugendlichen gefüllt, fahren wohl vom Baden heim. Die Mädchen und Jungen veranstalten einen schnatternden und irgendwie duftigen Lärm. Goretextaschen, aufgerollte Bastmatten, Plastikrucksäcke, die man nur halb übern Rücken hängt. Es scheint unter den jungen Männern Mode zu sein, kleine Brillanten in den Ohren zu tragen. Sogar ein Soldat vorhin mit Ohrring. Uniform und Ohrring, das hat mir gefallen. Im übrigen ist man komplett amerikanisiert. Schirmkappen wie Arndts, die Schirme in die Nacken gezogen, also die Mützen falsch herum auf dem Kopf. Stars and Stripes auf den Hemden oder Mickey-Mäuse, »Topolino« wird dieses Verhängnis hierzulande genannt. Coca-Cola ist das Nationalgetränk der sizilischen Jugend. Und Kofferradios, Unmengen von plärrenden, blechtönenden Kofferradios. Und, da im Zug, für mich kein Entweichen.

WAS ESSEN GEHEN. Vorher die Busverbindung nach Enna eruieren. Muß Zeit einrechnen für das Postamt morgen früh. Warum habe ich ein Postsparbuch bei mir? Warum keine Schecks? Ich denke einen Moment darüber nach. Keine Ahnung. Jedenfalls wittere ich Probleme. Am Hallenende des Bahnsteigs wieder jemand, der telefoniert. Der Typ folgt mir sogar. Ich wende mich nach rechts, verlasse das Gebäude gegenüber der Via Balsamo, um zu den Busstationen zu schauen. Es gibt zwei dort, die Autolinea Segesta und die SAIS, jene für den Westen, diese fürs übrige Land und, zwölf Stunden Fahrt, via Stretto di Messina bis hoch nach Rom.

Bleibe stehen, drehe mich um. Der Mensch grinst, hält aber ungerührt das Telefon ans Ohr. Zwei andere junge Männer, alle drei tragen Anzug und Krawatte, gesellen sich zu ihm. Die Sache wird mulmig. Trotzdem, ich muß nach den Abfahrtzeiten schauen.

Busse der SAIS nach Enna: 7.15 Uhr, 9 Uhr, 12 Uhr, 14.30 Uhr. Die danach sind mir zu spät. Es wird wohl der 12er werden, denn die Post macht kaum vor 8 Uhr auf. Ankunft Enna 13.45 Uhr. Natürlich mitten in der Siesta.

Jetzt sind die drei weg.

In einer Seitengasse der Via Roma eine Trattoria, die nach preiswertem Essen aussieht. Große Wahl habe ich sowieso nicht, es ist schon kurz vor zehn und zu fürchten, das ohnehin kataleptische Palermo sperre sich jeden Moment generaliter zu. Der weiße Abend des Ferragosto verstreicht. Mein Magen knurrt seit zwei Stunden. Das erste feste Essen seit dem Involtino heute morgen und dem bißchen Wurst und Brot in Segesta. Ich darf mich nicht übernehmen, sollte langsam essen. Der weiße Settesoli von Menfi schmeckt beinahe bitter. Auch er eine Anlehnung an Sherry schon, doch bei weitem nicht wie der Vucciria-Wein. Kondenswasser steht in glänzenden verwischten Perlen außen am Glas. An den Wänden, außer dem folkloristischen Schnickschnack, Erinnerungsfotos: Der stoppelbärtige asthenische Wirt sieht drauf aus, wie er sich Große Welt vorstellen mag. Zu enger, an den Hüftnähten sich spannender Anzug, für die seltenen Anlässe eingemottet. Gedeckte Krawatte. Weißes Perlonhemd. Mehrmals die gleiche Szene, in Abständen von Sekunden geknipst. Ein offener blumengeschmückter Hof, einige Aspiranten der Gastronomie nebst ihren Familien auf Stühlchen in ziemlichem Abstand von einer langen weißbedeckten Tafel, an deren Rückseite Honoratioren sitzen. Auch die sind ganz Große Welt. Mein Hagerwirtchen tritt auf die Tafel zu, ein Pate reicht ihm die Hand, ein Domestik – er sieht nach Leibwächter aus – überreicht die Urkunde. Das Wirtchen buckelt mit der Stirn bis zur Tafelplatte hinunter. Tusch aus schiefgestimmten Blasinstrumenten. Man soll die Urkunde neben den Fotografien sehen: Meisterbrief, daneben Anerkennung für gute sizilische Küche. Billige Plastikrahmen, Holzimitate. Medaillen. Mir schießt die Frage durch den Kopf, wie viele Schutzgelder der arme Mensch für all dies hat berappen müssen. Von der anderen Wand lächelt der Papst auf die sechs Tische. Von ihm entrückt die Jungfrau Maria. Zwei

Gäste heut abend: fetter Tourist, dessen Benimmlosigkeit
darum bettelt, restlos ausgenommen zu werden, und ich.
Der Wirt ist unterwürfig bis zur Verschlagenheit. Hinter
der Kasse thront seine Frau. Ihre Blicke überwachen jeden Schritt, den er tut. Sie erstickt ihn. Und wenn er sich
nachts auf sie legt, schwappt sie über ihm zusammen. Die
Wahrheit über das Patriarchat. Mit seinen Freunden rächt
er sich an ihr an allen Frauen, solange sie nicht Mutter sind.

STEHE VOR DER NOCH GESCHLOSSENEN POST. Bin aber nicht
allein, sondern ein paar andre Leute warten mit mir. Was
ich beruhigend finde. Überhaupt lebt Palermo wieder, als
hätte die Stadt ihr lähmendes Fieber abgeschüttelt. Unfaßbarer Lärm aus dicht ineinander verwühltem Verkehr, es
wird geradezu mit Feuer gehupt, Marktschreier grölen an
jeder Ecke, diskutierende Männer säumen die Plätze, es
brodelt vor Abgas und Essengeruch.

Aha, man öffnet.

Wie lange diese Postbeamtin mit den unglaublich schönen Händen braucht, um ihre Brille aufzusetzen, nämlich
erst sie sorgsam aus dem Etui zu nehmen, dieses ebenso
sorgsam zu schließen, bedachtsam die Bügel auseinander-
zufalten, aus der Handtasche ein Ledercouvert sehr elegant
hervorzuziehen, das Tüchelchen herauszufingern, die Gläser vorsichtig, nein: zärtlich zu reiben und den eigenen
Händen zuzusehen dabei. Eigentlich streichelt sich diese
Frau, indem sie ihre Brille putzt. Jede Fingerbewegung ein
so kultischer wie narzißtischer, sich selbst erregender Akt,
der das Gedränge und die Unruhe des Publikums auf der
anderen Seite des Schalters gänzlich von sich abgleiten läßt.
Alles geschieht oder geschieht nicht in einer Haltung lust-
voller Ergebenheit. Wie sie es liebt, sich zu zeigen! Ein
Ritual, ihre Hände zu bewegen, instinktiv *und* einstudiert

sie in das Blickfeld zu drehen. Sie braucht keine Ringe zu tragen und weiß das: Ein Ring lenkte von der Schönheit dieser Hände ab. Die halblangen manikürten Nägel nicht einmal lackiert. Ich bin so benommen von dem Anblick, daß ich mich überhaupt nicht ärgern kann über die geschwollene italienische Postbürokratie. Außerdem funktioniert der Computer nicht. Das kann noch Stunden so gehen, denke ich, glücklich ins Betrachten dieser Hände versunken.

Jetzt sieht sie mich an. Ich sage, was ich möchte. Also probiere, was ich heimlich begehre, in den Worten auszudrücken, die mein offizielles Anliegen tragen. Aber das geht völlig daneben. Mir fallen die gebräuchlichsten Vokabeln nicht ein. Also stottere ich touristische Wendungen, was mich als Spieler restlos disqualifiziert. Wäre nicht die dicke Panzerglasscheibe dazwischen, würde ich scheinbar unabsichtlich eine ihrer Hände berühren. Dann verstünde sie sofort. So schiebe ich nur Sparbuch, Ausweiskarte, Reisepaß sozusagen zärtlich durch die Mulde, was allemal lächerlich ist. Sowieso kann sie mir nicht helfen, ruft einen Kollegen, der fragt einen nächsten Kollegen. So was hab ich befürchtet. Der Mann verschwindet mit meinen Papieren. Schwierigkeiten, na klar. Bleibt lange weg. Die Frau sieht mich hin und wieder an. Es tue ihr leid, sagt sie. Mir auch, sage ich. Sie lächelt schnell. Knapper Augenaufschlag. Blickschuß. Implodiert weg, sie beschäftigt sich bereits mit dem nächsten Kunden. Ich starre ihre Hände an. Sie tut, als wäre nichts, geht gleichzeitig gelassen und doch sinnlich gespannt ihrer Arbeit nach. Sie hantiert so virtuos mit Kohlepapieren, daß ihre Fingerspitzen völlig sauber bleiben. – Der Mensch mit meinen Dokumenten kommt zurück. Es funktioniert also doch. Ganz erstaunlich. Einen ziemlich schlechten Wechselkurs schiebt man mir allerdings unter. Ich sage aber nichts dazu, denn zum einen bin ich erleichtert, zum andren lächelt die Frau mich wieder an. Das ist ausgesprochen geschickt.

Zurück zur Pension.

AUF DEM WEG EINE BRIOCHE MIT GRANITA DI CAFFÈ, EINEN SCHUSS MANDELMILCH DARAUF. Also gefrorenen Kaffee, zu einem Mus gemahlen, in den man das milchbrötchenartige Stückchen tunkt. Sollte ich vielleicht besser nicht probieren, denn mein Magen rumort. Aber es ist bereits wieder so heiß, daß mich diese Version des sizilianischen Frühstücks ausgesprochen reizt. Als ich mein Gepäck aus der Pension abhole und meine Zimmerrechnung bezahle, finde ich auf dem Weg zum Bahnhof den kleinen Granita-Kiosk wieder geöffnet. Ich kann nicht anders. Das verstärkt das Magendrücken dann noch. Ich gebe, da bis zwölf ja viel Zeit ist, den Rucksack am Deposito ab, nehme die Buslinie 107, fahre zum Englischen Garten, betrete ihn von der Via delle Croci aus. Vorne ein kleiner Lunapark. Es ist sehr schwül. Der übliche Pärchentreff, erste Liebe am Brunnen. Es sind ja noch Ferien. Auf jeder Bank sitzen die Turtelchen zusammen: er meist unten, sie auf ihm drauf. Der Boden gesprenkelt mit kleinen braunen, teils rosafarbenen dattelartigen Früchten. Monogramme in die Agavenblätter geritzt. Ein bananenähnliches Palmengewächs. Kräftige, fleischige Lianenkaskaden. Hibiskusmeer. Alte Herren, die spanischen Grandseigneurs ähneln: leicht vornübergebeugt, Zigaretten ganz vorn zwischen den Fingergliedern, graumeliertes Haar. Dann auf die Viale della Libertà, Richtung Piazza Verdi. Kurz vor der Piazza Castelbuono in Blickrichtung rechts: »Birreria Kovacs«. Da ist ein Ungar hängengeblieben. Ein Verkäufer von Musikcassetten krawallt mir einen Salsa entgegen: Trotz des Verkehrslärms hört man ihn schon Hunderte von Metern, bevor man ihn sieht. Schiebt einen

Handkarren vor sich her, brechend voll mit Cassetten; obenauf der plärrende Lautsprecher. Jetzt, da Palermo wieder lebt, eigentlich keine Lust mehr, der Stadt den Rücken zu kehren. Und Enna. Warum denn nach Enna?

Warum *nicht* Enna? Ich mache mir wirklich nicht die geringste Hoffnung, die Jördsdóttir zu treffen dort.

Kaufe eine Zeitung. Nehme einen Caffè, hier, neben dem Bahnhof. Den Stein vor mich auf die weiße Tischdekke gelegt. Bisweilen schau ich ihn an, drehe ihn ein bißchen herum. Mein Gepäck an den Stuhl gelehnt, was ziemlich auffällt. Es macht einen großen, nicht nur psychischen Unterschied, ob ich irgendwo mit oder ohne Rucksack sitze. Ständig merkt man auf: Will dich jemand beklauen? Überhaupt ist die Stimmung hier nicht zur Gänze angenehm. Am Nebentisch drei Männer. Sie begrüßen sich mit je zwei Wangenküßchen. Einer von ihnen, nicht der älteste, ist deutlich der Herr. Die andren beugen sich ihm zu, hoffen auf Lob, schmeicheln sich ein. Er hat ein fatales Bürokratengesicht. Trägt ein rosarotes kurzärmeliges Hemd und weiße Shorts. Dürre haarlose Beine. Daß er obendrein zu weißen Schuhen weiße Socken an den Füßen hat, gibt ihm etwas Perverses. Richtig fies aber macht ihn erst die Porsche-Brille. Die drei beobachten mich, tauschen sich aus. Abseits ein junger Mann mit tragbarem Telefongerät. Es ist nicht schwierig, ihn für einen Leibwächter zu halten. Er kommt mir bekannt vor. Telefoniert aber nicht. Ich sollte meine Fantasie etwas zügeln.

DER LEIBWÄCHTER FOLGT MIR. Der Busfahrer starrt, während ich herankomme, geradezu angeödet auf mein Gepäck. Daß ich es unten in den Bus laden will, aber die Außenklappe nicht gleich aufbekomme, geht ihm erst recht auf die Nerven. Er denkt nicht daran, mir zu helfen. Endlich gelingt es mir doch, der Rucksack verschwindet, und der Mann wird freundlich. Er lächelt und grüßt sogar. Die Luft wabert vor Staub, Abgasen, Dreck. Ein Krach aus zusammengeballten Materieteilchen. Drei Reihen hinter mir sitzt der Leibwächter und macht mich mit seinem permanenten Telefongetuschel nervös. Als wir im Osten die Stadt verlassen, verschwimmt das Meer an der Küste mit Hitzedunst und Himmel. Die junge Dame in der Sitzreihe vor mir schlägt ihre hüftlangen Haare über die Lehne zurück. Jetzt liegen die Spitzen auf meinen Knien. Offenbar hat sie ein Fixierspray verwendet: Schimmernde Teilchen glitzern wie Diamantenstaub in den Strähnen.

Bis hinter Términi Imerese folgt die Autobahn der von Industriesiedlungen besprenkelten Nordküste. Zweigt südlich ab, quer durch die Madonie, den schroffsten Teil der nordsizilianischen Bergkette. Anfangs sanft, bedeckt mit Gartenland, dann ausgetrocknet kahl, abweisend. Die Straßen, fast durchweg auf Pfeilern, durchschneiden glühendes Werstland. Hin und wieder Gehöfte, die vor Einsamkeit bröckeln. Mauern, um im regendurchschütteten Winter das Land festzuhalten. Welch eine Mühsal, diese kargen Äcker zu pflügen! Als begattete und vermehrte sich lebendiger Stein. Hügel aus Felsbrocken, riesige Aufschüttungen. Mitunter Schafherden. Ziegen mit gedrechselten Hörnern. Viel Gestrüpp. Dann wieder fantastische Höhenformationen und kalkweiße Klippen wie zerfressene Knochen. Seltene, verzweifelt wirkende Aufforstungsversuche. Ganz selten Bäche. Erst eine Stunde später wird das Land wieder ebener und auch ein bißchen grün: die Schwesternorte Calascibetta und Enna in Sicht, hoch überm Land, jener wie ein Falken-, dieser wie ein Adlerhorst auf die Gipfel zweier zerklüfteter Berge geklebt; im Tal zwischen beiden wird Wein angebaut. Der Berg bis Enna hinauf ist kräftig grün. Es scheint also Wasser zu geben. Durch zersiedelte Pflanzungen und Kleinindustrie zieht sich die Autobahn in Richtung Catania dahin. Es ist zu diesig, um im Osten den Ätna zu sehen. Aber ich weiß ihn dort, ich spüre ihn. Es ist eigenartig: als riefe er mich. Mir fällt auf, daß ich den Telefonierer ganz vergessen habe. Ich drehe mich um. Er ist eingenickt, kommt mir deshalb kaum mehr dubios vor.

Blick in die Zeitung: Fast halb Sizilien steht in Flammen. Brandstiftung.

Der Bus ist von der Autobahn abgefahren, hält kurz in Enna Bassa, der an den Fuß des Berges gelagerten Neubausiedlung, und quält sich nun fast 400 Meter hoch über die gewundene Via Pergusa. In 948 Metern Höhe überzieht die höchstgelegene Provinzhauptstadt Italiens zwei hart in Klippen abbrechende Gipfel. Oben ist es oft abends auch im Sommer schon kühl. Im Herbst kann unten noch Sommerdürre herrschen, da riecht man in Enna bereits den Frost. Ab Oktober werden hier Pelzmäntel getragen, »privilegi d'inverno« meint die Werbung dazu, Vorrecht des Winters. Die mittelalterlich verwinkelte, jetzt in die Siesta der Augusthitze geschlafene Altstadt. Durch welche engen Gassen dieser Riesenbus sich drückt! Manchmal denke ich, wir sitzen gleich fest, da kriegt der Fahrer es doch noch hin, er dreht den Außenspiegel fast in den Bus herein, und das Ungetüm biegt sich um die Kurve, scharf rechts weg von einer Piazza Matteotti in die Via Roma, die wie ein Grat die beiden Stadtgipfel verbindet. Gleich wieder in rechtem Winkel links rüber zur Piazza Scelfo, dort steige ich aus.

Ein Blick hinter mich: Der Telefonierer trifft keine Anstalten, mir zu folgen, schläft anscheinend noch immer. Obwohl ich mir unterdessen sicher bin, er habe mich seit der Abfahrt in Neapel verfolgt, beruhigt es mich restlos, ihn so sanft, ja kindlich schlummern zu sehen. Ich habe kaum

Zeit, mein Gepäck zu bergen, da fährt der Bus schon weiter. Ich werf ihm aufbrausend eine Fica hinterher. Halftere den Rucksack, die Mittagssonne brennt erbarmungslos auf den Platz. In den Bänken hocken alte Männer. Die Stadt sieht aus wie frisch gekehrt, glänzt vor Geputztheit. Das hat etwas Deutschschweizerisches, zumal mit der Erinnerung ans verkommene Palermo im Kopf. Links die mittelalterliche Kirche wie in eine Mauer hineingebaut mit dem wuchtigen zentralen Sparkassengebäude, davor – wie vor allen Banken Siziliens – stehen drohend, MGs im Anschlag, Polizisten oder Soldaten. Man kennt sich in der sizilianischen Uniformenfülle nicht aus. Es mag auch Wachschutz sein: private bewaffnete Truppen. Auf der gegenüberliegenden Seite Geschäfte, erstaunlich intakte Barockfassaden hie wie dort, im Osten geht der Platz auf eine Bar, davon links ein weiteres Plätzchen direkt am Steilhang und mit Sicht nach Calascibetta drüben. Als stünde man in der Luft, so schaut man auf das benachbarte Bergnest schräg hinab. Den Steilhang hinunter zunächst Fichten, wenige Buchen, Feigenbäume. In den Wipfeln hängen Plastiktüten wie benutzte Präservative. Man wirft Gerümpel, Kunststoffcontainer, ja Tierkadaver einfach über die Bergwand. Während ich das Geländer entlangspaziere, ständiges Lärmen von Motorsägen. Um die Aussicht zu wahren, werden die Bäume gekappt. Immerhin bringt das auch die Müllbeutel weg. Bereits Friedrich II., der Staufer, hat über die ökologische Achtungslosigkeit der Sizilianer geklagt.

Das Land wie ein Relief bis an den Horizont gewellt: erodierte Hügel, die nach Wüstensand aussehn, Klippen, dazwischen die grünen, streifenartigen Plantagen, entfernt ein Stausee. Doch es ist dunstig; sowohl die Bergmassive des Nordens als auch das Vulkanland im Osten lassen sich nur ahnen. *Umbelicus Siciliae*, Nabel Siziliens. Ursprünglich von Kleinasien her besiedelt. Einer der ältesten Orte des

Landes. Als vom italienischen Festland die Sikuler herüber-drängen, zieht man sich in diesen Berghort zurück. Dem antiken Demeterkult ist noch ein Freiplatz geblieben: über der Ostwand auf den Klippen Steinreste eines Heiligtums. Davor auf dem Gebirgssporn die Lombardenburg errichtet wie ein christlicher Bannwall zwischen heidnische Stätte und katholische Stadt.

Für ein paar Minuten nehme ich auf der Straßenterrasse Platz zwischen Belvedere und Piazza Vittorio Emanuele. Die Jugendstil-Glasmalereien im Hauseingang des Büros der SAIS. Neben mir ein sehr alter Sizilianer, der tut, als wäre er Herr. Jedenfalls erhebt ihn sein Stolz. Weißgrauer Knebelbart und schneeweißes kurzgeschnittenes Haupt-haar. Kleine pfiffige Augen seitlich der roten Poren seiner Knollennase. Blaues Hemd, graue Hose, grauer Hut, graue Socken, braune Schuhe. Je die Ringfinger beringt, Siegel-ring rechts. Spielt den Repräsentanten der alten sizilischen Adelshäuser. Als er geht, setzt er den Hut kokett-schräg auf. Wappenbeschlagener Gehstock. Ich löffle die vierte Granita des Tages.

Eine Unterkunft brauche ich. Jedenfalls will ich mein Gepäck loswerden. Finde die Fassade des Hotels Belvedere fabelhaft: Man meint, im alten Prag zu sein. Auch hier, im hohen, eichengerahmten Portal, Jugendstilscheiben. Die ei-ne Tür steht nach innen offen. Davor zwei alte Männer, schweigend. Sie sehen nicht einmal auf, als ich an ihnen vorbei ins Haus trete. Es riecht nach Holztrog drinnen. Ein nächster Greis über ein riesiges Cassabuch gebeugt hinter dem Tresen der schwarzen glänzenden Rezeption. Weiße zurückgewellte Haare. Ein Anzug, der nach Krawatte ver-langt, die ihm und dem Hemd aber verwehrt ist. Irgendwie halbformell. Ich spreche den Herrn an, der mich über das Messing der schmalen Brille hinweg anblinzelt, doch den Finger auf der Zeile hält. Meister Geppetto. Er bedaure. Es sei geschlossen: Das Haus in Renovierung, »così è la guerra«, sagt er, so ist der Krieg. Er erwarte ein freies Sizilien. Ich könne es aber, bis zur Piazza Colaianni ein Stückchen noch die Via Roma hinauf, im Grande Albergo Sicilia versuchen. Dort verstreiche sie, sagt er, schneller, die Zeit. Dann mustert er mich, mein Gepäck. Nein, das sei wohl zu teuer für mich. Die übrigen Herbergen leider geschlossen. Schade, sage ich. Jetzt hebt er sich von seinem Hauptbuch auf, alles sehr langsam. »Warten Sie einen Moment.« Geht nach hinten in eine Kammer, kommt mit dem Telefonbuch wieder. Er wisse im Örtchen Pergusa eine Bleibe, unten, am See, vielleicht sei dort ein Zimmer frei Es führen ständig Busse hinab und herauf. Er wählt. Spricht in die Muschel, beinahe flüsternd, wie wenn er die stehende Luft nicht verletzen, ihr durch seine Stimme nicht weh tun wolle. Hängt ein, lächelt. 30.000 Lit., 30 Mark, mit Dusche, das ist in Ordnung. »Nehmen Sie den Bus bis Pergusa. Sagen Sie dem Fahrer, Sie wollten zum Hotel Miralogo, er wird Sie hinauslassen. Es liegt noch vor dem Ort.« Er wendet sich seinem Hauptbuch zu und vergißt mich. Ich bedanke mich, trete in die wabernde Mittagsruhe, sage den alten Männern auf ihren Stühlen vorm Eingang Lebwohl. Sie antworten nicht. Natürlich.

Natürlich frage ich trotzdem noch in dem anderen Hotel nach. Die Übernachtung kostet dort, nur fürs Schlafen, ohne Dusche, 60.000 Lit. Als ich mich lachend bedanke und gehe, wirft mir der livrierte Portier hinterher: »Was wollen Sie eigentlich? Es gibt kein anderes Hotel in Enna.« Ich würdige ihn keiner Antwort, überquere den Platz, frage an der Piazza Scelfo einen Busfahrer, der nimmt mich bis zur Viale Diaz mit. Der Bus rattert immer scharf an dem Berghang entlang, dann taucht der Parkplatz der SAIS auf, ein weitgeschnittener Wendehammer mit dem Stationsgebäude inmitten. Wenigstens zehn blaue lange Pullmans warten. Gegenüber ein sehr kleiner Hügel, Felsbuckel eher. Darauf die Nekropole: eine Festung von einer Mauer zusammengeschnürter zahlloser Türmchen. Blick in einen Park aus Oleander, Tannen, Palmen, Pinien und Laubbäumen. An den Busstationen für Überland bleiben die Motoren einfach laufen, auch wenn's bis zur Abfahrt noch 20 Minuten hin sind. Etwa der des meinen. Piazza Armerina ist sein Zielort. Ich nutze die Gelegenheit und frage wegen der Verbindung nach Catania: 8.15, 12.40, 14.00 Uhr. Auch den um 15.30 Uhr könnte ich noch nehmen.

Wir fahren endlich. Es geht wieder den Berg ganz hinab, aber dann nicht zur Autobahn, sondern die ss 561 Richtung Süden, eine breit angelegte Ausfallstraße, die führt durch Enna Bassa und Landwirtschaft. Es scheint hier Wasser zu geben: Die Hügel sind grün. Der Himmel hat sich bezogen, es sieht nach Regen aus. Etwa zwei Kilometer vor dem Flecken Pergusa läßt mich der Fahrer hinaus. Rechts führt eine Abfahrt vor ein kastenförmiges Hausgebilde: links, die Eingangswölbung von Ziergips geschwollen, eine Diskothek, rechts das Hotel. Na, denke ich, das kann ja nachts heiter werden. Draußen auf einem Schild: Zutritt für Herren nur in Damenbegleitung. Ich wende mich der offenstehenden Hoteltür zu, ein loser Vorhang aus Plastikperlen soll Insekten wehren, trete ein, will sofort wieder weg. Denn an einem der Tische des Speiseraums sitzt der Telefonierer. Starr bleibe ich stehen. Und dann von links ein kleiner schmaler, einfacher und doch elegant wirkender Mann um die vierzig, Stirnglatze, zu beiden Seiten die gewellten schwarzen Haare sehr gepflegt. Kaum Luft bekomme ich noch. Sein in den Hemdausschnitt drapiertes Seidentuch. Als er mich sieht, beginnt seine Nase zu bluten. Es ist die Mumie aus Palermo. Signor Antonino Prestigiacomo. Gestorben den 4. Oktober 1844.

AM 16. AUGUST 1994 AUFERSTANDEN IM FLEISCHE. Ich wortlos. Dieselbe rotbraune Gesichtshaut. Nur nicht so ledern.
Derselbe klare und traurige Blick, er entschuldigt sich.
Zieht ein Taschentuch aus der Hosentasche, betupft die
Nase, entschuldigt sich nochmals. Ich starre ihn an. Das
scheint ihn immer mehr zu verunsichern, und mehr noch
blutet die Nase. Er reibt an ihr herum. Hinten telefoniert
aufgeregt der Telefonierer. Eine resolute Signora erscheint,
dauergewelltes, von dunklen Strähnen durchzogenes weiß-
graues Haar. Schnurrbart aus kurzen, dichten Borsten. Ihre
Stummelfinger mit den abgebrochenen Nägeln wischt sie
an ihrer Schürze ab. Sowie sie in den Raum getreten ist,
beginnt es, nach Knoblauch, heißem Olivenöl und Stief-
mutter Gottes zu riechen. Mit einer herben Kopfbewe-
gung, doch wortlos, weist sie Prestigiacomo hinaus. »Sie
sind doch der vom Belvedere? Tut mir leid, mein Sohn hat
das schon als Kind gehabt. Immer wenn er sich aufregt.«
Ich stehe bloß da und versuche, mich zu fassen. Sie walzt
näher und probiert ein Lächeln. Als ich weiterhin nicht
spreche, streckt sie die Rechte aus. »I documenti, den
Ausweis, sagt sie. Verwirrt reiche ich ihr meinen Reisepaß.
Sie legt ihn neben die Kasse und nimmt einen Schlüssel
vom Brett. Noch immer telefoniert der Mensch hinten im
Raum. Ich habe den Eindruck, er teile seinem Gesprächs-
partner jede Lappalie von hier mit. Und bin froh, auf mein
Zimmer zu kommen. Ein zwar kleiner, aber ausgesprochen
gepflegter kühler Raum mit angeschlossenem gekacheltem
Bad. Der vergleichsweise Luxus macht mich stutzig. Hat
sich die Signora mit dem Schlüssel geirrt? Einerlei. Erst
einmal duschen, Hemd und Unterwäsche wechseln. Die
Sachen waschen geht hier nicht; ich wüßte nicht, wo sie
trocknen lassen. Ich ziehe den Stein aus der Hose und lege
ihn auf den kleinen Resopal-Schreibtisch. Lasse ihn liegen.
Es ist unbequem, das Ding dauernd mit mir in der Hosen-

tasche zu tragen. Als ich wieder nach unten komme, ist der Telefonierer fort. Auch Prestigiacomo läßt sich nicht sehen. Nur die Signora steht noch im Raum, an einer Theke. Die blitzende Espressomaschine. – »Ist das richtig? Das Zimmer kostet 30.000 Lire?« – »Sie wollen sicher den See sehen. Schade, er hat kein Wasser. Poco piove, seit drei Jahren hat es nicht mehr geregnet.« – »30.000?« – Sie erklärt mir den Weg zum See. Ein Räubernest vielleicht.

Es ist ein Stückchen Landstraße bis nach Pergusa zu gehen. Der Ort selbst nichtssagend, wenige Ferienhäuschen, ein aufgemotztes Schickimicki-Hotel gleich vorne, mehrere Restaurants und Pizzerie, ein paar Bars. Wo die eigentliche Bevölkerung lebt, bekommt man von der Straße nicht recht mit. Ein Hinweisschild, dem ich folge. Dann, hinter einem Maschendrahtzaun, eine riesige Autorennbahn. Dort die Öffnung, ich drücke mich durch, rechter Hand eine Beton-tribüne, zwanzig Meter vor mir der Schilfsaum, durch den ein festgetretener Sandweg führt. Der See ist nicht nur aus-getrocknet, sondern völlig verhunzt. Braune Schmiere auf den spärlichen Lachen, Abfälle, eine Art Frachter, auf Grund gelaufen, gekentert und zur Seite gekippt, aufgeplatzter ris-siger Schlick. Bisweilen ein Ginstergewächs. Ein Haufen vertrockneter Narzissen rechts von mir. Seltsam. Das Auto-drom ums Oval des Sees. Die Fliegen sind lästig, zumal ich so schwitze. Ich schlage mit dem klitschigen Handtuch nach ihnen. Bloß weg! Alles eine aufgestülpte Unterwelt. Denn der Himmel enthält dem See seinen Regen vor, wie um zu zeigen, daß Erdgötter nichts mehr zu sagen haben und schon gar nicht über den einen, einzigen GOtt. Der kann nach aller Willkür austrocknen und verseifen lassen. Hat das ganze Land versklavt und ausgeschlachtet wie kaputtes Gerät, hat es fast all seiner Wälder enthäutet.

Ich nehme den Bus von Pergusa nach Enna zurück. Als ich an meinem Hotel vorbeifahre, steht draußen Prestigiacomo und wuselt zwischen Feigenbäumen und Feigenkakteen herum. Er wirft schon einen langen Schatten. In der Einfahrt leuchtet das Rot eines Alfas neben einem zerbeulten FIAT. Abgedunkelte Scheiben.

Enna vibriert. Aufgeheizter, nervöser, sich durch sämtliche Winkel quetschender Verkehr in der Bergstadt. Fast überall wird renoviert, es hämmert, klopft und hämmert. Die Frauen, Tücher um die Köpfe gebunden, kaufen ein, man schleppt Unmengen Tüten, und die ersten Jugendlichen erscheinen für den allabendlichen Corso. Ich beeile mich, um noch bei Helligkeit einen Blick ins Kastell werfen zu können. Die Pracht der ausgelegten Süßigkeiten. Ein protziger Marmorpostpalast Mussolinis. Dann die Kathedrale. Auch hier das wildeste Renovieren. Drinnen Holzmalereien bei Heiligenfiguren aus Plastik. Im Nebenraum degradiert das lichtdurchflutete Mattglasfenster jeden Gegenstand. Ein Tisch mit aufgeschlagener Bibel, darüber zwischen zwei Holzstafetten ein Band gespannt, an dem ein Schlüssel hängt.

Endlich die Burg. Der Hof als Freilichttheater genutzt. Schon draußen kann man ein Saxophon hören. Drinnen auf einem Podest, auf dem ein Orchester Platz finden könnte, bauen Techniker an einer Schallanlage herum, während der Musiker einsam gegen die Wand bläst. In der ersten Reihe des Stuhlbataillons ruft jemand Kommandos. Der Burgpark. Rasen. Tannen. Ein Nadelbaumhain. Das Unkraut an steinernem Mauerwerk. In jedem Winkel Heimat. Ich schnuppere: Wie vertraut der Duft nach Pinien sich hineingeschmuggelt hat! Von der Burgmauer aus seh ich zum Demeterfelsen hinüber, hinter dem das Land hinabfällt, am Horizont immer noch nur zu ahnen der alte schwere Vulkan. Dem Felsheiligtum führt, hinter einer schmalen Ausbuchtung, auf der Laternen stehen, ein gepflasterter Weg zu, fast eine Brücke am Felsdorn, braunes Gras und wenige, fast kahle Bäumchen zur Seite, dann der klobige Felsblock, sozusagen einstöckig, um das erhobene Plateau läuft oben ein Metallzaun. Undeutliche schnelle Bewegungen dort, wie helle huschende Schatten. Ich kneife die Augen zusammen, um sie deutlicher erkennen zu können. Einen Moment lang glaub ich, zwei weiße Hunde stöbern auf dem Heiligtum herum. Hat nicht die Jördsdóttir erzählt, ihr Besitz liege in Enna? Es ist aber drüben niemand auszumachen. Ich kann mir nicht vorstellen, daß sie ihre Tiere frei herumlaufen läßt. Es mögen also zwar Hunde, aber andere, wilde, sein. Oder mein Eindruck ist insgesamt getäuscht. Denn es hat begonnen, dämmerig zu werden. Nicht tatsächlich dunkler – jedenfalls läßt sich das nicht merken –, aber ungewisser, flirrend, als unterschöbe sich die Nacht dem Licht und fräße es sozusagen von innen.

Verlasse meinen Aussichtspunkt, im Burghof gerate ich an jemanden, der nach meiner Eintrittskarte fragt. Tatsächlich stehen nun draußen schon Leute, um Tickets für das Konzert zu kaufen. Ich entschuldige mich. Gleichsam nach einem stummen Gongschlag fällt Dunkelheit über die Stadt. Laternen glimmen an. Die Auslagen blitzen. Schon die Via Roma ein Lichtermeer, fantastische, traumhafte Illumination. Und die jungen Menschen fluten auf die Straßen, die Plätze, durchströmen die Gassen mit einer verspielten und vom Tag gelösten Lust. Das innere Wesen des Corsos stülpt sich in Enna nach außen wie beinahe nirgendmehr sonst. Man kann darin schwimmen. Alle Töchter der Stadt werden bis heute großer Schönheit gerühmt. Diese Nachrede stimmt. Sie stimmt bei den jungen. Ein jedes Mädchen durchwittert die Abkunft von der, die den Granatapfel trägt. Eine jede Frau wirft Blicke, in denen die der Ceres glühen. Jenseits der Dreißig indessen, verheiratet und zur Mutter geworden, verfetten sie in der Monogamie.

Diese auf dem Corso nicht mal zu spüren. Hier wird in raffiniertem Stil das Geschlecht zelebriert. Sieht es und läßt es sehen. Ein erhitzter, durchs Ritual gebändigter Fleisch- und Beziehungsmarkt. Reglement und Triebdurchbruch halten sich die Waage, sonst ginge es in Orgien aus. Abends schwingt insgeheim immer noch Astarte das Zepter, doch ihre Macht von der Kirche beschnitten: Konstitutionelle Lustmonarchie. Sie glänzt, wenn der Mond scheint, und ist bei Tage denunziert. Jener regelt, was flüssig ist. Menses, Gezeiten und Blut. Läßt sich vom Herz in den Kreislauf pumpen. Fährt auf Vespa, Moped, Motorrad auf und ab. Immer in Gruppen, wenigstens zu zweit. Pärchen, Paare. Der Freund in den Freund eingehakt, man läßt Motoren spielen wie einen Bizeps, wirft die gelackten Haare zurück, jede Geste schreit vor Potenz. Die Freundin neben der Freundin, bis ins Blitzen geputzt. Instinktiv vom Geist durchfeuerter Leib, körpergewordene Intelligenz. Intelligenz in Nacken und Taille, biegsam vor Eleganz, die Brüste geschmückt, als wären sie nackt. Man reicht sie wie Früchte, reckt ihre Spitzen. Gewisper. Schnelles, verlangendes, hefti- ges, blühendes Lachen. Die Blicke stecken wie Pfeile in der Haut. Die Luft durchschossen von hochmütig fordernden, anmaßend fragenden Blicken. Ich durchschreite sie, sie tref- fen mich nicht, bin ein Fremder. Das muß ich vergessen. Ich schreite zurück, kehre um, schreite weiter, schreite zurück, begegne bereits Begegneten wieder. Die jungen Damen erkennen mich nun. Das ist wichtig. Sie brauchen ein Ziel. Schon legen sie die Narzisse auf die Hand, die den Bogen hält, und spannen hinter den Pupillen die Sehne. – Vorüber. Schon die nächsten. Auch ich beginne, mich zu blähen. Sowie ich es merke, ist der Zauber dahin. Ich muß lachen: Eine Woche hier gelebt, und ich wäre verheiratet oder von Brüdern und Vätern umgebracht worden. Dessen muß man auf Sizilien gewärtig sein. Der Vatikan hat, was hierzulande wie nirgendwo sonst ungebändigt aus heidnischen Zeiten hervorbricht, sich restlos integrieren können. Die protestantischen Christen haben es ausrotten, es zerschmettern wollen, der Katholizismus benutzt es. Benutzt die römischen Machtstrukturen, die soziale Not, die Prostitution, das Geldgewerbe, der Antisemitismus ist *business* für ihn, der Faschismus kommt so recht wie die Mafia. Im Grunde ist er sein eigener Antichrist.

Ich muß meinen Bus erreichen.

ES IST NACHTSCHWARZ, ALS ICH AM HOTEL ANLANGE. Draußen stehen ein paar mehr Wagen. Vielleicht Gäste der Diskothek. Ihr Eingang beleuchtet, aber niemand ist zu sehen. Es dringt auch keine Musik heraus. So dick werden die Mauern doch nicht sein, es ist schließlich ein neues Gebäude. Sämtliche Fenster abgedunkelt. Der Komplex wirkt leblos. Auch das Hotel wirkt leblos. Der rote Alfa ist weg. Jedenfalls sehe ich ihn nicht. Alles scheint um so stiller, als ich Frösche quaken höre und Milliarden Grillen zirpen. Es konzertiert Natur für sich selbst. Der Mond wirft warmen Kalk auf die Hügel. In der Ferne flimmern die Lichter Ennas: Ungewisse Konturen von Plejaden knapp überm Horizont, bevor die Erde sich wegdreht. Man kann den Berg nicht mehr vom Himmel unterscheiden. Ich trete ein. Gedimmtes, absentiertes Licht. Niemand da. Es ist nach elf und wird mit dem Abendessen nichts werden. Vielleicht bekomme ich noch ein Stück Brot, auch eine Flasche Wein hätte ich gerne. Ich frage leise zwischen die sauberen, gedeckten Tische: »Jemand da?« Keine Antwort. Ich lausche. Einfach nichts. Ich könnte die Schelle betätigen, die silbern neben der Kasse buckelt. Will aber niemanden wecken. Ich habe noch eine halbe Flasche Wasser auf meinem Zimmer. Das genügt mir eigentlich. Ich nehme den Schlüssel vom Haken. Hinauf.

Kurzer Schock: Meine Tür ist unverschlossen.

Ich schalte das Licht an.

Nichts sieht verändert aus. Die Geldscheine, die ich unvorsichtigerweise habe offen auf dem Schreibtisch liegenlassen, nicht angerührt. Ich zähle nach. In Ordnung. Ich durchsuche meinen Rucksack. Es fehlt auch da nichts. Seltsam. Vielleicht habe ich vorhin vergessen, den Schlüssel herumzudrehen? Ähnlich sieht mir das aber nicht. Oder ist nur jemand neugierig gewesen? Schließlich hängt der Schlüssel immer drunten hinter der Kasse, und jeder kann ihn nehmen in einem geeigneten Moment. – Ich öffne beide Fenster, muß vorher die metallenen Außenrollos hochziehen. Warmer Luftbrei quillt ins Zimmer und drückt auch das Nachtkonzert mit hinein. Ich ziehe mich aus, gehe ins Bad, das abstoßende Neonlicht, egal, noch eine Dusche. Dann morgen früh noch eine. Wer weiß, für wie lange es die letzte ist. Lege mich aufs Bett, die Hände unterm Kopf verschränkt. Schrecke auf. Der Stein! Schlage das Licht an. Tatsächlich weg. Man hat ihn vom Schreibtisch genommen. Vielleicht ist er nur auf den Boden gefallen? Ich sehe nach. Nein. Unleugbar gestohlen. Ein einfaches Bröckchen Fels. Ein Erinnerungsstückchen, wie man es auf Wanderungen aufhebt und einsteckt, allenfalls Talisman. Ja meine Güte! denke ich, wenn da wer scharf ist auf das Ding, soll er's doch meinethalben behalten. Besser jedenfalls, als daß man mir Geld klaut. Mache das Licht wieder aus und lege mich hin. Kann nicht schlafen. Die Sache ist zwar blöd, beschäftigt mich aber. Die reine Übermüdung. Kerbt in jeden Halbtraum, der sich mir öffnet. Von den Rändern her, an die der Schlaf spült, reißt er ihn ein. Ich schreite ins Meer, ich schwimme schon, doch immer wieder haut mich eine plötzliche mächtige Welle ans Ufer zurück. So liege ich da. Mein kleiner Wecker tickt boshaft auf mich ein. Der Minutenzeiger, blasses Phosphor, rückt voran, als meinte er Stunden. Es wird Mitternacht. Fünf nach zwölf. Acht nach zwölf. Dann ist es plötzlich eins, dann wieder erst vier Minuten nach eins. Es klopft zaghaft an der Tür. Man will nicht mich, aber doch meine Aufmerksamkeit wecken. Ich reagiere nicht, sondern lausche. Wieder klopft es. Und noch mal. Ich sehe zur Uhr, es ist halb zwei. Klopft erneut. Wurschtele mich aus meinem Alpgedöse, frage durch die geschlossene Tür, wer da sei. Gezischtes Flüstern: »Signore, öffnen Sie bitte, schnell, bitte!« Ich kenne die Stimme. Eine verblaßte Erinnerung. »Un attimo!«, einen Moment. Schlüpfe in Unterhose, Hemd, schalte Licht an, es blendet, schalte aus, flächige Streifen auf der Netzhaut, öffne, luge hinaus: Vorgebeugt steht Antonino Prestigiacomo dort und hält mir etwas auf der Hand hin. »Nehmen Sie«, wispert er. »Ich soll Ihnen das geben.« – Ich bin noch völlig verwirrt. Der Stein. »Von wem haben Sie ihn?« – »Nicht fragen, bitte nicht fragen. Sie dürfen ihn nie wieder herumliegen lassen. Das soll ich Ihnen sagen.« – »Sie haben ihn vorhin selbst weggenommen, nicht wahr? Sie sind das doch selbst gewesen!« – Er verdrückt sich im Gang nach hinten, schaut sich um, mehrmals, legt einen Finger auf die Lippen. »Leise, bitte, Mama schläft nebenan. Sie darf nichts wissen hiervon. Bitte! Ich bitte Sie!« Und schon weg, die Treppe hinab. Ich bleibe verdattert in der Tür stehen. Dann von draußen ein Geräusch, ein Wagen wird angelassen. Ich husche zum Fenster. Der Alfa. Vielleicht hat Prestigiacomo vom Hoteleingang aus, den ich nicht sehen kann, ein Zeichen gegeben. Man kann durch die schwarze Windschutzscheibe den Fahrer nicht erkennen. Das Abblendlicht wird eingeschaltet. Die Beifahrertür steht noch auf. Drei weiße Hunde jagen vom Hotel hinüber, springen hinein, man hört ein unterdrücktes knappes Kläffen, die Tür wird zugezogen, Steine spritzen unter den Rädern weg, derart gibt der Wagen Gas, rast rückwärts, bremst knirschend, sperriges

Krachen des Getriebes, der Motor jault auf, dann braust der Alfa in Richtung Enna davon. Stille.

Zirpen, Quaken, mitunter ein heiserer Schrei aus der Ferne.

Das Firmament.

Erneutes Geräusch. Prestigiacomo spaziert zur Straße, einen langen Stock hat er bei sich, nein, ist ein Besen. Er bleibt oben an der Auffahrt stehen, hält eine Hand flach an die Stirn, wie wenn ihn etwas blendete. Die Geste ist überaus sinnlos. Dann wendet er sich um und geht die Straße nach Pergusa entlang. Nun bin ich endgültig wach. Ich schlüpfe in die Hose, ziehe die Windjacke aus dem Rucksack. Es ist warm, aber man weiß nie. Die Zigaretten noch, Feuerzeug, den Stein. Sehr behutsam schließe ich hinter mir die Tür. Auf Zehenspitzen hinunter, immer wieder verharrend, lauschend. Dann auf den Vorhof, dicht an der Hausmauer entlang. Das Licht vor der Diskothek ist längst erloschen, es stehen auch keine Autos mehr draußen. Nur vorm Hotel der FIAT. Auf der Straße ist Prestigiacomo nicht mehr zu sehen. Auch ich schaue nun nach Enna. Das ganze ungefähre Funkeln. Einige Lichter bewegen sich den Berg hinab. Das ist wie ein dünner Streifen, man hält es erst für eine Straßenbeleuchtung. Wird aber zunehmend länger. Ich drehe mich um, will mich beeilen, vielleicht hole ich Prestigiacomo noch ein. Auffallen will ich ihm aber auch nicht. Pergusa. Dämmert wie in kollektivem Träumen. Nach hinten schauen, vor Enna hat sich ein Hügel geschoben.

Irgendwie ist mir klar, daß Prestigiacomo zum See gegangen ist. Kenne ja den Weg. Biege rechts am Hinweisschild ab, schreite langsamer. Geräusche am Autodrom. Ich schleiche in die Seitenschatten geduckt. Gemurmel. Es haben sich Leute vor der Tribüne versammelt. Lockere Grüppchen. Pirsche näher. Ausschließlich Männer, vor allem ältere

Männer. Und alle halten sie Besen in der Hand. Am Rande Prestigiacomo. Er flüstert mit einem im Rücken gebeugten Herrn. Der sieht einmal auf, ich kann das Gesicht des Portiers vom Belvedere erkennen. Es vergehen zehn Minuten, zwanzig Minuten. Ich werde nicht schlau aus dem allen. Es ist unbequem, mich in den Schatten zu drücken. Will aber nicht bemerkt werden: Eine politische Geheimversammlung? Mafiosi vielleicht. Doch was wollen die mit den Besen? Man steht herum, unterhält sich gedämpft, man wartet. Von etwas weiter her, von hinter mir, Gemurmel. Das klingt wie eine Prozession. Gesang von Frauen. Auch die Männer haben ihn gehört, und die Grüppchen schließen auf, tauchen mit ihren Kehrgeräten in den Schatten der Tribüne. Alles ist grau jetzt dort, dunkel blau und schwarz. Nur über mir die Sterne glühen, und der Mond bescheint das Schilf. Kein Frosch mehr, der quakte, nirgendwo zirpen noch Grillen.

Jemand packt mich am Ärmel, ich schieße hoch, es ist Prestigiacomo. »Madonna! Kommen Sie, schnell!« Keine Ahnung, wie er unbemerkt zu mir herüberkommen konnte. Er zieht mich mit sich. »Laufen Sie!« Zur Tribüne. Er schiebt mich in den Pulk der Wartenden. Verächtliche Blicke, doch ich werde geduldet. Wankende Lichter, Taschenlampen, drüben, vom Ort her. Frauen. Eingehüllt in Tücher. Hunderte von Frauen, je drei in der Reihe, ein endloser Zug. »Was ist das? Was soll das?« will ich Prestigiacomo fragen, aber er legt mir die Hand auf den Mund. Sie ist warm, sehnig, er ist alles andere als eine Mumie. Die Männer bekreuzigen sich. Auch Prestigiacomo bekreuzigt sich, schaut mir bittend in die Augen.

Der Frauenzug schiebt sich ins Schilf. Immer mehr Frauen drängen nach und erfüllen die Nacht mit einem wiegenden, gebrochenen, fast heiseren Singsang. Keiner der Männer nimmt jetzt mehr von mir Notiz, alle bestarren sie die Prozession, so drücke ich mich vorsichtig rückwärts. Niemand spricht. Es ist, als würden die Männer nicht einmal atmen. Der Zaun hinter mir ist eingerissen, vielleicht komme ich durch. Ich ziehe mir die Jacke über, zwänge mich in die Öffnung, der See ist ja beinahe weggetrocknet, da wird mir im Schilf nichts passieren. Die langen dürren Halme rascheln an mir vorbei, und über mir schlagen Röhrichtwedel zusammen. Bisweilen bleibe ich stehen, damit ich nicht doch noch bemerkt werde. Der Schilfgürtel mag fünfzehn oder zwanzig Meter breit sein. Dann offen, Schlick so fest wie Beton. Ich hocke mich hin. Nicht nur von Pergusa aus, nein auch an vielen anderen Stellen des Ufers flirren und winken und blitzen Taschenlampen. Rechts von mir kann ich über den ganzen Hügel vor Enna hinweg einen Prozessionszug sehen. Gegenüber, links, überall versammeln sich Frauen am Ufer. Sie schließen auf, es braucht lange, sehr lange, aber dann stehen sie rings um den ovalen See, um das, was See war. Und singen. Sie tragen Blumensträuße in der Hand. Narzissen. Ja, Narzissen. Die Frauen schlagen die Tücher von den Köpfen und schalten die Taschenlampen aus. Alle sind sie alt. Älter als vierzig jedenfalls, älter als fünfzig. Jüngere Frauen sind nicht zu sehen, und auch keine Mädchen. Aber Greisinnen, viele Greisinnen, im Mondlicht leuchten die weißen Haare fahl um den See wie ein Kranz. Und Weinen. Es ist, als wollten sie mit ihren Tränen das Wasser wieder anschwellen lassen. Doch der See trocken, verdorben. Siecht vor sich hin. In meinem Leben habe ich eine solche Vergeblichkeit noch nicht erlebt. Ich möchte gehen, möchte weg, in mein Bett. Drehe mich schon um, da ertönt ein Rufen, vielstimmig, ein ganz alter, gebrochener Laut, der nur ungefähr die Tonhöhe hält, aber sich fortsetzt: Erst hat irgendwo drüben jemand angefangen, eine andere nimmt das auf, noch eine, eine nächste tut es, zehn, hundert, fünfhundert, tausend Frauen rufen leise ein von innen erstauntes, beglücktes, begeistertes langgezogenes »Aah!«. Dann Stille. Alles starrt auf den See. Ich auch. Und bin mir sicher, weit hinten versuchen gleichfalls die Männer, etwas zu sehen. Aber wahrscheinlich sind sie zu weit weg. Außerdem steht das Schilf zwischen ihnen und mir und den Frauen.

Es rührt sich etwas in der Mitte des Sees.

Ein Schimmern, wellig, irgendwie zerfranst, Luft, ein Hauch aus Licht, der sich vielleicht zwei Meter über dem Grund ausdehnt. Ein wehender seidiger, riesiger Schleier. Er wird angehoben, höher, noch immer dehnen sich die Ränder. Dann, als söge man unter ihm die Luft weg, sinkt er wieder hinab, legt sich glatt auf, verliert an Leuchtkraft, scheint sich aufzulösen, verbindet sich mit dem Teich, dem Pfuhl, ist weg.

Noch bleiben die Frauen, aber nicht lange.

Die Taschenlampen werden angeschaltet, man hilft denen, die auf die Knie gegangen sind, auf, alles ganz ruhig, niemand sagt ein Wort. Die Narzissen werden achtlos fortgeworfen, der Kreis löst sich in Gruppen, Grüppchen, die Frauen kehren wie einzeln heim, nur selten manche untergehakt, vor allem solche, die sich beim Gehen aufstützen müssen. Es braucht nicht lange, da liegt der marode See allein unter der anhebenden Morgendämmerung. Im Osten, hinter mir, fängt der Himmel ungefähr weißlich, dann sich rötend zu glimmen an. Ich bin betört. Merke kaum, daß die Männer kommen. Mit ihren Besen kehren sie die Narzissen zu Haufen zusammen, entfalten Mülltüten, schaufeln die Narzissen hinein. Sie arbeiten betroffen. Ich trete aus meinem Versteck, gehe auf die Männer zu. »Was tut ihr da?« Niemand antwortet. Es wird überhaupt nicht gesprochen. Prestigiacomo reicht mir eine der Tüten. Ich soll sie aufhalten. Das tue ich, binde dann oben die in zwei Plastiklappen gesträngelte Öffnung zusammen. Und weitere

Tüten. Wir tragen sie durch die Schilffurt, stellen sie am Autodrom ab, gleich vorne beim Zaun. Zwanzig, dreißig Tüten alleine hier. Ich kann das nicht sehen, bin aber sicher, auch an anderen Stellen des Sees wird gekehrt. So verstreicht die Nacht. Die Männer gehen auseinander, als die Sonne blank überm Horizont steht. Die Tränen von Enna.

PRESTIGIACOMO NIMMT MICH AM ARM. Zu sechst brechen wir zur Hauptstraße auf, kehren in einer Bar ein. Schweigsam trinkt jeder einen Caffè, ißt sein Stückchen Gebäck, man nickt einander zu, ein seltsam stummer Einklang, auch mir nickt man zu. Sehr vertraut und untergehakt spazieren Prestigiacomo und ich die Landstraße entlang zum Hotel. Am Eingang reicht er mir die Hand. – »Wie oft geschieht das?« frage ich. – »Ich heiße Pasquale«, sagt er. – »Pasquale? Nicht Antonino Prestigiacomo?« – »Wie kommst du darauf?« fragt er. Seine Nase fängt zu bluten an, ich reiche ihm ein Taschentuch. – »Pasquale? Tatsächlich?« – »De Caro Pasquale, ja.« Die Sache ist ihm peinlich, und er reibt an seiner Nase herum. Er will gehen. Ich halte ihn fest: »Moment noch! Und der Stein? Du hast ihn *nicht* aus meinem Zimmer genommen?« – »Was für ein Stein?« fragt er. – »Na den du mir heute nacht gebracht hast!« Ich hole ihn aus der Tasche, zeige ihn ihm. – Stumm starrt er das Ding an. »Ich habe Ihnen, Signore, niemals etwas gebracht! Wie käm ich dazu? Und weshalb auch so einen Stein?« Er schaut jetzt ausgesprochen vorwurfsvoll aus, beleidigt geradezu. Kann er sich wirklich an nichts erinnern?

Wie ein Zeichen zischt und bollert von links die Espressomaschine los.

Sofort entzieht Pasquale sich, setzt sich nach rechts hinten ab, in die Küche. »Buon Giorno«, sage ich und biege zur Bartheke um die Ecke. Die Signora würdigt mich keines

Blickes. Ich bitte um einen Caffè. Wortlos stellt sie mir ein Täßchen hin, kommt dann um den Tresen, durchschiebt den Raum und verschwindet ebenfalls in der Küche. Gedämpft kann ich sie auf ihren Sohn einreden hören, sie wird lauter, er wehrt sich, ein Streit. Worum es geht, ist nicht zu verstehen.

Ich gehe auf mein Zimmer. Sechs Uhr fünfzehn. Es fällt mir schwer, die Stufen zu nehmen. Blei in den Knien. Ich bin vollkommen übermüdet, ziehe mir oben einen Stuhl vors Fenster, da sitze ich jetzt und sehe hinaus. Wieder wird es heiß werden. Und wieder wird es nicht regnen. Mein Kopf sinkt nach vorne, einmal, ich reiße ihn zurück, zweimal. Noch einmal. Es ist fast halb zehn.

NICHT GANZ LEICHT, MIR KLARZUMACHEN, WELCHER TAG HEUTE IST. Ich habe ja keinen Kalender bei mir. Denke nach, bin aber noch voller Schlaf. Es will mir hier auf dem Lande nicht wahr sein, daß der Autoverkehr vor dem Fenster so dröhnt. Viel zu hektisch rasen die Wagen die Landstraße lang. Die Luft flimmert vor meinen Augen, und auch dabei weiß ich nicht, ob außen oder von in mir. Ich zähle die Tage. An einem Samstag bin ich von Neapel aufgebrochen, das weiß ich. Von der Zeit davor weiß ich nichts mehr. Der Ferragosto ist montags gewesen. Gestern? Nein, gestern bin ich nach Enna gekommen. Muß also heute Mittwoch sein. Ferragosto ist am 15., also heute der 17.: Mittwoch, der 17. August 1994, kurz nach halb zehn Uhr morgens. Insoweit wieder gesichert, dusche ich kalt – aber was heißt auf Sizilien schon »kalt«? Brühwarm kommt das Wasser aus der Düse, auch nicht »gelaufen«, es träufeln dünne Fäden herunter. Fünf, zehn Minuten stehe ich unterm Getröpfel. Ich will weg. Will meinen Bus nach Catania bekommen. Ans Meer. Ich ersticke hier! Ich bekomme mich nicht mehr geordnet, nicht nur mein Körper zerfließt im Schweiß, nein, meine Seele löst sich auf, bewegt sich nicht mehr, schläft mir in einer Art wacher Halbtrance weg.

Reiß dich zusammen.

Obwohl ich noch viel Zeit habe, kleide ich mich hastig an. Ich schnüre den Rucksack, verlasse das Zimmer, zahle bei der Signora.

Draußen neben dem Eingang steht Pasquale, nun ganz besonders Antonino ähnelnd, mit seinem Besen und fegt. Als er mich sieht, senkt er den Blick und verdrückt sich. Mir ist das jetzt egal. Muß die drei Kilometer zur Haltestelle laufen, nach Pergusa hinein. Denn auf meine Autostop-Versuche hält niemand. Zwei junge Sizilianer stehen zwischen meinem Hotel und der Ortschaft. Sie müssen nicht einmal winken, da nimmt sie schon jemand mit. An der Haltestelle – gegenüber Restaurant, Alimentari, Pasticceria – setze ich mich auf einen einsamen Stuhl und warte. Nach ein paar Minuten schleicht ein wilder Hund herüber und rollt sich zu meinen Füßen ein. Bisweilen sieht er bettelnd zu mir auf. Hübscher Kerl. Man würde ihn aber im Bus nicht mitnehmen. »Tut mir leid«, sage ich, als der Bus hält. Das Kerlchen richtet die Ohrentrichter auf, bleibt aber liegen und wartet weiter. Wartet gelähmt in der Bullenglut. Wie alle.

Jetzt bin ich, es ist gerade halb elf durch, wieder in Enna. Daß die Stadt rührig, regsam und eilig ist, tut mir gut. Selbst der Krawall, das ständige Gezänk, der Abgasgestank tun mir gut. Nur hab ich noch anderthalb Stunden Zeit und will nicht rumsitzen, weil ich sonst wieder ins Grübeln verfalle. Vielleicht spazier ich zum Torre di Federico.

Man ist schnell da. Trotz des Rucksacks, der erbärmlich in den Schultern zieht. Den vielen alten Frauen, die mir entgegenkommen, seh ich ins Gesicht. Sofort senken sie den Blick. Wer den meinen aber erwidert, gibt mir das

Gefühl, wiedererkannt zu werden. Das ist unangenehm, wie ein stumm energisches »Hau ab!«. Der trutzige, mehrgeschossige Turm der Winde steht oben auf einem Parkhügel, der höchsten Erhebung des zweiten Ennagipfels. Man erkennt das einstige Rückgrat des sizilianischen Handels: Von hier aus ist die Streckenführung entworfen der für Jahrhunderte drei wichtigsten Straßen des Landes. Leider kann ich in den Turm nicht hinein, die Tür ist versperrt, und alles sieht ziemlich baufällig aus. Es soll im Erdgeschoß des Kolosses den Eingang zu einem unterirdischen Gang geben, der vielleicht nach drüben zur Lombardenburg führt. Seit langem aber zugeschüttet.

Noch mal zum Castello di Lombardia. Der Duft nach Tannen und Fichten lockt mich. Einfach die Via Roma lang, hinunter zur Kuppe, drüben die Via Roma wieder rauf. Kann nicht anders: Muß beim Portier des Hotels Belvedere vorbeischaun. Aber heute sitzt niemand vor der Tür. Auch ist die zu. Ich versuche die Klinke. Unter den abweisenden Blicken der Leute mit meinem Rucksack weiter Richtung Kastell. Erstehe unterwegs eine Zeitung. Hitzetote in Messina und auf Ispica. Nel mirino dei piromani: Auf der Suche nach Brandstiftern. Um Catania, in den Nébrodi und den Madonie stehen weite Striche des Landes in Flammen.

Über die Via Lombardia auf den ausgedehnten Vorplatz der Burg. Diesmal der Ätna klar zu erkennen, schwarz konturiert, ein schlafender Titan. Außerdem Rauchfäden im Norden. Das können die Feuersbrünste sein. Um den Vulkan noch deutlicher sehen zu können, marschiere ich zum Demeterfelsen hinüber, also links die Straße zwischen Burgmauer und Berghang entlang. In einer Nische der Burg ein Denkmal für Abraham Lincoln, in Erinnerung an den antiken, von Rom rigoros niedergemetzelten Aufstand der Sklaven unter Eunus. Die Panoramastraße führt um die

Burganlage herum, ist jedoch hinten für die Durchfahrt gesperrt. Geradeaus weiter indessen streckt sich zum Fels-heiligtum der schmale gepflasterte Steinweg. Kurz davor ein Topolino geparkt, einer der dreirädrigen motorisierten Karren mit kleiner Ladefläche. Aber kein Mensch in der Nähe, hinter mir keiner, zur Seite keiner, und den steilen Hang hinab sowieso nicht. Das Wägelchen sieht also nicht geparkt, sondern abgestellt aus. Ich trete, neugierig gewor-den, näher und schaue durch die Seitenscheibe der Fahrer-kabine. Ich würge, schlag mir die Hand vor den Mund, presse den Schrei weg. Auf dem Beifahrersitz der abge-schnittene Kopf des Telefonierers. Die Haut des Gesichtes käsig, restlos ausgeschächtet: das dunkle Haar zwar purpurn verklebt, aber der Sitz ist nicht blutig. In den Rachen ist dem Haupt das schmale kurze Telefon gerammt, vor den gegrätschten Lippen steht flach die ausgeklappte Sprechmu-schel hoch.

In diesem Moment schießt hinter mir, von der Stadt her, über die Panoramastraße der Alfa rot auf mich zu.

Ich will wegspringen. Das schwere Ding auf dem Rücken. Ich falle zur Seite. Der Wagen bremst direkt vor mir ab, wird nach rechts gerissen. Mit quietschenden, ja aufqualmenden Reifen rast er die Panoramastraße wieder zurück. Das alles braucht keine drei Sekunden. Ich habe weder Fahrer noch Nummernschild erkennen können. Leute stehen plötzlich an der Burgmauer herum und blik-ken zu mir rüber. Niemand hilft, keiner ruft etwas. Stumm sehen sie zu, wie ich mich erhebe, stumm lassen sie mich passieren. Ich humpele unter der brennenden Sonne mit schmerzendem Knie davon, humpele die ganze Via Roma hinunter und dann die Via S. Agata hinauf bis zum Park-platz der SAIS. Man läßt mich gehen. Der Alfa hat mich nur warnen und vertreiben wollen. Ich soll mich nicht einmischen. Das ist die Botschaft. An den Soldaten und

Polizisten, die vor den Bankgebäuden patrouillieren, drücke ich mich vorbei. Als der Bus endlich abfährt, sieht die ganze Stadt mir hinterher.

Jetzt erst fange ich wieder an nachzudenken. Wenn mich der Telefonierer wirklich seit Neapel verfolgt und wenn gestern mittag der Alfa vorm Hotel gestanden und wenn Pasquale oder Antonino – es ist ja längst egal, wie er heißt – mir den Stein zurückgebracht und nachts jemandem in dem Alfa Bescheid gegeben hat, – dann muß der Telefonierer den Stein aus meinem Zimmer gestohlen haben. Dann ist er ihm von der Jördsdóttir wieder abgenommen worden, also gehört der Alfa ihr, da muß ich nur an die weißen Hunde denken, die hineingesprungen sind. Dann hat aber auch sie den Telefonierer umgebracht oder hat ihn umbringen lassen. Ist Prestigiacomo ihr Handlanger? Und wie hängt der mit Arndt zusammen? Offensichtlich gibt es da eine Verbindung. Ja sowieso über die Jördsdóttir.

Was hat Arndt gesagt? Seien Sie ein Tourist, reisen Sie herum, gehen Sie baden.

Soll er haben.

Das brauche ich jetzt sowieso.

Doch immer wieder blicke ich von meiner Zeitung auf und schau voll Argwohn zu den anderen Fahrgästen hin, interpretiere jeden Blick, den man mir zuwirft. Eine schwüle Decke von Angst legt sich über mich, und nichts ersehne ich plötzlich so sehr wie Palmen, Bananen und Touristenbetrieb. Ich vermisse amüsiergierige, ausgelassene und gesunde, seichte Menschen. Es gelüstet mich nach Plattheit und Trivialität. Aber von Feuersbrünsten im Hochland um Ragusa, auf Pantelleria und Lipari lese ich und von Antisemitismus in Assisi. Lira und Börse unter Druck. Ansturm von Journalisten auf den inhaftierten Carlos. Ich denke an Wogen mit weißen Schaumkronen drauf.

Je näher wir der Ostküste kommen, desto weniger trocken ist noch das Land. Erste Citruspflanzungen zu Seiten der von wildem Oleander gesäumten Autobahn und immer häufiger wassergefüllte Zisternen. Ich sauge das Grün der Plantagen wie schweren Duft in mich ein. Geradezu tropisch sinnliches Land. Links rückt der Ätna Kilometer um Kilometer heran, wird immer größer, lockender, die weiß-graue Wasserdampffahne ein nach Süden quellendes wolkiges Gipfeltoupet. Immer wirft der Vulkan mit den todbringenden Schlacken auch neues Leben aus, stets strömt in den glühenden Lavamassen geilste Fruchtbarkeit mit. Weither schon leuchtet sie von den massigen Flanken bis hier herunter: großzügige Zuchten von Oliven, Tomaten, Eukalyptus, Yukkas und Melonen. Prall wird das Land, vor Üppigkeit explodieren die Farben und lassen meine Erlebnisse wie einen Alpdruck hinter sich. Bananen, Dattelpalmen, Agaven und feigenschwere Kakteen zwischen Hecken, wilde Bougainvillea und Grasmatten. Und über allem der strahlende tiefblaue Himmel. Unmerklich wieder Trockenheit, Zona Industriale, die Stadt ist nah, Zwischenhalt am Flughafen Fontanarossa, technische Zivilisation blinkt herüber, Boeing 737, Boeing 747, Chessnas, Tankbusse, Werbetafeln. Nur noch ein paar Kilometer, und zwischen Dreckhaufen und Abriß, jenseits der Mietskasernenghettos, drängen sich Barockfassaden. Ein sattwüster manieristischer Traum. Wie Nebel heiße Luft in den Straßen. Nachdem 1669 der Ätna große Teile der Stadt unter Lavamassen vergräbt und 1693 ein Erdbeben fast den gesamten Südosten des Landes in Schutt und Asche legt, werden die wichtigsten Baumeister berufen und bauen binnen kürzester Zeit die Städte Catania, Noto, Modica wieder auf in einem uferlos fantastischen Barock. Die Sonne hat diese Architektur durchtränkt und sprengt nun den gebackenen Stein aus sich selbst, als würde er in neuen und wiederneuen delirierenden Kreationen bersten. Diese wulstige, zugleich düstere Überladung hat heidnisches Feuer, hat Temperament, ein ständiger Kampf zwischen bändigender Form und sich verschießender Ideenfülle. Viel Jugendstil dazwischen, Gründerzeitbauten, immer wieder auf maurisch-arabisches Dekor zurückgegriffen. Nur in den Innenräumen der Kirchen ist dieser Barock zuckrig, sentimental, eine parfümierte Katholikenspitze, die Heiligenpuppen bekleidet. Die Hauptstraßen haben einen generösen, mitunter protzigen, oft auch streng repräsentativen Zug, aus den verwinkelten, meist elenden Gassen tritt man unvermittelt in Pracht, die Fassaden der Wohnhäuser recken sich hoch, Balkon an Balkon, schmiedeeiserne Gitter, ein Gewimmel sich drängender, drängelnder geballter Kraft schiebt sich mit derbem Krawall unter ihnen hindurch, die Bürgersteige platzen vor Menschen. Viele sind ausgesprochen gut gekleidet, nicht aufdringlich, nein: eine lässige Eleganz, die sich vor den brüchigen Fassaden sehr bewußt inszeniert. Fast alles hier ist narzißtisches Spiel. Man schiebt zwischen Sehnsucht und Not einen falschen Boden, unter dessen geheimer Tür sich die Halbwelt versteckt. Es riecht nach Abfällen, Benzin, abends schäumen Gerüche von in Holzkohle gebackenen Maroni, von süßen Fetten, von Bratgut in den Straßen. Dazwischen flattern Parfümschleier. Stolze Damen schreiten die Straßen entlang, man spürt die Universität, 1434 gegründet, Intelligenz als Tradition. Hier muß man mit den Frauen kämpfen oder darf ihnen nachträumen nur. Und aus den Parks und den Anlagen, die durch die Stadt gestreut sind, wehen herbe Aromen von Strelitzien, Bougainvillea und wilden Kräutern.

Der Bus hält an der Piazza Giovanni XXIII, einer autoumtobten Fläche mit langgestrecktem Parkoval darin, zwischen Bahnhof und Park Reihen von Stadtautobussen. Gleich hinter dem Bahnhof und über die Geleise hinweg das Ionische Meer. Palmen, nach Süden ein allegorischer Brunnen voller Steinpferde und mythischer Figurationen, die über den Raub der Proserpina dicke Wasserstrahlen schießen. Zur Stadt hin Staub, leere Fläche, Müll, Container, wie nach einem Bombenangriff über Jahre vergessen. Es wird auch so sein. Ich nehme meinen Rucksack und gehe hinüber, gebe ihn am Deposito ab. Bis zur Innenstadt ist es ein Stückchen zu laufen, ich will bei der Zimmersuche auf keinen Fall Gepäck schleppen. Zumal Unterkünfte hier nicht unbedingt schnell zu kriegen sind. Irgendwo im Bahnhofsgebäude früher ein Touristenbüro, wo man nach Zimmern hat fragen können. Nicht mehr da. Ich erkundige mich bei jemandem. Da redet mich eine junge Frau an. »Do you speak English?« Es stellt sich heraus, daß sie Deutsche ist, aus Osnabrück. »Kennst du dich aus in Catania?« Sie heißt Waltraud, ist schmal und sommersprossig, die Haare fettig, als hätte sie im Freien kampiert und keine Dusche gehabt, sondern sich im Meer gewaschen. Sie trägt an den langen Ohrläppchen, was bei dem etwas ungepflegten Persönchen auffallend ist, goldene Ringe, eingeschrieben darin der Kreis mit hinunterweisendem Kreuz. Und läßt von mir nicht mehr ab. Fängt sich sofort zu beschweren an, erbittert sprudelt sie los. Das belustigt mich. Ich bin im Grunde froh, diesen galligen wie humorlosen Realismuspuffer zwischen mich und meine Dämonen schieben zu können. Für sie als Frau sei dieses Land ein reines Spießrutenlaufen! Ständig werde man angesprochen, genötigt. Dieser Chauvinismus der italienischen Männer! Die Ohrringe zittern. Italiener haben bei blonden Frauen Geschmacksausfall, das ist Waltrauds Problem. Das schlimmste, erzählt sie, sei ihr vor einer halben Stunde am Bahnhof von Acireale geschehen. Also sie habe am Fenster gestanden und hinausgeschaut, und da . . . da habe neben einer Reklametafel ein Mann gestanden, sie permanent angestarrt, sich dabei unten entblößt und zu onanieren begonnen. – »Weiter?« – »Na das ist doch unverschämt! Was soll man da tun?« – »Wegschauen, wenn's einen stört.« – Empört schaut sie mich an. – »Du wirst doch schon mal einen erigierten Schwanz gesehen haben«, setze ich milde und boshaft nach. Sie geht jetzt genausowenig, wie sie dort weggeschaut hat. »Ist doch ein Kompliment, meinst du nicht?« – »Angemacht zu werden?!« – »Nein: zu erregen.« – Dazu nun sagt sie nichts mehr. Statt dessen: »Ich will eigentlich am Strand schlafen.« – »Bei Catania? Bist du lebensmüde?« – »Hotels sind zu teuer. Ich habe 500 Mark für vier Wochen.« – Im Grunde schon klar, was sie denkt. Und ich kann mir guten Geschmack nicht mehr leisten. Wir ziehen also gemeinsam los. Ich spiele dummerweise den Kavalier und nehme Waltraud den Rucksack ab. Sie weigert sich, ihn am Deposito zu lassen, mißtraut selbst Bahnbeamten im Dienst. Wir kommen über den drögen Corso Martiri della Libertà, links und rechts sind von Bretterzäunen voll abgerissener Affichen weggesperrte Bauschuttgelände, zur Piazza Repùbblica, nichtssagend vollgestellt mit 50er-Jahre-Bürogebäuden, zum Corso Sicilia und also endlich in die anarchische und turbulente Innenstadt. Wenden uns links, Waltraud trabt hinter mir her, ich schleppe ihr Zeug, die Via Etnea bis zum Domplatz hinunter und von dort auf der anderen Straßenseite wieder hinauf, links und rechts Geschäfte, Magazine, Boutiquen, Kaufhäuser, vor allem Pasticcerie, *Pasta Reale,* Marzipanfrüchte: Aprikosen, Feigenkakteen, Pflaumen, Äpfel, Nüsse, täuschend echt und unendlich süß. Auf beiden Straßenseiten immer wieder versteckte Hinweise auf Herbergen, Pensionen. Ich klingele da, klingele dort. Frage nach. Mitunter vermietet man nur Fünf- oder Sechsbettzimmer, wie in Melvilles »Walfisch« weiß man am Morgen nie, mit wem man die Schlafstätte geteilt hat. Catania steht in schlechtem Ruf, und die Türen werden nur in äußerstem Notfall vor Fremden geöffnet. Also Fragen und Antworten stets über eine plärrende Sprechanlage, die den catanesischen Dialekt erst richtig unverständlich macht. Und immer ist es Waltraud zu teuer. 20 Mark zu teuer. 18 Mark zu teuer. Und dann diese Hitze! Mir schwillt die Galle. Hätt ich mich doch bloß nicht auf diese Keife eingelassen! Und endlich, nach anderthalb Stunden vergeblicher Suche, mit schmerzendem Rücken, drückenden Schuhen, zu allem diese Affenhitze, platzt mir der Kragen: Verdammt! Ich sei nicht auf Sizilien, um nach Zimmern zu fahnden, ich wolle etwas sehen, ich hätte keine Lust auf den Schnickschnack mehr usw. usf., – aber natürlich kann ich Waltraud auch nicht so einfach auf der Straße stehenlassen. Ich setze mich durch. Wir nehmen in der Pensione Rubens Quartier, oberhalb des Corso Sicilia, pro Kopf 25 Mark, vergleichsweise teuer, das ist mir ganz egal. Die zeternde Waltraud auch.

Wir ziehen wieder los. Die ganze Via Etnea geschmückt mit stählernen Girlanden und bunten Glühbirnen, die noch nicht eingeschaltet sind. Immer wieder knallen Feuerwerkskörper. An den Ecken kleine Stände mit Kohorten riesiger wachsgelber Kerzen, manchmal zwei Meter lang, mitunter von Handdurchmesser. Überall Luftballons und Händler, die Berge von Nüssen im Angebot haben. Auf dem Domplatz, dessen ihn umringende Fassaden im Licht der Abendsonne goldgelb glühen, strömen Massen von Menschen zusammen. Inmitten des Platzes: Auf einem Marmorsockel der schwarze Elefant aus Lavagestein mit dem hellen Obelisken auf dem Rücken, die Stoßzähne graues Elfenbein. Die Fahnenstangen beflaggt, über die repräsentativen Balkone tiefrote Wappenteppiche gehängt, an den unteren Säumen breit goldene Bordüren. Honoratioren stehen dahinter, bewacht von Uniformierten. Blaurot die Farben der Stadt. Jugendstillaternen. Auf dem Platz häufig Leute in weißen

Ornaten, langen geschnürten Hemden, lauter Männer im Habit. Schwarze Käppis, wie Kipas. Waltraud drückt sich an mich, was mir, wenn ich sie nicht ansehe, angenehm ist. Wir schmoren wie vereint in Sonne und Gewimmel. Wieder ein Feuerwerkskörper, mehrere, ziemliches Geböller, man drängt sich an die große geöffnete, gleichsam saugende Pforte des Barockdoms heran, von innen locken flimmernde Lichter. Dann wühlt sich etwas heraus, Laien und Priester erscheinen, ein irrsinniges Geknalle setzt ein, und als würden sämtliche Kirchenglocken der Stadt auf ein geheimes Zeichen hin in Schwingung versetzt, beginnen sie zu läuten, und Platz und Menschen werden verschüttet unter lawinenartigem Tosen. Raketen zischen auf, da beginnen die Massen zu klatschen, und aus dem dunklen Schlund heraus, getragen von weißgekleideten Jüngern, schwankt golden die Heilige Agathe, und goldene Laternen an goldenen Stangen und in einem goldenen Schrein ihre Gebeine, und ihren Schleier trägt man ihr nach: Weiße Handschuhe tragen die Träger. Der Zug wankt zur Via Etnea hinüber, die Masse quillt und schwenkt ihre Kerzen. Ein unbewußtes Phallusopfer. Vorchristliche Prozessionen fallen mir ein, wir folgen fleischstrotzenden Muttergottheiten über Felder und Äcker, das hat jetzt die hygienische Jungfrau Maria absorbiert. Nicht mehr ein Sekret schwängert die, sondern das Wort. Seliggesprochen, weil denunziert, jede Frau, die das will. Agatha, Schutzheilige Catanias, wir beten zu Dir!

DEREN GESCHICHTE GEHT SO: Sie ist um das Jahr 250 Töchterchen vornehmer Eltern der Stadt, Jesu Christo geweiht und von außergewöhnlicher Schönheit. Schönheit, und besonders die eigene, kommt ihr wie üble Nachrede vor. Kaiser Decius Trajanus setzt den Ex-Konsul Quintian als Statthalter über Catania ein. Dieser versteht den Abscheu seines römischen Cäsars gegenüber den Christen noch nicht. Verliebt sich in Agathe, schickt Wachleute aus, das junge Mädchen vor ihn zu führen. Innige Freude, so heißt es, empfinde die Maid, als die Schergen sie ergreifen. Nämlich brennt sie darauf, für ihren Jesus zu brennen und loszuwerden ihre peinliche fleischliche Hülle. Da nun aber Quintian ihr seine Liebe gesteht, anstatt sie martern zu lassen, ist sie von solcher Verkommenheit ins tiefste entrüstet und jammert zu dem armen Mann um Qualen, – kurz: benimmt sich so zickig wie selbstdestruktiv. Das dauert den römischen Heiden, und um sie zu lehren, sie habe Blut und Haut und Sinne und wolle, wie jeder sensitive Mensch, bisweilen auch liebgehabt werden, gibt er das Mädel als Azubi ins Bordell. Wenngleich Agathe dort ja nun ihr Martyrium ausleben könnte, ist sie durchaus nicht einverstanden, sondern beharrt darauf, gebraten, zerschnitten, zerhackt zu werden. Was also soll der Verliebte tun? Wenn es denn ihr Wille ist … – Man verbringt das Mädchen in den Kerker, loht mit Fackeln an ihr herum, die angekokelte Christin schreit: »Mehr!« So schneidet man ihr die Brüste ab. Da ist sie das Signum ihrer Weiblichkeit los und gibt, von der erlöst, auch Ruhe. Jedoch erscheint höchstpersönlich Petrus des nachts und schließt ihr die Wunden, so daß Agathe, völlig heil, am nächsten Tag abermals nach dem Martertod keift. Man legt sie auf glühende Kohlen und Scherben. Daran verscheidet sie nun. Mit Schwermut im Herzen händigt Quintian den Leichnam den Christen aus. Er läßt den Leuten die Brüste Agathes auf einem Silbertablett reichen und zieht sich zurück, um zu weinen. Die Gemeinde aber jubelt und feiert stolz Begräbnis. Man hüllt das Mädchen in ihren Schleier und setzt die Märtyrerin bei. Die Eltern dünkelhaft angeschwollen. Ein Jahr hernach Ausbruch des Ätnas. Man entsinnt sich der Gebeine Agathes, kommt irgendwie auf die Idee, das Grab zu öffnen, und holt den schon ziemlich zerfledderten Schleier hervor. Trägt den den Lavamassen entgegen. Entsetzt von soviel Pietätlosigkeit hört der Alte zu spucken auf. Das heißt die Christen, auch Agathes Gebeine auszubuddeln und in einem Schrein, zusammen mit dem Schleier, fortan zu verehren. Im Jahre 500 denn die Knochen heiliggesprochen. Die Form der abgeschnittenen Brüste Agathes steht seit dazumal allen Glocken Pate.

ES BÖLLERT UND KRACHT, DIE LUFT ZUM SCHNEIDEN DICK. Als wäre von allerhöchster Hand der Himmel verdüstert. Es riecht beißend nach Schießpulver. Von sämtlichen Balkonen zur Via Etnea, auf denen sich Trauben von Leuten zusammendrängen, herunterwinken, applaudieren, werden weiße und rosa Papierchen geworfen, auf denen »St. Agata« steht, die Luft voller wirbliger, kreiselnder, rotierender Fetzen. Als fielen narkotisierte Gottesanbeterinnen vom Himmel. Es wälzt sich die Straße hinan, vielleicht sechshundert, achthundert Meter, dann schleppt man die Götzin und ihre Reliquientruhe die Stufen einer Kirche hinauf, vor deren Pforte der Altar und auf Stativen zwei Lautsprecher errichtet sind. Ein Hohepriester steht dort, ein kleiner, impotenter, verknorpelter Mann in schweren Frauengewändern, Meßdiener zur Seite und um den Hals die Stola. Er wartet, bis Ruhe in den Konvent kommt. Dann spricht er mit heiserer Stimme ins Mikrofon, dann singt er, singt die Versammlung hier und dort mit, dann predigt er wieder. Das halt ich nicht aus. Ziehe Waltraud am Ärmel mit mir in eine Seitengasse. Da schießt aus einem Winkel ein Motorrad hervor, es macht einen Irrsinnsradau, jagt auf Waltraud und mich zu, ich schrei nur: »Paß auf!«, da hat der Scippione schon ihr rechtes Ohrläppchen geschnappt, also den Goldring, und ist durchgestartet. Die Sache ist blutig, aber ungefährlich: der Bursche ausgesprochen talentiert. Also verbringe ich die jammernde Waltraud ins Hotel, und Signora Mambretti, die Wirtin, versorgt sie. Davon, die Polizei zu rufen, raten wir ab. Waltraud heult in einer Tour: »Scheißland! Was für ein Scheißland!« Ich mache mich nach draußen.

Catania hat jetzt zu leuchten angefangen, zu brodeln vor Illuminierung, und mir wird schlecht, wenn ich ans Hotelzimmer denke, worin die achtelentohrte Waltraud wahrscheinlich getröstet werden will. Die Gemeinde, die die Via Etnea verstopft hat, nun fast aufgelöst, nur noch einzelne Grüppchen sind zum Corso verblieben. Eine unfaßbare Ansammlung von Schmutz und Papierschnitzeln und Plastiktüten bedeckt Fahrbahn und Bürgersteige. Schon fahren Müllautos auf, und während die schweren Eisengitter vor den Geschäften hinabrattern und der Abend sich in die Straße drückt und zum Corso lockt, wird emsig gefegt und das Gefegte verladen. Habe aus lauter Lebenswut soviel Granite gegessen, daß ich ganz heiser bin von den zu einem weichen Mus vermahlenen gefrorenen Fruchtsaftspänen. Sieben oder acht, fast schon mein halbes Tagessalär für Nahrungsmittel dabei draufgegangen. Ich spaziere die einige Meter breite Treppe der Via Clementi hinauf. Dort, nahe St. Lucia, steht in deutscher Sprache an eine Mauer gesprayt: »Nazis raus!« Nach rechts hinüber, Richtung Corso Sicilia hinab, zum antiken Amphitheater. Das ist halb verschüttet, gräbt sich aus dem Hang, wenigstens zehn Meter unter dem heutigen Stadtniveau, die Lavaschichten haben es angehoben. Man schaut auf Tribünen und Hetzgänge hinunter. 15.000 Zuschauer schreien Gladiatoren zu, stacheln und reizen sie aufs Blut. Vor der Absperrung Popmusik. Zur Via Etnea ein Terrassencafé, weiße Stühle, weiße Tische, Kellnerinnen eilen flink von einem zum andren, ein Podest wird befestigt. Synthesizer, jemand probt, es riecht nach Knoblauch, nach Süße, nach in Öl gesottenem Gebäck. Drüben, marmorn, Vincenzo Bellini. Eissalons, kleine Stände. Rechts hinten, neben dem Pornokino, werden Seeigel verkauft, aufgebrochen und ausgelutscht.

Das Abendessen. Es ist fünf vor neun. Eher Nachtessen. Die Stadt wird bald leer sein. Ab zehn ist gemeinhin alles still. Seltsam, daß noch so viele Gäste da sind. Allerdings rollt draußen noch manchmal ein Böllergewitter. Ich schwelge und zerlaufe. Ströme von Schweiß, ein Stoffwechsel mit der Luft, mit den Tönen, mit der anderen Sprache. Eine Orgie der Sinne: Essen, Trinken, Schwitzen, Böllern. Der Geschmack der Auberginen, *melanzane,* herbsalzig die Sardinen, rund und vollkommen das Öl. Unfaßbar, wieviel man hier trinkt! Ich atme durch Kiemen. Ich schwimme in der schwülen, geradezu tropischen Luft, bin hier Zuhause. Die entfernteste Schneide meiner inneren Schere. Bin hier geboren, lange vor meiner Geburt. Jetzt mitdiskutieren, palavern, plauschen können!

Aus den Augenwinkeln beobachtet man mich. Interessiert, nicht abfällig. Wer *ist* dieser Fremde, der hier ißt, wie wir essen? Er trinkt zuviel: Hält er das durch? Ich winke dem Kellner zum Zahlen. Es ist nicht einmal teuer. Ich stehe endlich auf, Schwere in den Beinen, das ist der Wein. Lasse mich in die nachtschwarzen Gassen spülen, dann rechts ab, wieder zur Via Etnea, noch immer lebt sie und leuchtet mich an. Zum Bellini-Denkmal. Warum geht man nicht schlafen? Ich hocke mich auf den Fuß einer Palme, auf dem Podest ein Sänger, singt Lieder von Sinatra, heiser, rauh, man kann die Stimme riechen. Ranzig ist sie, mit Alkohol immer wieder flüssig gemacht. Zwischendurch, wenn der Synthesizer improvisiert, geht der Mann zur Seite, zupft das weiße Seidentuch zurecht und nimmt ein Aerosol gegens Asthma. Kehrt zurück. Lächelt auf imponierend schmierige Weise. Lieder für die Frauen über fünfzig und fast schon Vollmond überm Barockhaus. Mit welcher Langeweile einige junge Damen die Beine, nein, den Fußspann wippen lassen! Nein, nicht mal ein Wippen, sondern ein übereinandergeschlagenes wie Starrbleiben, lasziv, absichtsvoll-zufällige Pose. Und wie süß bei manchen Frauen, deren Haar zurückgerafft ist, die Ohren abstehen, wenn man sie von hinten sieht! Die alte Dame vor mir, die plötzlich zum Samba den Takt auf ihrem Schenkel schlägt. Manches am Schlager ist wahr. Irgend jemand hier trägt dick Chloé. Blechrollos rasseln hinab. Feuchte Wärme dampft auf dem Platz, man kann warmen Gummi riechen. Aus den dunklen Einmündungen der Gassen knallt es immer wieder, hallend, ich denke: Revolverschüsse, und die wimmernde selige Musik dazu. Ein grobschlächtiges Lachen, des öfteren ein Bus. Aus Richtung Domplatz kommen fünf junge Männer im Agatha-Habit und rufen in die Schar der Sitzenden hinein, in die Schlagermusik, in das Klingeln der Cocktailgläser, in die Gedanken der Flanierenden. Sie stützen einen alten Mann, ziehen ihn zwischen sich mit. Er singt vor sich hin oder lallt. Wirkt wie betrunken. Aber es ist religiöse Beseelung. Verhungert, ein Asket, vor innerer Verzückung verliert er sein Fleisch. Er sieht elend aus, siechend, krankes Feuer in den Augen. Die Männer sprechen Frank Sinatra an, sprechen in die Gruppe. Sinatra räumt ihnen das Podest. Absprache kurz mit dem Musiker am Synthesizer. Stimmt einen Choral an, einer zieht dem Alten das Hemd aus, Erbauungsgesang. Unruhe unter den Cafégästen. Der Oberkörper des Alten ist zerschunden, räudig, die Haut sieht verfault aus, grüngelbe Eiterflächen, schwärend, von Ausschlag zerfressen. Einige Leute stehen auf, rücken im Halbkreis ans Podest, es werden immer mehr. Ich kann kaum mehr etwas erkennen, erhebe mich ebenfalls, drücke mich in die Menge. Eine junge Frau, fast noch ein Mädchen, schaut mich an. Seltsam, ich kann das eigentlich nicht sehen, sie trägt eine dicke Sonnenbrille. Obwohl es so dunkel ist. Ich spüre ihren Blick durch die blauschwarz spiegelnden Gläser. Wie ein Stich trifft er mich. Ich schaue flüchtig zurück, halte den Blick nicht, senke die Lider, schaue wieder zum Alten. Ekelhaft, was geschieht, ein widerwärtiger Schwindel, religiöse Gaukelei: Einer zieht ihm mit einer Pinzette zuckende Maden aus den Ekzemen. Ich schlucke. Er schreit vor Lust. Drei der jungen Männer beten, der fünfte geht für die Kollekte herum. Die Maden werden fallen gelassen; aber sowie sie auf dem Holz des Podestes aufkommen, sind es weiße Kügelchen geworden, klickernde, davonrollende Perlen. Man klaubt einige von ihnen auf, setzt sie dem Alten an die Haut, sie winden sich, fressen sich wieder hinein. Es ist ganz entsetzlich. Der Alte schreit vor Verzücken, läßt sich die Kügelchen auf die herausgestreckte Zunge legen. Die Gläubigen beten, in der Menge bekreuzigt man sich, einige stimmen sogar in den Choral. Abermals Blickschuß des Mädchens. Keine siebzehn, keine sechzehn Jahre ist es alt. Ich wende mich ab, ich kann hier nicht bleiben. Die Vorstellung hat mich wütend gemacht. Das Mädchen muß mir gefolgt sein, sie berührt mich am Arm, ich drehe mich um, sie schaut mich, immer noch durch die Sonnenbrille, an, über ihrer hohen erregbaren Stirn glänzt auf dem Scheitel der Mond. Ein schmales, elegant geschnittenes Gesicht, leuchtend weiße Zähne und schwarzes flüssiges Haar, zum Pferdeschwanz zusammengebunden, wie ein Strom läuft es glatt um die Schläfen, flutet übers Haupt in den Nacken und zwischen die Schulterblätter. Sie spricht auf mich ein, sehr schnell, ein ganz eigenartiges Italienisch. Der Dialekt ist mir unbekannt. Angereichert mit Kehllauten und geölten Vokabeln, die den Tönen eine ganz besondere Glätte verleihen. Ich sage ihr, ich spräche nur wenig italienisch, sie lacht und schiebt die Sonnenbrille hoch, und ich bin gelähmt vom Blick dieser giftgrün funkelnden Augen. Wieder spricht sie zu mir, sie ist kaum kleiner als ich, vielleicht hab ich deshalb das Gefühl, zu ihr aufschauen zu müssen. Sie sagt irgend etwas über die schauderhaften Asketen, die lange schmale Hand schwingt elegant hinüber, sie sagt Abfälliges, glaube ich, ist angewidert davon und hat wohl gemerkt, wie sehr auch ich es bin. Deshalb sucht sie meinen Kontakt. Wirklich? Deshalb? Jetzt nimmt sie mich am Arm, zieht mich ein Stückchen die Via Etnea hinauf. Ich folge wie in Trance, es ist verrückt. Eine Jägerin, denke ich, ich bin ihr ausgeliefert, weil sie sich in den Hüften wiegt, sie haben etwas Schlängelndes, seltsam. Unter dem kurzen Kleid die Oberschenkelmuskulatur, bronzen leuchtet ihr Spiel unter Mond und Strahlern, von denen die Straße funkelt wie lichtes Geschmeide, Metallglanz auf den ausgeprägten Waden. Sie läuft fast nur auf den Ballen, nie setzt sie die Hacken auf. Mit einem Mal ist es nach Mitternacht. Das verstehe ich nicht. Wir sind nur die paar hundert Meter bis zur Villa Bellini, dem Traumpark, hinaufgeschlendert, das braucht keine zehn Minuten, aber zweieinhalb Stunden im Nu vorbei. Ruhe um uns, die Strahler ausgeglüht, eine Dunkelheit gleich feuchtem Samt. Während der ganzen Nacht röhren die frisierten Mopeds durch die Gassen, und immer wieder knallen Feuerwerkskörper. Sie gehen zur Tarnung nur, zur Ablenkung hoch, denke ich, als ich neben dem hohen schmiedeeisernen Gitter durch eine Öffnung in den Park gezogen werde. Der Brunnen ist weich angeleuchtet, wie vom Glimmer berieselt, die Enten und Schwäne schlafen, schwarzen Schütten von Erde gleich, rings um den wulstigen Rand. Man kann die Blumenuhr nicht mehr sehen, nicht die Notenschlüssel aus Blüten, die die Hänge der Rasen verzieren, nicht oben den maurischen gläsernen Pavillon und von dort nicht, wie sonst, den dampfenden Ätna. Stumm waten wir durch die

Pflanzengerüche, wuchernde Strelitzien und aufgeschossene Palmen recken sich in den Schatten. Meine Linke in ihrer Rechten. Sie plaudert, ich schweige, ihr Redefluß nichts als Geplätscher. Sie ist viel zu jung für mich, was will sie von mir? Ich frage sie das, sie tut, als hätte sie's nicht gehört, ich frage, wie sie heiße, sie plappert von etwas anderem. Man kann die ganze Stadt im Schlaf atmen hören. Meine Armbanduhr spielt völlig verrückt: Die Zeiger drehen wie orientierungslose Kompaßnadeln. Bald ist es drei Uhr nachts, dann wieder erst fünf vor zwölf, dann zwei Uhr, alles in wenigen Minuten. Wir steigen den Schütterweg hinab, zum Brunnen, dort nimmt sie meine beiden Hände, zieht sie zu ihren Oberschenkeln hinunter und drückt sich an mich. Durch mein Hemd und ihr dünnes Kleid sind wie Muskeln ihre Hügelbrüste und beider Spitzen zu spüren. Ich suche ihr Ohr mit den Zähnen, sie seufzt, noch immer meine Hände in ihren, führt sie jetzt an meinen Seiten auf meinen Rücken, staucht sie dort im Kreuz und klemmt mich an sich und knurrt. Knurrt wie ein Tier. Ich nehme ihren Mund, aber sie preßt die Lippen zusammen, dreht den Kopf, ich drücke Oberlippe und Nase auf ihre Halsschlagader, sie legt den Kopf in den Nakken, endlich bekomme ich meine Hände frei.

Fasse ihren Haarschopf, ziehe, ja reiße daran, sie schreit auf, knurrt wieder und stößt mich weg. Geht federnd ein paar Schritte rückwärts, bleibt stehen, streckt eine Hand aus, sagt irgendwas. Ich frage, sie will mich nicht verstehen. Fordernder noch reckt sich mir ihre Hand entgegen. Was hat sie vor? Ihre Augen wie Phosphor. Smaragde aus Glut und Begehren. Der Irrsinn von Enna fällt mir ein, ich bin ihn fast schon losgeworden. Ich rieche einen Zusammenhang. Fasse mir in die Hosentasche, hole den Stein heraus. Eine Illusion, morgen ist alles vorbei, die ganze Lust, die ganze Sehnsucht, nichts mehr wird davon übrig sein. Ich bin mir sicher. Ich schlafe mit ihr, und sie verliert für mich ihren Reiz. Und doch, ich reiche ihr den Stein. Sie nimmt ihn, kommt mir wieder näher, küßt mich flüchtig, springt zum Brunnen, protestierend schnattern ein paar träg davonwackelnde Enten, und hält den Stein auf den schmalen Stegen ihrer Finger, über dem dunklen Wasserspiegel ausgestreckt Arm und Hand. Mit der Linken bedeutet sie mir, näher zu kommen. Was hat sie vor? Achtsam befolge ich ihre Geste. Sie sagt ein Wort, das ungefähr nach »Guarda!«, Schau her!, klingt. Ihre Hand höhlt sich, ein schmaler Becher, darin wie zum Trinken der Stein. Und öffnet die Finger. Als Flüssigkeit rinnt der Stein hindurch, glitzernde Ketten von Tropfen klatschen im Brunnen leise auf und sind weg. Hilflos schau ich das Mädchen an, es füllt ein uralter Stolz das junge Gesicht, überzieht es mit einer seltsamen Fremde, der sehnige Körper reckt sich, verliert das Mädchenhafte. Benommen sehe ich zwischen dem Brunnenwasser, der weiterhin darüber ausgestreckten Hand und dem Gesicht dieser Frau hin und her. Sie spricht wieder. Das seien, höre ich, hellere Künste als die von Maden und Perlen. »Giusto«, sage ich, das stimmt. Da lacht sie, schüttelt das Haar, lacht noch mal, fast kindlich. Komm, sagt sie, nimmt meine Hand, setzt sich an den Brunnenrand, zieht mich zu sich hinunter. Spielt im Wasser, läßt die Finger plätschern. Gib mir, sagt sie. Auch ich soll nun meine Hand über den Brunnenrand halten. Und tu es. Sie formt sie mit ihren Fingern zur Schale, laß das so, sagt sie. Warte. Dann schöpft sie aus dem Brunnen Wasser hinein, es formt sich, wird hart, und warm liegt der Stein in meiner Hand. Sie schließt meine Finger darüber und sieht mich an. Ich möchte, daß sie den Trick wiederholt, reiche ihr den Stein abermals, sie schüttelt den hübschen Kopf, ich dränge. Sie schüttelt heftiger den Kopf. Spricht, ich weiß nicht was, nimmt meine Hand, führt sie zu meiner Hosentasche, ich drücke den Stein hinein, sie legt eine Hand über die Wölbung, schaut mich an, legt die Hand auf die andere Wölbung. Ich streiche mit Fingerspitzen von ihrer Schläfe über die Muschel des Ohrs zu den Lippen, übers Kinn, den Hals, berühre ihre Brust. Das Mädchen hört zu sprechen auf, es ist, als hielte es den Atem an. Es schließt die Augen. Ich beuge mich vor, sie wendet abermals den Kopf, schüttelt ihn: Nicht hier! Rückt auf Distanz. Ich überlege. Bei ihr wird es nicht gehen, sie wird zu Hause wohnen, vielleicht ist sie weggelaufen, aus dem Fenster geklettert, das Abenteuer einer Halbwüchsigen, es ist ja bald vier Uhr morgens, nein es ist halb drei, nein, Viertel nach vier. Meine Uhr benimmt sich weiter wie toll. Und bei mir im Hotel liegt Waltraud. Ich kann und will dieses Mädchen sowieso nicht in solche Absteigen führen. Ich krieg das nicht hin, sie bei der Hand nehmen und an der Rezeption eines anderen Hotels nach einer Liebesunterkunft fragen. Kann mir das außerdem nicht leisten. Das Mädchen wartet. Es sieht mich jetzt nicht mehr an, schaut in ihren Schoß, in dem die Hände gefaltet sind. Es wartet auf meine Entscheidung, das spüre ich, das weiß ich und bin doch unfähig, eine zu fällen. So schweigen wir beide, Augenblicke nur, wie auch immer. Jedenfalls steht sie irgendwann auf und geht. Ich will ihr nach. Was aber soll ich ihr sagen? Ihr meine Adresse geben vielleicht. Morgen oder übermorgen ist sie schon anders. Es bleibt nur diese Nacht. Dann niemals wieder. Ich werde das mit dem anderen Zimmer tun, ja ich will das tun, es wär doch gelacht! Springe auf, es sind keine zehn Sekunden vergangen, ich habe nur ganz kurz nach innen geschaut, aber es ist schon zu spät und das Mädchen verschwunden. Sie kann so weit noch nicht sein. Wo ist sie hin? Die Freitreppe hinab, Straßen menschenleer, man hört auch keine Autos. Nichts. Ich schlucke. Einfach weg. In den tausend Gassen zu suchen, hat keinen Sinn.

Tränen in den Augen. Ich passiere die Pforte. Es hupt. Ich muß die Augen zusammenkneifen, denn überall strahlen Bogenlampen, und tausend Wagen blenden mich. Der Krach des Corsos schlägt mir wie Brandung um die Ohren. Hunderte von Leuten schlendern und diskutieren und flirten. Auf der Piazza Bellini singt immer noch der Sinatra. Immer noch schlägt die alte Dame auf ihrem Oberschenkel den Sambatakt, und noch immer wippen elegant übereinandergelegt die Beine von Fogal. Keine Spur mehr religiösen Wahns. Ich schaue auf die Uhr. Sie hat sich beruhigt. Es ist kaum halb zwölf. Mein Mund ausgetrocknet. Dörrer Salzgeschmack. Die Augen brennen. Mir ist schwindlig, wenn ich an mein Hotelzimmer und an Waltraud denke, wird mir schlecht von zuviel Wein. Stehe an der Ecke, lasse meinen Blick schweifen, die Eindrücke bewegen sich wie auf Wellen. Drüben plätschert ein Brunnen, eine Schlange Menschen davor mit Kanistern und Flaschen. Sie füllen sich ihr Trinkwasser ab. Ich wanke hinüber, stelle mich an, lächle, bitte drum, vorgelassen zu werden, will ja nur trinken, man läßt mich, »grazie« sage ich, setze mich wieder drüben nahe Sinatra unter die Palme und warte. Denke an Enna zurück, Prestigiacomo, die Frauen am See, mein Entsetzen über den abgetrennten Kopf des Telefonierers. Dieses Entsetzen ist weich jetzt. Alles, was geschehen soll, geschieht, ich kann es nicht ändern. Fühle mich wie jemand, den man stundenlang mit nassen Lappen schlägt, er sträubt sich, wehrt sich, schreit, haut um sich, es hilft alles nichts, nun liegt er da und läßt zu, was passiert. Jammert nicht, schreit nicht, und wenn ihn zwischendurch mal jemand streichelt, nimmt er auch das hin. Sinatra singt Celentano. An den Gläsern perlt Kondenswasser. Die blinkende Stadt auf diesen Platz zusammengezogen. Sinatra singt Dean Martin. Sinatra singt Liza Minnelli. New York, New York in Catania.

Leise öffne ich die Tür zum Zimmer. Lausche. Halte mich an Klinke und Rahmen fest. Waltraud schläft. Ihr Atem geht ruhig. Es riecht nach fremdem Körper und Seife in dem Raum. Sehen kann ich nichts, drücke mich rein, mache kein Licht, taste, stoße gegen einen Stuhl, der rückt, quietscht am Boden. Ein quengelnder Ton vom Bett, ich rühr mich nicht. Dann mich sehr langsam entkleiden, den Stein aus der Hosentasche nehmen. Er glimmt im Dunkeln: Ein schwarzes Licht, das man nur ahnt. Uranerz, ein Karnotit, gesundheitsschädigend möglicherweise. Fallen Haare aus und Zähne, Hautkrebs, Keimdrüsenbeschuß, Demenz. Fühlt sich ganz warm an, das kommt sicher davon, daß ich ihn immer am Körper trage. Lege mich neben Waltraud ins Bett. Vorsichtig. Doch die Matratze so ausgeleiert, daß ich eine Kuhle hineindrücke und Waltraud an mich rutscht. Sie legt einen Arm um mich und fängt an, herumzumachen an mir. Ich wehre mich nicht. Ich starre ins Dunkel. Sie dreht sich irgendwann weg, ein stummes Weinen schüttelt sie in tonlosem Schluchzen, die Matratze zittert, Waltrauds Rükken zittert an meiner Seite, und draußen knallen bisweilen die verspäteten Feuerwerkskörper. Manchmal röhrt ein Moped. Neben mir auf dem Nachttisch glost der Stein. Das Auge des Mädchens im Park. Vom Fenster her wird es hell. Streulicht. Erste Autos. Es ist fünf Uhr. Waltraud tief in das Leintuch verbuddelt, wie zusammengerollt, ich habe mit offenen Augen geschlafen. Ich rutsche seitlich aus dem Bett, zentimeterweise, Stück um Stück, schiebe mich weg, kippe dann beinah zu Boden, halte mich noch. Bin raus. Nehme den Stein. Unverdächtig jetzt und blaß. Ich trete ans Fenster, sehe die fünf Stockwerke hinab, hinter den Häusern geht die Sonne auf. Eine rosafarbene Luft in den Gassen. Leichter warmer Wind weht. Suche aus meinem Gepäck das Waschzeug, raffe die Kleidung vom Vortag zusammen und stehle mich aus dem Zimmer. Kalt zu duschen koste nichts, so Signora Mambretti, das Bad mit warmem Wasser durch ein Vorhängeschloß gesichert. Sperrangelweit offen die andere Tür. Will auf Zehenspitzen hindurch, und doch bekommt die Mambretti das mit: Plötzlich lugt sie, mißtrauisch und im Morgenmantel, ums Eck. Lockenwickler im Haar. Ich grüße, die Stimme gedämpft. Die Signora antwortet nicht, verzieht sich wieder.

Es ist halb sechs. Ich sitze auf einem strapazierten Sessel im Gang und denke nach. Versuche herauszusinnieren, welcher Tag heute ist. Zähle mein Geld nach. Bis Agrigento wird es reichen, nur darf mir kein Sonntag dazwischenkommen. Wann ist der nächste Sonntag? Irgend etwas sollte ich tun, um mich zu strukturieren.

»Signora?« Meine Umhängetasche gestopft: Windjacke, ein Schal, Pullover, außerdem Schwimmzeug. An den Füßen die Reeboks. Erst auf den Ätna und dann vielleicht noch baden.

»Si?«

Auf dem schmalen Balkon zur Via Etnea fläzt sie in ihrem Liegestuhl, eine Mischung aus Drache und freundlich, und bespitzelt den Verkehr. Geldgier hat ihre Tränensäcke anschwellen lassen.

»Ich bleibe eine weitere Nacht. Geht das?«

»Anche la signorina?«

»Nein, die nicht. Die junge Dame wird weiterreisen. Falls nicht, dann geben Sie ihr bitte ein anderes Zimmer. Ach so, ja: Sie weiß davon nichts. Versuchen Sie's ihr zu erklären.«

Seltsam flüssig geht mir das Italienische über die Zunge. Argwöhnisch sieht die Signora mich an.

»Wissen Sie, ob es einen Bus zum Ätna gibt?«

Sie schaut auf, als wollte ich sie foltern. Ein tiefer Seufzer begleitet ihren nächsten Satz: »Auf dem Tischchen, an der Rezeption, nein, weiter links, da, ja, liegt ein Informationsblatt.« Sie dreht sich im Liegestuhl von mir weg. »Steht alles drin.«

Ich blättere, die Buslinie endet auf dem Vorplatz des Bahnhofs, der Bus geht Viertel nach acht.

Vorm Ausgang bleibe ich stehen, wende mich zurück: »Und lassen Sie die junge Dame nicht weg, ohne daß sie bezahlt. Ich komme nur für die Hälfte des Zimmers auf. Guten Tag!« Ich knalle die Tür.

Topolini und motorisierte Fuhrwerke knattern, manche donnern auch über die Straße. Auf der Piazza sitzen bereits die alten Männer und starren vor sich hin. Getrubel vor Kiosken. In den Bars. Man watet bis zu den Knien durch Abgas. Erste Tankwagen sprengen die Fahrbahn mit Wasser. Ich nehme einen Caffè und ein puddinggefülltes Stückchen, kaufe Zigaretten, Esportazione ohne Filter, mir schmeckt das herbe, strohige Kameldungaroma.

Es ist viel Zeit. Ich schlendere den Corso Sicilia entlang Richtung Bahnhof. Dort stehen in zwei diagonalen Reihen die blauen Busse. Ich frage einen Fahrer. Der fragt einen anderen. Der fragt wiederum einen. Ich werde zu einer leeren Parkbucht geschickt. Irgendwann gegen acht erscheinen noch ein paar Leute, ein Pärchen, eine alte Frau mit schwarzem Kopftuch und Kunststoffbeutel. Es geht auf halb neun, Viertel vor neun, neun. Kein Bus. Ich werde unruhig. Waltraud kommt auf den Platz: Sie irrt hierhin und dorthin durch den Verkehr. Neben mir wippt ein dikkerer, schnaufender Herr in Joppe, mit einer Plastiktüte in der Hand, auf den Fußballen. Ich sprech ihn von hinten an, achte drauf, von seinem Körper vor Waltraud versteckt zu sein. Er versteht kein Italienisch, aber antwortet. – »Ei«, frage ich ihn, »sind Sie aus Österreich?« – »Joah!« macht er vergnügt. »Höat man dois?« Ob dies die Haltestelle des Ätnabusses sei. Er habe sich schon verzweifelt um die richtige Auskunft bemüht, und alle sagten, der Bus starte von hier, von hier und nur von hier. Das könne aber doch nicht sein! Er schwitzt ganz schrecklich unter der prallenden Sonne. Bei ihm zu Hause gebe es so etwas jedenfalls nicht: Seit einer Stunde warte er schon, na, ich ja auch. So seien die, die »Italjäner«. Er sei zum zweiten Mal in Italien, wolle unbedingt den Vulkan sehen. Italienische Netzkarte. Mit der reise er kreuz und quer durch Sizilien. Er schnauft, schnüffelt, naß, weißlicher Schaum in den Mundwinkeln, er lacht viel. – Waltraud hat mich doch noch entdeckt. Sie winkt. »Hallo!« macht sie, als wäre überhaupt nichts vorgefallen. Gibt mir sogar einen Kuß auf die Wange. Der Österreicher zwinkert neckisch mit dem rechten Auge.

Ich würde ja gehen und verzichten auf den Ätnabesuch, wäre nicht zu befürchten, daß dann auch Waltraud sich umentschließt. Und auf offener Straße will ich ihr keine Szene machen. Außerdem schlendert der Prager heran, im Anorak. Er hat, ich trau meinen Augen nicht, eine Aktentasche bei sich. Soll der mein Kontaktmann in Noto sein? Er strahlt über sein ganzes vornehmes Gesicht. »Das ist aber schön, endlich wieder jemanden zu treffen, mit dem man vernünftig reden kann!« Reicht mir die Hand. Ich kriege meinen Blick von seiner Tasche nicht weg. – »Ist was damit?« – »Nein. Nein, schon gut.« – Der Österreicher mit Waltraud im Gespräch. Sie ist sehr leicht bekleidet, an den Füßen trägt sie offene Badeschuhe. Einen Jutebeutel hat sie bei sich. Rechts das Pflaster am Ohrläppchen.

Endlich, es ist fast halb zehn, kommt der Bus, mit einem untersetzten freundlichen Fahrer und einem reservierten schlanken Schaffner besetzt, ›Il Corriere del Sud‹ unterm Arm. Ich frage nach dem Grund der Verspätung. Arbeiten am Fahrdamm, ein Stau ... Eine Viertelstunde später starten wir. Zur Via Etnea. Wir quälen uns durch vollgestopfte Straßen. Gehend käme man schneller voran. Den Berg rauf, ein Neubauviertel, schließlich Villen. Ich schau zurück.

Weit unter uns, in die Meerbucht geschmiegt, man kann winzige Schiffe erkennen, Catania. Irgendwo dort lebt das Mädchen.

In einer Seitenstraße hält der Bus. Ist aber keine Haltestelle. Seit Verlassen der Stadt ist niemand zugestiegen. Wir sind zu sechst: der Österreicher, der Prager, der Fahrer, der Schaffner, Waltraud und ich. Zu sechst in einem Linienbus. Die Frauen unten haben wohl auf eine andere Verbindung gewartet. Der Schaffner hat Einkäufe zu tätigen. Mit ein paar Tüten bepackt kommt er zurück, lächelt, wir fahren weiter. Aber keine zehn Minuten später fragt er, ob wir nicht eine Kaffeepause machen wollten. Die Gespräche laufen jetzt immer über mich, der ich dolmetschen muß, obwohl ich kaum ein Zwanzigstel verstehe. Das unterbesetzte Autogetüm hält in Viagrande, einem schmucken, in den Berghang gebauten Vorort, neben einer halb barocken Kirche auf der Piazza. Der Fahrer verschwindet, der Schaffner verschwindet, Waltraud wühlt in dem Beutel, ich geh ein paar Früchte kaufen. Als ich zurückkehre, ist überhaupt niemand mehr da. So nehm ich in der Zentralbar einen Espresso zu mir, trinke zwei Glas Wasser, geh wieder zurück; aber noch immer sitzt niemand im Bus. Kehrt von neuem, zum nahen Brunnen, das Obst gewaschen, meinen Kopf den Strahl gehalten. Zum Parkplatz, und Waltraud lehnt am Einstieg. Schließlich kommen auch Fahrer und Schaffner, dann der Österreicher, mit einem Taschentuch herumfuchtelnd, schwer im Atem, der Prager bleibt verschwunden. Fünf Minuten später bummelt er heran, in brauner Hose, braunem Popeline-Anorak, die braune lederne Aktentasche in der Hand. Als wir wieder fahren und er vorn an der Windschutzscheibe den Film leergeknipst hat und während er einen neuen einlegt, fängt er an, mir von Malta zu schwärmen. Das Problem sei das Visum. Früher sei das gar nicht gegangen. Und jetzt? Man sei ständig angewiesen auf Zuvorkommenheit, diplomatisch geregelt scheine mit diesem Land überhaupt nichts zu sein. Jaja, er habe den Ätna schon mal gesehen, aber da sei nicht solch blendendes Wetter gewesen wie heute. Ich komme von seiner Aktentasche nicht los. »Haben Sie die neu?« frage ich. – Arglos lächelt er mir zu. »Wieso? Die Tasche? Aber nein! Die habe ich immer bei mir.« – »In Segesta hatten Sie sie noch nicht.« – »Aber gewiß doch! Sie irren sich. Meine Tasche und ich, wir sind unzertrennlich.« – Ich seh ihn scharf an, er bleibt naiv und freundlich. Soll ich ihn überraschen? Tu's: »Kennen Sie Frau Jördsdóttir?« – Keine sonderliche Reaktion, nur Kopfschütteln. »Eine hiesige?« – »Und Arndt?« – »Wen?« – Dem Busfahrer wird gemütlich zumute: »Bellissimo tempo!« ruft er. Ob wir gegen Musik etwas einzuwenden hätten? ›I nostri lirici‹, eben am Kiosk gekauft, Musikcassette mit Begleitbuch, *soldi,* Renata Tebaldi singt Verdi, ›La forza del destino‹. Er schiebt sein Cassettenabspielgerät in die dafür vorgesehene Lade am Armaturenbrett, und die Macht des Schicksals trägt uns auf den Vulkan. Der Fahrer singt brummend mit, dem Prager steigen Tränen zu Augen. »Ich liebe die klassische Musik«, schluchzt er, »sie ist ein Hobby von mir!« Über uns türmt sich das Ätnamassiv. »Aber irgendwie traurig wirken Sie«, sagt der Prager irgendwann. »Und verwirrt. – *Sind* Sie traurig?« – Also erzähl ich von dem Mädchen. Er hört ruhig zu, senkt den Kopf, sieht auf, ausgesprochen freundschaftlich legt er mir eine Hand auf die Schulter. Die Landschaft verliert ihre Farbe, wechselt zwischen rostrot, braun und schwarz, kaum noch Bäume da, statt dessen Dürrkraut, eine Art Heide, trocknes Gesträuch, und selbst dieses versteint. Schlacke wie gefrorene Brandung, Basaltwellen höher als zweidrei Meter, ein poröser, spitziger, bröckelnder Stein, rauh, oft graurot. Augenfällig die letzten Verheerungsströme. Meist reißt die Berghaut an den Flanken, Magma quillt heraus und wälzt zu Tal.

Erstarrte bleischwarze Lavazungen stecken in den verbrannten, zusammengebrochenen Gebäuden. Der Prager stellt sich wieder nach vorne und knipst durch die Windschutzscheibe.

Wir fahren bis zu einer Station knapp einen Kilometer unter dem Hauptkrater. Man steigt auf eigens konstruierte Kletterbusse um und wird gegen reichlich Fahrgeld bis auf die letzten dreihundert Meter unter den großen Krater transportiert. Hier werden wir ausgeladen. Auf dem Plateau ziemlich Betrieb. Nicht nur unser Bus, viele weitere, sie kommen von Taormina, Acireale, aus sämtlichen Badegebieten nördlich Catanias. Allgemeines Rufen, Lachen und Bibbern: Ein scharfer Wind fegt eisig um das Massiv. Ich trage den dicken Pullover, Hemd, Unterhemd und noch die Jacke darüber, aber selbst das ist zuwenig. Waltraud versteckt sich überall dort, wo es Windschatten gibt. Kalte Füße bekommt man nicht, denn auch erstarrte Lava ist noch über Jahre hin warm. Der Prager fotografiert. Der Österreicher hat Volksgenossen getroffen, mit denen ist er abgezogen. Oben bläst der Vulkan Aschewolken aus. Windjammern und Schwyzerdytsch. Hunderte von Eidgenossen. Etwas höher ein gegerbter Mensch in Kniebundhosen, karierten Socken, Bergsteigerschuhen, mit Knotenstock und grünem Janker. Enormer ausschreitender Gang. Auf dem grauen Hütli federt der Gamsbart. Wohlgemut und selbstverständlich sein »Gruezi, mita'nand!«. Wir langen an einer Absperrung an, weiter hinaufzukraxeln ist verboten. Im Westen träumt das Tiefland in gewellten Hügeln und den wilden Ketten der Berge. Im Osten das milchige Meerblau.

Unten zottelt Waltraud von Berghäuschen zu Berghäuschen. Etwas abseits steht der Prager mit dem Österreicher. Ich besteige einen erkalteten Vulkanpickel. Fantastisches Relief Hunderter parasitärer Vulkane. Der Himmel rosagrün. Mein Blick segelt hinab ins Tal. Die Baumgrenze behängen schwerelose Gewebe, Dunstschleier. Stundenlang könnt ich so stehen. Aber Waltraud versucht in ihren Badesandalen, das Schutt- und Aschenfeld und die Geröllhalde hochzukommen. »Hallo!« ruft sie. »Was tust du da oben?!« Schließlich entledigt sie sich der Latschen und wankt und balanciert barfuß über die spitzen, scharfen und rauhen Lavakiesel. Immer wieder sackt sie ein. Ihre Schmerzen müssen unerträglich sein, aber sie quält sich herauf. Gerät ins Rutschen, eine Bö stößt sie, sie fängt sich. Schafft es. Ist bei mir.

GEGEN DREI KOMME ICH IN CATANIA AN. Waltraud am Ätna abgehängt. Affenhitze. Nicht zu glauben, daß man friert auf dem Berg. Zum Bahnhof hinüber, nach einer Verbindung geschaut, keine zwanzig Minuten sind zu warten. In Taormina um knapp halb fünf. Der Jugendstilbahnhof trägt schmiedeeisernen Zierrat über den Toren, draußen pastellgelber Anstrich. Mosaikarbeiten schmücken das Holz, Metalldraht-Glas-Dachkonstruktionen. Das wirkt zwischen der hellblauen See, dem hellblauen Himmel und den roten, blauen, grünen Pflanzen luftig und gelöst. In den Räumen blanke Tische, von denen einer, im Wartesaal 1. Klasse, etwa zweifünfzig auf vier Meter mißt. Die Spiegelmarmorplatte in der Grundierung tiefschwarz, von weißen Flecken durchschliert. – Der Bahnhof liegt den letzten Ausläufern der Peloritani 250 Meter zu Füßen und fast direkt am Meer. Schroff greift das Bergmassiv hinauf. Zum Wasser hin vulkanische Steinküste, die extrem befahrene Chaussee führt ins zwei Kilometer südliche Giardini Nàxos, das ehemalige Fischerdorf Taorminas. Heute völlig verbaut von Bettenburgen und Verkehrsführung. Überlaufener Sandstrand. Hier landen einst die ersten Griechen an. Schwere Bougainvilleawolken in allen Farbtönen von rosa bis violett,

Wasserfälle aus Blüten über Mauern. Orangenplantagen. Wuchtige Palmen, bananenpralle Stauden. Nördlich steigt die weite und gewundene Straße auf das Klippenkap; einhundert, einhundertfünfzig Meter über dem Meer, zu dem der Berg abfällt, riecht es nach Belle Epoque. Das Wetter ist wunderbar, und ich spaziere entlang der Chaussee erst zum Klippenvorsprung hinauf, rechts von mir das Meer in sämtlichen Schattierungen eines warmen und intensiven Türkis, links der Fels steil rauf zur Stadt, auf einem Plateau, in das ein Hotel hineingebaut ist und von dem die Straße nach Taormina hinaufführt, kurze Rast und Ausschau. Erste Jugendstilhäuser und Schlößchen zu sehen bereits, voller Erker und Türmchen und Zinnen. Und von der Spitze des Kaps geht die Straße wieder hinab, durch Halbtunnel, deren Decken von breiten Pfeilern gehalten werden, dann ist – zwischen Strand und Fels fährt die Eisenbahn – die Bucht Taorminas zu sehen, inmitten die Ísola Bella. Zur Stadt hoch eine Zahnradbahn. Gerüche nach Sonnenöl und warmem Tang wehen von unten herauf. Der Kieselstrand voller Sonnenschirme und Liegestühle, das Meer gestrafft, ein Blau, auf dem wie weiße Flocken Yachten schwimmen. Ich steige die endlose Felstreppe zum Strand ab. Such mir ein Plätzchen, kraule weit hinaus, an den Klippen der Ísola Bella vorbei, und wie ich zurückschwimme, sind in allerhöchster Höhe die Gipfelkanten der Berge zu sehen, die Hänge weißgelb und als hätten Riesenäxte sie geschlagen.

IM HOTEL SPRICHT MICH SIGNORA MAMBRETTI AN. Diskretmitfühlender Ton. Waltraud sei abgereist. Das hat etwas Komisches, wie diese Schlange von Wirtin so tut, als fühlte sie mit mir, wenngleich ich ihr selbst so etwas morgens angekündigt habe. Ich denk nicht dran, die Sache richtigzustellen, sondern zieh ein ganz betrübtes Gesicht. Im selben Atem, da sie mich ihres Mitleidens versichert, fordert sie einen Preisaufschlag für die Unterkunft. Schließlich bewohnte ich, wortstrudlig deckt sie ihre Ansicht auf, das Doppelzimmer nunmehr allein, und ein Einzelzimmer habe sie nicht, das tue ihr leid. Ich laß mich auf 5.000 Lit. mehr breitschlagen. Weder Lust auf erneute Zimmersuche, noch will ich mich ärgern. Außerdem ist diese pietätvolle Dreistigkeit ganz amüsant. Offensichtlich hat Vesely Waltraud abgeholt: ein älterer Signore im Anorak habe sie begleitet. Der habe dann auf dem Flur gewartet, eine Aktentasche unter dem Arm. Kein Wort italienisch, aber ein höflicher Herr.

Ich wasch meine Sachen und häng sie zum Trocknen vors Fenster.

Später nun über den Corso zur Piazza Bellini, soeben betritt im Halogenschein der Sinatra sein Podest. Hör den Probesilben zu, die er ins Mikrofon hüstelt. Setz mich an einen der Tische. Es glänzt der Platz. Eiswürfel in den Long-Drink-Gläsern klingeln. Perlendes Lachen. Es ist ziemlich teuer hier. Der Sänger will bezahlt sein. Mir egal. Es sind auch wieder Leute mit Telefonen da. Ein junger Tourist hockt vorn an dem Geländer zum Amphitheater neben seinem Rucksack und drückt auf einem Super-Nintendo herum. Ich fange an, nichts mehr wünschen zu wollen. Einem obdachlosen Bettler gegenüber freundschaftlicher Neid. Was ich hier vor mich hinplappere, hat man soeben für den Versuch geglaubt, eine Bestellung aufzugeben. Muß ich mir mal vorstellen! Seh wieder auf. Das Mädchen erscheint sowieso nicht. Ich spüre keinen Hunger, aber weiß ihn.

Durch die Flanierenden über die Piazza Duomo am Elefanten vorbei zum Brunnen, paar Stufen runter, unten läuft die Kanalisation in einem kleinen Fließbecken zusammen, daneben, unter Gewölbegängen, tagsüber Markt. Morgen früh noch mal hin. Jetzt ausgestorben, sehr feucht und sehr dunkel. Es riecht intensiv nach verdorbenem Fisch. Es ist still. Um so stiller, als bisweilen jemand in den Seitengassen schreit. In den Gewölben das Hupen quasi Blendwerk. Zur kleinen Via Pardo, die unter der Eisenbahn hindurch und am Alten Hafen vorbei zum Fischereihafen leitet. Links vor der Unterführung, geradezu mitten im Marktgebiet eine einfache Trattoria, in der Tür steht die Wirtin: Eine hutzelig freundliche Frau, die mich mit der hiesigen Geste lockt, nämlich die Finger bei nach unten zeigender gestreckter Handfläche zum Körper winken. Kommen Sie, kommen Sie herein. Ich zögere, sie lächelt. Klaffende Zahnlücken. Lächelt immer breiter. Ich bin der einzige Gast. Bleib es nicht lange.

Ein junger Mann in Jeans und T-Shirt und einem sehr langen Pferdeschwanz stößt dazu. Kräftige kupferfarbene Muskulatur.

Heißt Antonio, ist 27. Bis vor kurzem habe er eine Saisonarbeit in Mailand gehabt. Doch wann immer es gehe, kehre er heim. Die Wirtin gesellt sich zu uns, Signora Longo. Ihr ist Antonios Tätowierung aufgefallen: Grellbunt prangt die Jungfrau Maria auf der linken Schulterkugel. Wir sprechen über Religion. Irgendwann treten zwei widerwärtige Typen auf, schlingern aufgeblasen in der Trattoria herum, rudern hinter zur Küche. Die Wirtin starr, geduckt, keinen Muckser. Zwischen Antonio und mir zwei Blicke. Wir werden ebenfalls gemustert. Dann ist den beiden wohl das Risiko zu groß, und sie ziehen ab. Antonio macht der Longo ein Handzeichen. Wir schweigen über den Vorfall. Als dürfte man etwas nicht nennen, als schützte einen dies. Antonio statt dessen rät mir, unbedingt das alte Catania anzuschauen, das Viertel vorm Fischereihafen. Und das verschüchterte Frauchen erzählt, vor vierzig Jahren habe das Meer bis hier an den Markt heran gestanden. Dann holt sie ein Album, woraus sie uns selbstverfaßte christliche Lyrik vorträgt. Bevor es ihr gelingt, mich zu bekehren, hab ich die Rechnung geordert.

Früher als sonst fall ich aufs Leintuch, schlaf auch gleich weg. Mitten in der Nacht schreck ich auf. Auf dem Nachttisch der Stein. Glüht. Glüht nicht stark, nur ein verhaltenes Pulsieren, kaum zu erkennen. Man beobachtet mich: Er ist ein Teleskop, das Okular steckt in ihm. Ich schau von draußen durchs Objektiv: Ein gläserner, unendlich langer, blaumetallisch schimmernder Tubus, ausgekleidet von einer fließenden hauchdünnen Wasserschicht. In nachgerade schwerem Gelb steht die Sonne überm Balkon. Ich komm nicht gleich hoch. Wasch mich. Kleide mich an. Draußen tost der Verkehr; schrilles, grelles, wüstes Krakeelen. Krawall aus Farben.

Die Signora Mambretti, lüstern auf Finanzgaunerei, unterbreitet mir folgenden Vorschlag: Auf der Quittung nur eine Nacht vermerken, beide aber, und zwar voll, bezahlen. Zu ihrem Vorteil nur; daraus macht sie keinen Hehl. Da ich nichts verliere dabei, geh ich drauf ein. Sie bedankt sich nicht einmal, sondern schlitzt ihre Augen: Hau ab, Mikkerchen.

Ich bringe meinen Rucksack zum Bahnhof. Schlendere danach die Via 6 Aprile zur Piazza dei Martiri hinauf, rechts von mir krümelnde Barockfassaden und links, vor Meer und Hafenbecken, die Geleisanlagen. Den großen Bogen der Via Dusmet zum Dom, dann der Markt, wirbelnder Haufen aus Getöse, Fischen, Früchten, Gemüse. Unter den Brückenbogen werden lange riesige Eisblöcke, die man mit Stahlpickeln festhält, erst in faustgroße Keile zerschlagen, dann diese gemahlen in einer handbetriebenen Kurbelmaschine. Jemand zerlegt einen ungeheuren Thunfisch. Auf Eis lecken muskulöse, samenfarbene Muscheln aus ihren gelbbraunen Schalen. In blauen Plastikbottichen schlängeln

Schnecken. Der böse Blick von Muränen starrt mich glasig an. Und durch die Menge von Leuten knattern bunt bemalte, dreirädrige Motortransporter, die Ladeflächen getürmt voll prallgestopfter Holzkisten. Wippende Gemüsestengel. Hühner ohne Kopf, aus den Hälsen tropft schmieriges Blut. Verkäufer schreien ihre Ware aus. Aus der Mauer stürzt ein scharfer dicker Wasserstrahl, dort füllt man die Bottiche auf. Dort wird getrunken. Dort schneuzt sich einer: Fetter Schnotter schießt aus der Nase. Mehrere Flatschen liegen bereits wie gelbe Quallenbabies auf dem Stein um den Abfluß herum. Der abgetrennte Kopf eines Schwertfischs. Augen wie Handteller. Das Schwert ein zur Attacke erhobener Säbel. Die hier sehr oft sehr aufgeregten Frauen.

DIESES VÖLLIG UNDURCHSCHAUBARE SIZILIANISCHE EISENBAHNSYSTEM! Die Fahrpläne zwar sind okay, doch werden sie nie eingehalten. Dazwischengeschobene Loks, Waggons mit drei verschiedenen Zielorten etc. So sitze ich also mal wieder seit anderthalb Stunden am Bahnhof, steige in die falschen Züge, muß wieder aussteigen, steige in einen anderen Zug, sitze nun im falschen Abteil, – und dann stellt sich heraus, daß der anfangs von mir bestiegene Zug, aus dem mich schroff der Schaffner hinausweist, *doch* nach Siracusa geht; allerdings nur die beiden vorderen Waggons, die mir, der ich ihnen sprachlos hinterherstaune, davonrattern. – Im Moment ist großes Rangieren angesagt. Aber ich bleibe jetzt sitzen.

Oh!

Wir fahren!!!

In knapp anderthalb Stunden werde ich in Syrakus sein.

Die Strecke führt erst nach Lentini. Von dort scharf zurück ans Meer. Golfo di Augusta. Selbst durchs geschlossene Fenster quillt der Gasfackelruch der petrochemischen

Werke. Das Meer ein Friedhof, in dem Schiffe verwesen. Die Tanker kommen zum Sterben hierher. Rauchschwaden in schillernden synthetischen Farben, Dampfwolken aus Schloten. Metallwerke und Stahlgitterlabyrinthe und die Pipelines zu den Raffinerien blitzen im Sonnenlicht aus einer biomechanischen Welt herüber. Die Vegetation ist abgesiecht. Es gibt nur braunkrankes, strohiges, in schütteren Büscheln stehendes Gras. In den Kleinbussen am Strand harrt Prostitution auf Matrosen und Heuer. Eichenwälder, Buchen, Pinien, Kastanien und Tannen sollen diesen zugrundekontaminierten Landstrich einst überzogen haben.

Eine sehr lange nachtschwarze Tunnelfahrt. Plötzlich Arndt vor mir. »Kommen Sie, ich zeig Ihnen was!« Gemeinsam steigen wir in Augusta aus. Er führt mich, Platon gehalftert, in die Elendsquartiere. Kinder mit nur einem Auge, die Arbeiter der Fabriken unterhalb des Nabels entleibt und auf Bretter mit Rollen geschnallt. Entzweigesprungene Nasensättel, die Augenbrauen geplatzt und Wucherungen auf den Wunden. Blinde Säuglinge. Hasenscharten die gesamten Körper: Lippen wie Tapire. »Jeder zweite wird mißgebildet geboren und jedes dritte Kind nach der Geburt ins Meer geschmissen oder verscharrt. Man kann den Nachwuchs nicht einmal als Organspender nutzen, wie man das in Indien tut. Selten wird ein Wurf von den Eltern verzehrt: Ekel und Ehrfurcht vor Gott sind mächtiger als jeder Hunger.« Wir beenden den Rundgang, steigen in einen nächsten Zug, und bei der folgenden Tunnelfahrt: »Ich will Ihnen zeigen, was die Leute anrichten, die ich mit großer Lust an Brutalitäten bekämpfe. Meine sadistischen Neigungen bereiten mir insofern überhaupt kein Kopfzerbrechen.«

Erst nach der Halbinsel von Magnisi verschwinden Elend und technisch-mechanische Morbidität und machen langgezogenen, braungelb strahlenden Schotter- und Felsstränden Platz. Hier baden bereits wieder Leute im Meer. Selten mal ein Auto, paar Angler. Entfernt, ins Land hinein, die blendend weißen Steilhänge zum kahlen, steinwüstenartigen Gebirgsland. Kein Fluß Siziliens mehr schiffbar. Heute ist Freitag? Darüber grüble ich. In der Ferne das helle Kap von Syrakus.

ICH KOMME NOCH ZUR SIESTA IN SIRACUSA AN. Die Geleise untergleiten ein Meer aus blauem Hibiskus, übersprenkelt vom Gelb einer anderen, mir unbekannten Pflanzenart. Die ganze Anfahrt dschungelartig. Es verspritzt sich ein riesiger fruchtbarer Park noch über den Schienen. Und als ich aussteige, weht frischer Wind um den Bahnhof. Will gleich für Sonntag wegen einer Anschlußverbindung nach Noto schauen. Frage wegen des Freitags, nur zur Sicherheit, einen Bahnbeamten. Begebe mich auf Zimmersuche.

Syrakus besteht aus hauptsächlich drei Stadtteilen: im Landesinneren dem antiken Trümmerfeld aus griechisch-römischer Zeit, dann den bis ans Meer wuchernden Neu-baukomplexen und schließlich der Altstadt auf einem vorgelagerten, von nur zwei Brücken an das Festland angebundenen Inselchen namens Ortigia. Ich finde, neben einem Park und der alten Agora, meinen Unterschlupf im vierten Stock eines reichlich heruntergekommenen Hauses, Pensione Pantheon. So genannt nach der kuppelartigen, aus grünem Metall und Glas erbauten Kirche, die am Foro steht. Sie wirkt wie eine Mischung aus Militär und Anthroposophie. Eine nervöse Zimmerwirtin weist mir meine Kammer zu, nichts anderes ist es. Es sei kühl da drinnen, beteuert sie, will mir das Zimmerchen schmackhaft machen: Es treffe keine Sonne dort auf. Das Fenster eine Luke. Man bekommt kaum den Kopf hindurch. Immerhin gibt es Duschen: auf dem Flur vier primitive Verschläge. Nachdem meine Sachen abgestellt sind und eine der Duschen ausgiebig genutzt ist, mache ich mich auf den Weg nach Ortigia, flaniere den Fahrdamm des Corsos Umberto entlang zur Insel hinüber, rechts schaukeln im zum Golf hin offenen Hafenbecken vertäute Fischerbootchen, blau lackiert, weiß lackiert, blauweiß lackiert. Auf dem Kai grüne Plastiknetze. Werden geflickt. Zum Land schauen klassizistische und barocke Hausfassaden, noch deutlich ist der Reichtum der einstmals aggressiven und so gefürchteten Stadt zu spüren. Es ist heiß, aber wegen der ständigen Brise ausgesprochen angenehm. Hat man die bis heute kraftvollen Reste des großen Apollon-Tempels passiert, in dem noch ein Teil der Cella steht, tut sich einem ein Gassengewirr auf, das an Piratenfilme erinnert. Meist zwei-, seltener dreigeschossige Häuschen liegen einander kaum zweieinhalb Meter gegenüber, immer wieder schmucke Höfe mit buntem Pflanzengewirr. Tontöpfe. Restaurant an Restaurant. Dann Plätzchen, Plätze, der große Dom, allüberall barockt es sich, hat aber nicht die manierierte Fantastik Catanias. Der Dom ist in einen griechischen Tempel hineingebaut, und zwar im Wortsinn: Im anhebenden Mittelalter läßt Byzanz Mauern zwischen die dorischen Säulen des Umgangs ziehen; diese sind sowohl von außen, als auch in der Kirche selbst noch deutlich zu erkennen. Die Cella wird Mittelschiff, und Athena weicht Maria. Die Piazza Duomo hat, denkt man sich die Menschen weg, etwas Museales und kommt, wie im alten Syrakus alles, einer Filmkulisse gleich; es wunderte mich kaum, träte auf einen der Balkone ein Herr in Knicbundhosen, weißen Strümpfen, Gehrock, Schnallenschuhen und Dreispitz und kratzte sich die gepuderte Perücke.

Eine Abzweigung westlich, das Gäßchen knickt nochmals scharf rechts ab. Von einem erhöhten Plateau, von welchem Treppen hinabführen, sieht man auf Molen und Passagierdampfer, Luxusliner, Yachten.

Dort entlanggeschlendert bis zur Kapitanerie, das Meer

riecht nach Tang und nach Diesel und klatscht an den Kai. Wieder südwärts. Ein Park voller Palmen und Pinien, blütenberegnete Büsche, der Weg führt aufwärts, rechts als natürlicher Hafen immer der Golf, dann ein runder tiefer gelegener Teich, Lago Aretusa, ein Süßwasserbrunnen, keine zwanzig Meter vorm Meer. Enten und Schwäne darauf, Papyrusstauden hineingepflanzt.

Schwatzende Touristen lehnen sich über die Gitterbrüstung. Eis wird geleckt, man trinkt Coca-Cola, man klatscht, man lacht, ich umschreite Ortigia einmal, flaniere zur Piazza Archimede, mitten ins Altstadtgewirr. Als weite Teile Siziliens noch ein von enormen Flüssen und zahllosen wilden Bächen durchflossener Urwald sind, entwirft Archimedes hier zum Wohl der Tyrannis seine berühmten Mordmaschinen, und hier auch sinnt Platon dem faschistoiden Idealstaat voraus.

Während ich nach einer Arancina zum Hafen zurückspaziere, entschließe ich mich, morgen im Landesinneren die Nekropolen von Pantálica aufzusuchen. An der Riva della Posta am Hafen, zugleich Endstation der Stadtbusse wie Standort der blauen Überlandlinien, erfrage ich deshalb einen Anschluß. Nach meiner Karte muß ich ins Örtchen Sortino und von dort aus zu Fuß weiter. Einen Autotransfer gibt es nicht. Problematischer ist, daß von Sortino nach Siracusa zurück der letzte Bus Viertel vor vier Uhr nachmittags geht. Da bleibt für den Ausflug selbst wenig Zeit. Ich will ihn trotzdem versuchen. Also Abfahrt morgen früh Viertel nach sieben oder Viertel nach acht, eine Stunde Fahrzeit, anderthalb Stunden Fußwegs, dann der Abstieg ins Anapo-Tal; es mag gerade so hinkommen. – Dumm: ich hab meine Armbanduhr in der Pension gelassen. Nehme einen Stadtbus zum antiken Gelände der Stadt. Dort Ausflugsbetrieb. Wenigstens zwanzig Reisebusse vorm Eingang des archäologischen Parks. Kräftige scheppernde Schlagermusik vor den Buden der Souvenirverkäufer, orientalische Jammerklänge. Der Komplex sommerverdörrt, nur direkt an den Kalksteinbrüchen wucherndes üppigstes Grün. Die Latomien verwunschene groteske Höhlen; im griechischen Syrakus schlagen hier Sklaven das Baumaterial, Tausende gehen zugrunde. Das sogenannte Ohr des Dionysios ist spitz wie Spock's. Innen riesig, tief in den Tuff hineinklaffend; jedes Geräusch wird enorm verstärkt. Ich streife durchs Griechische Theater. Sinne vorm Hieronsaltar, einem steinernen Ungeheuer von 200 Metern Länge. Alljährlich auf dieser Schlachtbank 450 Stiere auf einmal geopfert. Welch ein Gemetzel aus Blut und Gedärmen! Indem ich die geilen Schreie des Publikums höre, verstreicht der Nachmittag. Ich reiß mich los, es ist noch hell. Will eine Abkürzung nehmen übers Feld. Samen fallen von Lianen herab und wirbeln in der zitternden Luft. Eine Böe bläst in einen freistehenden Baum, fingernagelgroße Sporen lösen sich aus den Zweigen, ich strecke die Hand aus. Die Keime sehr flach, und weil sie je seitlich flügelartige Auswüchse haben, rotieren sie wie Erlensamen. Das sieht im fallenden Sonnenschein nach einem wunderbaren Silberregen aus. Kaum jedoch berührt er meine Haut, schießen aus den planen Körpern Gliedmaßen hervor, und dürre zahllose Fliegenbeine jagen fies an mir hoch. Ich schreie auf, schlage entsetzt das Gekrabbel von mir. Hinterläßt weiße Pusteln, die größer werden und größer, eine rosafarbene Räude. Es juckt aber weder, noch schmerzt es. Kaum zwanzig Minuten später der nächste Horror. Ich spaziere durch die Neustadt auf der prächtigen Viale Luigi Cadorna, links und rechts Kaufhäuser, Geschäfte, teure Boutiquen, ein für die vielen Elenden geradezu provokanter Luxus stellt sich zur Schau. Gleich in den Nebenstraßen der Abbruch. Und dort, mitten auf dem Gehsteig, liegt ein furchtbares Insekt auf dem Rücken, gewiß sechs oder sieben Zentimeter lang und drei Zentimeter breit. Erst halte ich es für einen Käfer und drehe ihn mit einer Fußspitze vorsichtig um. Das verdirbt mir sofort den Appetit. Denn das Ungeheuer lebt noch, seine maßlosen durchsichtigen Doppelflügel zucken. Besonders widerlich aber ist, daß das Ding mich fixiert: durch ein Paar monströser Facettenaugen nämlich. Aggressiv-gigantische Kampffliege. Bloß weg! Doch wie ein Brandfleck schwärt das Insekt in meinen inneren Bildern. Ich sollte jemanden fragen wegen dieser Bestie. Möglicherweise sind die Viecher ja ebenso ungefährlich wie die buchenblattgroßen Kakerlaken, die es auf Sizilien nahezu überall gibt und an die man sich gewöhnt wie an die Skorpione. Ich schreite mir meinen Ekel aus dem Leib. Eine Trattoria dann, unten im Eckhaus schräg gegenüber der großen zentralen Bahnschranke, »Zu Luigi«.

Eben betritt ein blonder, untersetzter Mensch in einem groben braunkarierten und schon reichlich zerschlissenen Anzug die Gaststätte. Der Mann scheint ein wenig verrückt, jedenfalls schrullig, indessen hier bekannt zu sein. Denn der Wirt, Luigi, ein ziemlich arabisch wirkender Mensch, grüßt ihn mit erstaunlicher Hochachtung und bringt ihm sofort, ohne daß das bestellt worden wäre, einen Berg Spaghetti mit Tomatensoße und eine Flasche Wein und Wasser. Brille, kurze Haare, türkisfarbenes, kurzärmeliges Hemd unterm Anzug. Er hat das Jackett ausgezogen. Ißt und trinkt gerne, das seh ich auf den ersten Blick. Ich bekomme meine Zuppa di Pesce: Über sehr wenig Flüssigkeit gehäuft Miesmuscheln, Sandmuscheln, Gamberoni, Stockfisch, Polypen. Dazu eine Flasche Draceno. Der andere Gast schlürft und schmatzt die Spaghetti in sich hinein, nimmt volle Züge aus dem Weinglas. Man kann seine Kehle glucksen hören. Stromausfall plötzlich. Luigi schimpft, geht an den Sicherungskasten, probiert hier, fingert da. Der Blonde sagt irgend etwas zu ihm. Wir sitzen nahezu im Dunkeln. Als es wieder hell wird, haben sich zwei Halbwüchsige links hinten in einen Winkel gedrückt. Nicht ohne Bedenken sehe ich sie telefonieren. Der Blonde spricht mich an, auf englisch. Es stellt sich heraus, daß er Holländer ist. »Was tun Sie auf Sizilien?« fragt er. »Tourist?« Er wirft einen so irren wie scharfen Blick herüber, was irgendwie nicht zu seinem verschwiemelten Alkoholikergesicht passen will. – »Tourist, ja.« – »Seit wann sind Sie schon hier? Woher kommen Sie? Wann fahren Sie wieder weg?« Die Fragen bizzeln vor Neugier. »Sind Sie allein? Und Sie kennen niemanden hier?« Er trifft Anstalten, den Platz zu wechseln und zu mir herüberzukommen, wartet nur noch auf meinen Wink. »Ich arbeite hier«, sage ich betont reserviert. – »Arbeiten? Soso. Also doch kein Tourist.« – »Na ja, schon: Studien.« – »Studien?« – »Land und Leute!« – »Da bin ich aber genau der richtige für Sie. Von mir können Sie alles erfahren, was man über Sizilien wissen muß. Ich lebe seit zwanzig Jahren hier.« – »In Syrakus?« – Er zieht ein hochwichtiges Gesicht und flüstert herüber: Er kenne Leute von der Mafia sogar. »Wenn Sie wollen, mach ich Sie bekannt.« – »Besser nicht«, sage ich. – »Ach was«, sagt er. »Wenn man sich fair zu ihnen verhält, hat man hierzulande den Himmel auf Erden.« – Hinten gibt es einen Streit am Telefon. Ich schaue kurz hin. Auch der Mann schaut hin, zuckt dann die Achseln: »Ich habe eine sehr große Wohnung. Seien Sie doch mein Gast.« – Er ist penetrant. »Freundlich von Ihnen«, ich winde mich, »aber ich habe bereits ein Zimmer und muß in aller Frühe morgen weiter.« – »Na ja«, macht er. »Sie wollen allein sein, nicht wahr?« – »Nun ja.« – »Sizilien ist kein Land für einsame Leute. Wissen Sie? Es ist gefährlich, wenn man sich niemandem anschließt.« – Ob er schwul ist? »Danke für das Angebot!« – Er winkt dem Wirt, zahlt, steht auf. Zieht das Jackett von der Lehne, legt es übern Arm, verabschiedet sich. »Nichts für ungut«, sagt er, »und gute

Weiterreise.« Seltsamer Unterton. Verläßt den Raum. Unmittelbar erheben sich die beiden mit ihrem Telefon und
folgen ihm: Keine fünfzehn Sekunden später knallen dicht
nacheinander zwei Schüsse. Bestürzt fahre ich zusammen.
Starre zum Wirt. Der steht am Tresen, schaut stur auf die
Platte. Schreie draußen. Er notiert irgendwas. Hupen,
Bremsgeräusche. Ich springe auf, laufe zur Tür. Ein Chaos
aus Menschen und Autos. Die Bahnschranke geschlossen.
Kreischend passiert sie soeben ein Personenzug. Dazu
schrill eine Polizeisirene. Und ein Krankenwagen. Über
Ortigia ein riesiger Vollmond. Die Menge teilt sich, Sanitä-
ter mit ihrer Bahre drücken sich durch. In ihren karierten
Hosen lugen die Beine des Holländers vor: matt und ohne
jeden Widerstand liegen sie etwas gegrätscht am Boden,
die Knie sind eigenartig eingedrückt. Den Rest des Mannes
verstellen mir die Leiber. Ich kehre an meinen Platz zurück.
Luigi räumt die Teller ab: »Caffè? Frutta? Un amaro?« – Es
hat keinen Sinn, ihn etwas zu fragen. »Un Caffè, sisi, e un'
Averna«, bestelle ich. Er beeilt sich nicht. Minuten später
erst serviert er den Caffè im obligaten Plastikbecherchen
und ein fast bis zum Rand mit dem süßherben, tiefschwar-
zen Amaro gefülltes Wasserglas. Offenbar will er mir so
seine Sympathie bezeugen. Sein Blick ist stumm und deshalb deutlich. Ich versuche, in den meinen sehr viel Dank-
barkeit zu legen. Ein Hauch von Lächeln, dann wendet er
sich zur Tür, reibt die Hände, sieht hinaus. »Fa troppo
caldo«, sagt er nach einiger Zeit, es ist sehr heiß. Daraufhin
pfeift er bewundernd wahrscheinlich einer jungen Frau
hinterher. Ich schaue hinüber. Sie steht vor der Tür, wendet sich um. Das Mädchen!
   Ich springe sofort auf, mein Stuhl kracht nach hinten,
renne vor, das Mädchen kreuzt den Bahnübergang, hat es
nicht eilig, sieht nicht zurück. Der Corso Gelone längst
normalisiert, nichts mehr zu ahnen vom Mord, die abend-

lichen Spaziergänger tröpfeln heim. Das Mädchen folgt dem Vollmond, schlendert Richtung Ortigia. Diana auf Männerjagd. »Signore, il conto!« schrei ich den verdatterten Luigi an, die Rechnung, »avanti!« Lege die Hände zum Trichter vor den Mund, rufe dem Mädchen hinterher: »Hallo! Hallo!« Und zu Luigi: »Un attimo!«, einen Moment, eile ihr nach, ich weiß ihren Namen ja nicht. Sie biegt ab in Richtung meines Hotels, es ist noch die Zeche zu zahlen, ich bleibe stehen, Luigi im Türrahmen, völlig irritiert, beide Fäuste in der Hüfte, meine Tasche am Boden meines Tisches, ich *muß* einfach zurück, Ausweis, Geld, alles, verdammt. Luigi gönnt mir einen seinem stummen von vorhin ganz ähnlichen Blick, hält ihn lange, eine Spur Mitleids darin. Ich zucke die Achseln, reiße meine Tasche vom Boden, Luigi kritzelt die Rechnung, fixfix, heißt gar nicht Luigi, heißt Aldo Scarrozza, das steht auf dem Wisch. Keine Zeit für das Restgeld, renne hinaus, dem Vollmond nach, wie das Mädchen zur Altstadt den ganzen Corso Umberto entlang. Was aber dann? Ist sie nördlich zum Lungomare di Levante geschlendert oder auf die andere Seite zu Fährmole und Kapitanerie hinüber? Laternen an dünnen Drähten zwischen die niedrigen Fassaden gespannt, die Wolframfäden sirren, als wären die Leuchten immer noch mit Gas betrieben. Anderswo sind sie auf verspielt geschmiedetes Gestänge unter geduckten Balkonen verschraubt. Unglaubliches Gassenwirrwarr. Aus Höfen schallt Diskothekenmusik, Techno und Pop. Andere Ecken im Schweigen. Das fahle Laternenleuchten unterstreicht das Dunkel nur noch. Aber durch viele Sträßchen röhren Mopeds und Vespe, und schwere Limousinen biegen aus schmalen Passagen, rauschen mit Standlicht an mir vorüber. Ist schon ein Wunder, daß sich ihre Kotflügel nie an Wänden und Ecken die Lakkierung zerschrammen. Ich selbst würde steckenbleiben. Nein nein, wenn überhaupt wohin, ist das Mädchen zur

Süßwasserquelle, Treffpunkt aller Jugend, hinüber. Wo bin ich jetzt? Rechts von mir, irgendwo, geht's zum Golfo, der über den breiten langgestreckten Kai erhobene Passegio Adorno, Mond auf dem Wasser, das seine Perlen kräuselt, unabsehbar, bis zur gegenüberliegenden Küste, westlich, und noch weit in den Süden hinein schimmern sie überm Meer. Überall Glitzern, Glimmen, Schillern: Lichterketten. Auf dem Foro Italico, am Kai, wo die Touristenheere flanieren und Mädchen mit den Motoren ihrer Anbeter flirten, sind Girlanden aus tausend bunten Glühbirnen zwischen die Bäume gespannt, es riecht nach süßem Backfett, kandiertem Zucker und Krapfen, und unter ausgespannten Schirmen glänzen die grell bestrahlten Schalen von Nüssen braun und weißlich, immer wieder fahren silbern blinkende Schippen in die Haufen und füllen Aufgeschaufeltes in Tüten aus braunem Packpapier. Wie soll ich das Mädchen hier finden? Was tut sie überhaupt in Syrakus? Möglicherweise hab ich mich geirrt, das wird die Erklärung sein, deshalb ist sie nicht stehengeblieben. Ich lasse mich narren, eine Fata Morgana, ein Irrlicht meines Verlangens, Gestalt gewordenes Fernweh. An der Fonte Aretusa ist das Mädchen nicht. Nur, ausgerechnet, der Prager. Draußen vor einer Bar. Er löffelt ein Eis, natürlich im Anorak. Diese Aktentasche auf seinen Knien. Ich habe keine Lust auf ihn, wende mich ab, schlüpfe in einen Durchlaß, einen Vìcolo, schneide die Spitze Ortigias weg. Ganz nach vorn kann man sowieso nicht, das Kastell Maniace ist militärisches Sperrareal. Vorm Palazzo Bellomo bleibe ich erschrocken stehen. Die beiden Mörder, wie Wachen aufgestellt. Sie unterhalten sich nicht. Einer mit seinem Telefon in der Hand. Ich drücke mich in den Schlagschatten der Holzmauer. Plakate in Fetzen.

Warte. Die zwei warten auch.

Rückwärts weg. Wieder das Meer. Eine kaum zehn Meter über dem gekräuselten Wasserspiegel ausgebaute Mauer-straße, unentwegter Verkehr von Süden nach Nord. Jetzt folgt der Mond mir, ständig ist er mir im Südwesten zur Seite. Wale aus Wellen brechen ihre Körper an riesigen, vor die Mauer ins Wasser gekippten Steinblöcken. Draußen sind wenige grüne Lichter von Fischerbooten zu sehen. Ein Luxuscafè zwischen der Straße und dem steilen Ufergestade, reichlich was los dort, eine Treppe führt daneben auf ein Aussichtsplateau. Oben lehne ich mich über die Brüstung. Drei flache Inselquaderchen glänzen im Meer, feuchte Rep-tilienhaut, immer wieder überschwappen sie Wellen, und bläulich steht der lockende, der satte Mond. Zwischen der vorderen Spiegelung und einer hinteren tanzen Lichtpar-tikel auf Tinte. Und hier stehe ich. Und stehe.

Erst höre ich irgend jemandes Schritte. Nüchtern. Keucht die Treppe herauf. Ich drehe mich um. Ein weißer Hund schnellt auf mich zu, schlank, junges elegantes Tier. Der Hund springt an mir hoch, ich kann seinen Über-schwang nicht abwehren, er jault, das Mädchen ruft. Er jagt zu ihr zurück, kläfft sie an, jagt wieder zu mir, kläfft auch mich an. Sie winkt. Und ist bei mir. Legt mir eine Hand auf den Arm. »Da bist du ja«, sagt sie. Wieder springt der Hund an mir hoch. »Kusch jetzt!« ruft sie. Der Hund japst, setzt sich aufs Hinterteil, biegt das Rückgrat, streckt den rechten Hinterlauf und leckt sich schmatzend das Geschlecht. Das Mädchen legt die Unterarme aufs Geländer und schaut, halb abgewandt, zu den Steinen unterm Mond.

»Wie heißt du eigentlich?« frage ich. – »Schön hier, nicht wahr?« – Ich schweige. – »Bist du müde?« fragt sie. – Ich brumme zweimal. »Etwas lethargisch«, sage ich dann. »Ich bin Zeuge eines Mordes.« – »Kommt vor.« – »Und ich nehm das einfach so hin.« – Der Hund erhebt sich wieder und trollt zur anderen Seite des Plateaus, schnüffelt an einer Ecke von Mauersteinen und Boden herum. Etwas Zeit vergeht.

Dann ich: »Kennst du Arndt?« – Sie: »Wer ist das?« – Ich: »Oder Vesely? Frau Jördsdóttir vielleicht?« – Sie: »Ulkige Namen.« – »Ein Prager und eine Dänin aus Island. Halb Europa ist hier versammelt.« – »Sizilien«, erläutert sie. »Ich bin phönizischer Abstammung. Lange her.« – »Du *mußt* Frau Jördsdóttir kennen. Du führst einen ihrer Hunde spazieren!« – »Ist mir zugelaufen vorhin!« Sie lacht. »Weicht mir nicht mehr von der Seite. Wie du!« – »Ich bin dir nicht hinterher.« – »Doch. Bist du!« – Wir schweigen etwas und sehen den Kräuselspielen des Wassers zu. – »Hast du Lust auf einen Ausflug – mit dem Boot?« fragt sie. – »Boot?« – »Paddelboot. Im kleinen Hafen. Dann fahren wir zu mir. Hast du was anderes vor? Läßt du mich allein zu Hause übernachten?« – Ich nehme ihre Hand, wir schlendern, der Hund folgt uns mal, mal läuft er voraus. Wir umschreiten den ganzen Westen der Altstadtinsel. Vor den Schlaffassaden der kaum mehr pompösen Häuser knattern in nicht abreißendem Zug die PKWs, eine Kette roter dahinziehender Leuchten. Dann verlieren sie sich, wir tappen auf einer schmalen Brücke. Man muß etwas klettern, einen Hang hinab, ein verwahrlostes nachtschwangeres Stück, Abschutt, Ölkanister aufeinandergeworfen. Klätschelnde Gülle zwischen schaukelnden Bootsleibern, Jollen, Kanus, zweidrei Skipper. Es riecht, das mischt sich mit Schlick und Tang. Das Mädchen hockt sich auf ein zusammengesacktes Bootsskelett, »wir müssen etwas waten« erklärt sie, und ihre schmalen Füße schlüpfen aus den Mokassins. Also ziehe auch ich meine Reeboks aus. Bis zu den Knien stehen wir dann in der Jauche. Der Hund ist erst mit ins Wasser gekommen, aber sowie er den Boden unter den Pfoten verliert, dreht er schnaufend bei und läuft nun am Ufer auf und ab. Vor Aufregung jault er. »Läßt du ihn hier?« frag ich. – »Ist doch nicht meiner.« – Der Grund glitschig, auch splittrig. Sie lacht: »Stell dich nicht an.« Dann knüpft sie von einer

kaum faustkleinen Boje eine Schnur und zieht das ranke
Boot in etwas seichteres Wasser, damit wir, ohne daß es
kentert, hineinkommen. Der Hund paddelt wieder zu uns.
»Ciao«, macht das Mädchen. Als hätte es verstanden, hechelt
und schnauft das Tier zurück, kläfft zweimal, ein gestreckter
Schatten verschwindet am Hang über den Müllbergen. –
»Du nach hinten«, sagt das Mädchen. »Ich halt fest. Die
Paddel sind drin.« – Die Turnschuhe leg ich mir in den
Schoß. Wir gleiten erst unter der kleinen vergammelten,
dann unter der großen strahlenden Prachtbrücke des Corso
Umberto hindurch, erreichen den Golf. Das Bootchen
schwankt trotz des wenigen Seegangs sehr, ich habe den
Eindruck, wir fahren auf offener See. Es ist nicht einfach,
Kurs zu halten. Ich will nicht fragen, wohin es geht. Immer
wieder spritzen Wellen übers Holz und mir ins Gesicht. Das
Wasser warm, sehr salzig. Wir schweigen. Ich lasse mich
führen, passe mich dem paddelnden Rhythmus meiner
Freundin an: gleichmäßig und leicht heben sich vor mir die
Blätter und tauchen wieder ins Meer, das hat etwas Trügeri-
sches, Irreales, wie wir die Tinktur durchschneiden. Es ist
im Mondschein taghell, doch dem Licht fehlt das Gelbe;
weiß wie leuchtendes Neon. Nun liegt das Boot glatt, wir
eilen, fliegen dahin. Es fängt an zu dämmern. Nebliges Grau
auf dem Wasser. Stimmen von fern. Bleich schiebt sich das
Ufer heran. Niemand scheint hier zu wohnen; weit weg
zwei oder drei Leuchten, wie fixe Punkte so klein. Und
offenbar landeinwärts eine Straße, hin und wieder sieht man
Abblendlichter passieren, Motorenröhren dringt zu uns her.
Die Lichter verblassen, über dem Land geht die Sonne auf.
Das ist unmöglich, im Osten überm Meer müßte sie auf-
gehn. Sie tut es aber im Westen. Als ginge sie unter. –
»Pscht«, macht das Mädchen. Und tonlos: »Hörst du die
Frösche?« – Nicht einer quakt weit und breit. »Ja«, sage ich
trotzdem. – »Die Wölfe auch?« – »Die Wölfe?« – »Jedes

Land mit Seele hat Wölfe. Wandern sie aus, ist seine Seele gestorben.« – »Wölfe *sind* ausgerottet.« – »Was du nicht sagst!« Sie lacht hell, keckernd. »Du mußt unbedingt einmal einem Wolf in die Augen sehen. Erst, wer das aushält, kann lieben. – Vorsichtig jetzt.« – Wir paddeln in den Flußlauf, zu Seiten Äcker und Plantagen, mit einer schimmernden Silberschicht überzogen. Aus dem Inland hierhergeschwemmter lössiger Lehm. Der Fluß, kaum breiter als sieben Meter, teilt sich in zwei Läufe, wir halten uns links, eine weitere Biegung, wir drehen bei in den schmaleren Fluß, fast Bach, an den Ufern hohe Schilfgewächse. Es ist sehr frühe Abendstimmung. Flirren über den Blatt- und Grasspitzen. Auslaufende Schatten. Wehende Feuchtigkeitsschleier und riesige Netze aus Spinnenweben, in denen sich Tau niederschlägt. Dann die Landstraße. Wir fahren unter ihr durch. Kein Auto mehr. Wir sind bereits seit Stunden unterwegs. »Wo willst du eigentlich hin?« frag ich nun doch. – »Sieh dich vor, daß wir in der Mitte bleiben. Ich möchte niemanden verletzen.« Sie zeigt rechts ins Ufergebüsch. »Weißt du, was das ist? – Papyrus. Wilder Papyrus. Findest du in Europa nirgendwo sonst.« – Um uns ein Konzert von Grillen, Käfern, Brummern. Manchmal kläfft ein Hund. Ein Hahn kräht. – »Hast du den Stein?« fragt das Mädchen. – Es ist nicht leicht, ihn hier aus der Hosentasche zu kriegen. Wir wackeln, Wasser schwappt ins Boot, das Mädchen lacht und streckt ihre linke Hand über die Schulter nach hinten. »Gib schon«, sagt sie, nimmt ihn, legt ihn anscheinend zwischen die Beine. Taucht das Paddel wieder ins Wasser, erst links, dann rechts, sehr sanft. Ruhiges gurgelndes Glucksen. Der Bachlauf verjüngt sich, vermoderte Äste ratschen das Bootsholz entlang. Man kann nun nicht mehr paddeln. Das Mädchen, den Stein in der Hand, steigt ins Wasser, knietief, zieht mich im Boot hinter sich her. Bald geht es auch so nicht mehr weiter. »Komm«, sagt sie, »wir gehen zu Fuß.« – »Und das Boot?« – »Wir lassen es hier, hilf mal, wir ziehn es da auf die Seite. Niemand wird es fortnehmen. Wer ist hier schon? Paar Schäfer, sonst keiner.« Das Boot ist nicht sehr leicht, wir zerren es die Uferböschung hinauf. Wadenabwärts wuchert Dornengestrüpp. »Moment!« Ich ziehe meine Schuhe an. Sie bindet die Bootsschnur um eine Rohrgarbe, dann nimmt sie meine Hand. In der anderen hält sie den Stein. Die Pflanzen überziehen sich im Widerschein des frühen Nachmittags mit gelbem, warmem Gold. Das Mädchen bleibt barfuß, hat die Schnürsenkel ihrer Mokassins durch eine Gürtelschlaufe der Jeans gezogen und zusammengeknotet. Es ist sehr warm, noch zittert die Höhe des Tages nach. Ich habe das Gefühl, noch zu schlafen. Wache einfach nicht richtig auf.

Hier am Ufer ist es mindestens ebenso schwierig voranzukommen wie im Wasser: Ein Strauchwerk aus Schilfen, Papyrus, von hakigen Ranken, überhängendem Oleander und Grasgewächsen mit messerscharfen Rändern. »Besser im Bach«, sagt das Mädchen. Die kleine Böschung hinab. Das kristallklare Wasser ganz lau, Schwärme kleiner Fische jagen einander darin. Ich behalte die Reeboks an, wegen der Steine am Grund und schon weil ich nicht weiß, welch ein Viehzeug in dem Bachlauf sonst noch so lebt. Sonnenlicht wie Gaze. Hängt an den Augenwimpern. Irgendwann das Rinnsal, leck, zugewachsen, wir müssen wieder auf Land, ein Acker, stopplig, platt. – »So, und jetzt lauf!« ruft das Mädchen und klatscht vergnügt in die Hände. »Lauf!« – »Wie?« – »Ich treibe dich, ich treibe dich zu meinem Weiher. Da lieb ich dich dann.« Sie schlägt sich zur Seite, ein Windfang. – »Bleib doch hier!« rufe ich. Etwas knurrt. Das Knurren näher. Es klingt witternd, böse. Ich rufe noch ein paarmal nach dem Mädchen. Weder mehr zu sehen, noch antwortet sie. Wo kann sie abgeblieben sein? Es ist strahlend hell und zwar überall ein Dschungel aus

Papyrus, Buschwerk, Schilf, aber doch licht und undurchdringlich nur unterhalb der Hüften. Sie muß sich niedergehockt haben. Kindskopf. Dann mulmig. Ich werde wütend. Am Horizont eine Kette aus weißen Häusern. Eine Motorsäge klingt von dort her. Das Mädchen hat mich hereingelegt, das wird mir jetzt klar. Raffiniertes Luder! Ich interessiere sie nicht, von Anfang an auf den Stein abgesehen. Bei meiner Lust mich zu fassen gekriegt. Doch warum jetzt erst, warum nicht gleich in Catania? Keine Ahnung.

Steil oben der Sonnenball, und das Knurren umschleicht mich. Wieder heult ein Wolf, dann ein zweiter, mehrere heulen ganz in der Nähe. Das sind wahrscheinlich Hunde. Aber gewiß, es sind Hunde. Lachhaft: *Wölfe!* Und mitten am Tag! Ich bin ja nicht bei Trost. Gerate trotzdem in Panik. Fange wie ein Verrückter zu rennen an. Das Knurren immer hinter mir her. Wie ein gehetztes Wild komm ich mir vor, Hirsch, Reh, das Knurren umzingelt mich, rollt über den Boden von allen Seiten zugleich. Zu sehen aber nichts. Die Insekten, die als Samen von den Bäumen fallen. Weiter hasten! Presche durch Gestrüpp, Kletten, Unterholz, meine Hosenbeine zerfetzt bald und die Haut der Unterschenkel aufgerissen, blutig, nässend. Man schnappt nach mir, etwas beißt die Wade, ich hinke. Schlage hin, raffe mich auf, schlage hin. Verdammt! Die Knie weich. Gestrüpp zieht mich runter. Weiter! Hoffentlich ist es bald aus. So müde. Hoffentlich ist das bald vorbei.

Ich krümme mich auf Dornen wach. Schrundiges Gras, Sand im Mund, die Sonne gnadenlos dörrend, ich versuche, in Schatten zu robben, schaffe es nicht. Es kommen die Käfer, kleine blauschwarz glänzende Rücken. Das Knurren verstummt. Bin zur Strecke gebracht. Die Flanken von einem Pfeil durchbohrt, einer Lanze, ich weiß nicht. Verliere die Besinnung. Komme zu mir. Unfaßbarer Durst. Die

Lippen gesprungen, Sandstein, schartig die Zunge. Es kribbelt am ganzen Körper. Die Wunden an den Beinen, Striemen, gerinnendes Blut. Immer wieder platzt der Schorf. Ameisen nagen ihn, tragen ihn ab. Ich will mich nicht rühren. Vergessen. Alles tut weh und ist wohl. Ich werde genommen vom Land.

Einmal geht etwas Feuchtes und Rauhes über mich. Das riecht nach Gras und Stall. Ich habe Mühe, die entzündeten Lider zu heben. Es ist ein Schaf, hat sich von seiner Herde entfernt, leckt mir den Schweiß vom Gesicht. Dann bellt nahbei der Hund. Das Schaf bockt, hoppelt weg. Insekten. Es summt brummt saust. Laßt mich schlafen. Mit offenen Augen träum ich weg.

Schneeblind.

Weißliches, Nebliges, Verhitztes. Etwas benetzt meine Lippen.

Beeren, die bei Berührung platzen.

Ich blinzle.

Liege auf dem Rücken. Direkt über mir, im Zenit, brennt die Sonne Siziliens. Mein Kopf in einem Schoß. Jemand streicht mir über die Brauen. Mühsam stelle ich scharf. Das Mädchen. Sie hält den Stein über mein Gesicht, Daumen und Zeigefinger drücken, kleine Kondenstropfen bilden sich und fallen mir bisweilen auf Nase, Wangen, Mund. Sie schließt die Faust und preßt, als wäre der Stein eine Frucht, immer größere Tropfen heraus. Die sind süß und kühl. »Du siehst vielleicht aus!« ist das erste, was sie sagt. Kichert und setzt, ernster, hinzu: »Du bist angekommen. Es bleibt uns nun nicht mehr viel Zeit.« – Jeder Knochen schmerzt im Leib. Ich kann mich nicht rühren. Stöhne, ächze. – »Wart nur, Lethe tut gut. – Besser? Und komm, ich will dir zeigen, wo ich wohne!« Sie versucht mich hochzuziehen. – Ich kann nicht. – »Sei kein Schlappschwanz! Willst mich enttäuschen?« – Endlich stehe ich.

Die Hosenbeine zerfetzt, überall Schrunden. Weiße Spuren an den linken Waden, seltsam symmetrisch, rot umrändert. Meine Lippen glühen. Wenn ich die Lider senke, fühlen sich die Augäpfel wie Reibeisen an. Als hätten sich tausend Körnchen darin verkrallt. Kein Wunder. Zu lange der Sonnenstrahlung ausgesetzt. – »Hock dich und leg den Kopf in den Nacken«, sagt das Mädchen. Ich tu es, sie hebt die Hand mit dem Stein, träufelt mir etwas Feuchtigkeit in die Bindehautsäckchen. »Schließ die Augen. In Ordnung. Paß auf, keine fünf Minuten, dann ist es gut. Setz dich dorthin.« Sie führt mich wie einen Blinden, zieht mich hinunter, ich warte. »Gut jetzt? Hast deine Sonnenbrille dabei?« Ich taste mich ab, da, ich setze sie auf. Es ist jetzt wirklich besser. Ein Zirpenmeer. Mittag. Vollkommen windstill. – »Nun komm.« – »Was willst du eigentlich von mir?« – Sie lacht.

Ein Trampelpfad geht übers Feld, links Büsche, rechts vereinzelt Bäume, ganz weit weg dröhnt ein Traktor. Und immer noch die Motorsäge. Man kann an zwei bis zum Horizont reichenden Rohrgewächslinien die Bachläufe verfolgen. Dann wird die Vegetation insgesamt wieder dichter, und ein Wald aus meterhohem Papyrus und Schilf säumt den Weg. Es riecht intensiv nach Gewächshaus. Das Mädchen bleibt stehen, die ganze Zeit hält sie mich fest. »Dort durch.« Sie drückt sich, mich immer an der Hand, ins wuchernde Grün, das über uns zusammenrauscht. Ein Wall von kaum fünf Sprüngen Breite, dahinter ein Teich. »Schön, nicht?« Sie beginnt, sich zu entkleiden. »Zieh dich aus«, sagt sie.

Befinde mich in vollkommener Gegenwart. Es gibt keine Vergangenheit. Wird keine Zukunft mehr geben. Strahlendes, duftendes, flirrendes Jetzt.

Das Mädchen setzt sich ans Ufer, sieht mich an, wartet. Wie dunkelhäutig dieses Geschöpf ist! Eine Jugendstilstatuette, Antilope aus Kupfer. Über den Windspielbeinen ein Knabenkörper fast. Noch wenn sie sitzt, hat man den Eindruck, sie laufe stets auf den Ballen: Schmächtig strecken sich ihre Fersen in die schmalen, doch muskulösen Waden hinein. Auf meinen entblößten Nacken prasselt die Hitze. Die ist sehr schwer. Fast geh ich in die Knie unter ihr, ich straffe mich, bin greis. Alles scheint sich zu verkehren. Denn das ist deutlich: die Ältere von uns ist das Mädchen. Ein Ritual, seltsam, sie gibt ihre Macht über mich aus der Hand. Sie liefert sich aus. Warum? Was will sie von einem gebrechlichen Körper wie meinem? Ich verstehe das nicht. Sie schaut mich an, freundlich zwar, doch fordernd. Eine Initiation. Ich soll mich ihr geben, selbst wenn ich nichts bin als eine einzige schwärende Wunde. Mir ist nicht lüstern zumute. Ich säße jetzt gern in meiner Pension, im Nebenzimmer, vorm Fernsehgerät. Wein trinken dürfen und trocknes Brot und Käse essen. Hinterher mich hinstrecken aufs Bett. Aber nein, das Mädchen will mit mir schlafen. Doch hat sich der entkleidete Mädchenleib auch aller Erotik entkleidet. Ich muß mich konzentrieren.

Drück alles aus dem Kopf, was nicht *hier* ist.

Unter meinen Fußsohlen Schlick und Steine. Das Knistern des Röhrichts, Schilfe reißen. Die sengende Luft entzieht dem Ried Wasser. Bisweilen quarrt Getier. Es gluckst irgendwo. Gasblasen blubbern im Morast. Das heisere Krähen eines Vogels. Eine grün und blau schillernde Libelle schießt über den Teich, bleibt stehen, klebt in der Luft, schießt schräg weg, klebt wieder, schießt weg, verschwindet, schießt wenig später wieder her. Mathematische Figur. Unvermittelt zetern Enten, schlagende Flügel, das Papyrusdickicht rauscht, und sechs, sieben, zehn Tiere flattern auf. Drüben wassern sie mit plumpem Geplatsch, heiser schimpfen sie noch etwas nach, beruhigen sich und fangen dann zu gründeln an. Das Mädchen wartet. Sie posiert dabei, die Stirn gesenkt, ein Bein ausgestreckt, das andere angewinkelt, darauf den rechten Ellenbogen und den Unterarm nach vorn, die Handfläche hebt den Stein, leicht gewölbt die Finger, Nägel wie Perlmutt.

Ich trete näher.

Errege mich kurzfristig doch. Beim Schreiten wippt die Eichel am Glied. Und senkt sich wieder, mattes, nur noch halbsteifes Fleisch.

Ich schließe die Augen.

Körper sein.

Es hebt sich. Etwas Kühles. Angenehm feucht. Schaue hin. Es ist der Stein. Er streichelt in der Hand des Mädchens mein Genital entlang. – »Nicht hinsehn«, sagt sie. »Bleibt so stehen, ihr zwei, und richtet die Augen nach innen.« – Das ist alles ganz schrecklich absurd. Was tue ich eigentlich hier? Ich kriege die Fragen nicht aus dem Kopf, schlaffe ab, hocke mich hin, streiche dem Mädchen über den Kopf. – »Ach liebe mich doch«, sagt sie, und ihr Gesicht wird zunehmend traurig. Die ganze Person ist traurig, Gesicht, Haare, Haut. Den Stein läßt sie fallen. Erst ziehen nur die Augenränder Wasser. Das Mädchen schnieft zweimal. – »Es geht wirklich nicht«, sage ich. Will nichts erklären. Kann nichts erklären. – Sie ist grenzenlos enttäuscht. Beginnt zu weinen. Sie hat in mir den falschen gewählt. Ich habe nicht die Kraft für eine wie sie. Hilflos seh ich sie an. Die Feuchtigkeit in ihren Augenwinkeln schwillt, tritt über die Lider und kugelt die Wangen hinab. Ein Schauer durchzuckt das Mädchen. Die kupferbraune Nase wird rot, die Ohren werden rot. Sie weint stärker, das Schauern wird Schütteln. Ihr ganzer Körper schwitzt vor Ernüchterung. Unbeholfen seh ich ihr beim Weinen zu. Perlen auf den kleinen Brüsten, rinnen hinab, sammeln sich um den Nabel, in den Weichen. Von den Schultern schmale unentwegte Ströme. Das Gesicht verliert die Kontur, wird weich, aufgedunsen, rosa, die

Augäpfel quellen hervor und ergießen sich. Das geschieht stumm. Das Mädchen gibt nicht einen Schluchzlaut von sich. Schon sind es keine Perlen, nicht Kugeln mehr aus Tränen und Schweiß, sondern Ströme, Strudel, Wasserfälle, die aus den Hautporen brechen, ja wie Fontänen, so schießen sie hervor, und in weitem Bogen gehen sie nieder, springen zum Teich hin oder versickern in Gestrüpp und Sand. Salzflecken trocknen weißlich auf dem spröden ausgebrannten Boden, schaun wie Flecken von Samen aus. Ich bewege mich nicht, starre Erschütterung, sehe mit an, wie des Mädchens Kopf, dann ihre Arme, die Schultern, die Brust, Bauch, Hüften und endlich die Beine zu Flüssigkeit werden. Als einer der Bäche mit dem Stein in Berührung kommt, zischt es, das Wasser verdampft. Die ganze Auflösung sehr schnell, etwas Unmittelbares. Ich starre auf den Platz, wo das Mädchen gesessen. Ein dünner pfütziger Film.

Der verdunstet im Nu.

Auch hier bleibt ein Salzfleck. In mir nichts als Ruhe.

Ich gehe aus der Hocke hoch, bücke mich wieder, nehme den Stein auf, kleide mich an, drücke mich durch den Papyrus- und Schilfwall, stehe vor dem Röhrichtwald.

Natur schweigt.

Ein tuckerndes Motorengeräusch: Der Traktor ist näher gekommen. Zu gehen nicht ganz leicht. Hinke. Wie eine Bißwunde links. – Einen Kilometer weiter führt eine kleine, halb fertiggestellte Stichstraße auf ein Gehöft. Ein Reitclub. Der Wachhund schlägt an. Ich habe starken Durst. Jeder Schritt tut mir weh. Ich ignoriere den Hund, ist mir unangenehm, öffne die Pforte, rufe, niemand antwortet. Links hinten der Pferdestall. Eine junge Frau in Lederschürze schiebt eine Schubkarre voll Dung heraus. Ob ich etwas Wasser haben könne. Sie leert die Schubkarre aus und winkt mich in den Stall. Allezeit knurrt dieser Hund.

Sie gibt mir einen Plastikbecher, gießt aus einer Plastik-flasche ein. Wie man am besten von hier aus nach Syrakus komme. – »Sie sind mit dem Auto unterwegs?« – »Nein nein, zu Fuß.« – Überraschtes Gesicht: Zu Fuß, tatsächlich? Stellt die Schubkarre ab. Von Siracusa? – Ich nicke, sie sperrt den Mund auf, das sei doch sehr weit. Ich könne das Flüßchen Ciane entlanggehen, aber das sei hier vorn an der Quelle etwas kompliziert. Besser ich folgte dem Fahrweg bis zur nächsten asphaltierten Straße. Die führe direkt auf die ss 115. Das seien jedoch einige Kilometer. Vielleicht hätte ich Glück, und einer der Busse von Noto nehme mich mit. So mache ich mich auf den Weg.

Zügig sinkt der Tag. Die Affenhitze. Endlos plan Äcker und Felder. Stunden. Die Sonne direkt überm Horizont. Ich werfe einen sehr langen Schatten, als ich die Landstraße erreiche. Weiche jedem Nachdenken aus. Erst, als es däm-mert, ich bin an einer T-Kreuzung angelangt, läßt sich meine schwelende Konfusion nicht mehr zäumen. In mei-nem Kopf totales Chaos.

Es ist stockdunkel, als ich die heftig befahrene Staats-straße endlich erreiche.

Es stinkt nach Abgasen und Staub, nach Treibstoff und Blei. Rund und hell ist der Mond aufgezogen und be-streicht das Land mit gestähltem Silber. Bisweilen sausen Glühwürmchen im Zickzack um schattiertes Buschwerk. Wilde Hunde schnüren mir entgegen und verdrücken sich, wenn sie mich riechen. Oft presse ich die Lider zusammen, weil nahende Scheinwerfer blenden, es ist dann für ein paar Sekunden alle Wahrnehmung stumpf. Meine Beine tun mir weh. Das sind nicht mehr die Schrunden, sondern erschöpfte Muskeln und Sehnen. Ich versuche es als Anhal-ter, strecke immer wieder die Hand heraus, schreite indes-sen weiter, bleibe nicht stehen. Darf jetzt nicht stehenblei-ben. Sonst bleibst du irgendwo am Straßenrand liegen. Fern die ersten Häuser von Syrakus als Klötzchen unter dem Mond. Rechts ist das Meer zu ahnen. Da hält endlich ein Wagen. Hupt.

Schrecken. Der rote Alfa.

Auf der Beifahrerseite raunt der automatische Fensterheber, und eine Stimme, die mir bekannt vorkommt, ruft heraus: »Hey, where are ye from?« – Keinen Zweifel, diesen etwas verspeichelten Akzent habe ich schon einmal gehört. Weiß nur nicht mehr, wann und wo. – »Don't be afraid, come here!« – Meine Neugier überwächst die Beklemmung. Ich beuge mich zum Fenster. Wenigstens einen weißen Hund erwarte ich im Plafond zu sehen. Aber nein! Es ist nicht Frau Jónsdóttir, die den Wagen lenkt. Sondern das verschwiemelte Gesicht des Holländers glotzt mich an. – »Um Gottes willen!« – »Ciao Kartoff!« ruft er erfreut und setzt in niederländischem Zungenschlag bei: »Guten Abend.« – Kein Wort krieg ich heraus. – »Come on in! My car is my castle!« – Ich schließe die Tür, er gibt energisch Gas, mit Mordskaracho jagt der Wagen los. Der Holländer fängt zu erzählen an. Er habe eine große Wohnung in Siracusa. Wenn ich möge, nehme er mich für die Nacht als Gast auf. »Wollen Sie noch etwas essen gehen? Es gibt eine wunderbare Trattoria. Kennen Sie Syrakus?« Sizilien sei kein Land für einsame Leute und gefährlich, wenn man sich niemandem anschließe. – Erst allmählich begreife ich. »Gehen Sie nicht dorthin.« – »Pardon me?« – »Bleiben Sie zu Hause. Fragen Sie nicht, aber glauben Sie mir.« – Er zupft irritiert am Kragen seines großkarierten Jacketts. Dann lacht er polternd auf und fährt sich durchs blonde Haar. »Na so ein Tramper!« – »Hören Sie mir bitte einen Moment zu.« – Er schüttelt, in sich hineinlachend, den Kopf, aber schweigt. – »Ich habe Sie bereits einmal gesehen, wir haben sogar ein paar Worte gesprochen miteinander.« – »Sie verwechseln mich«, erwidert er, wendet mir aber einen Moment sein

Gesicht zu und runzelt die Stirn, dann sieht er wieder nach vorn. Rechts oben prunkt der Mond. »You're crazy, aren't ye?« – »Sie gehen immer zu Signor Scarrozza am Corso Gelone, das Ecklokal gleich gegenüber der Schranke.« – »Na schau an: ein Feinschmecker! Sie kennen also ›Zu Luigi‹? Das ist wirklich erstaunlich!« – »Sie sind Holländer ...« – »Das hört man noch immer, ich weiß.« – »Sie haben Feinde, Sie werden verfolgt. Zwei junge Männer.« Ich beschreibe die beiden. Er drosselt das Tempo. – »Man wird Sie erschießen.« – »Ach ja?« – »Wie spät ist es jetzt?« – »Gleich zehn.« – Das bringt mich ins Stocken. Als wir uns heute abend getroffen haben, ist es keine acht Uhr gewesen. »Das verstehe ich nicht.« – »Oh, Sie verstehen etwas nicht?! Indeed? – Wo wollen Sie übrigens hin? Ortigia?« – Ich nikke. Er schaltet, gibt Gas, der Alfa jagt hoch, ich werde in die Lehne gedrückt. – »In sechs Minuten sind wir da«, sagt der Holländer. – »Sie sind in Gefahr«, beharre ich. – »Wohl kaum mehr als Sie«, antwortet er. – Wir fahren scharf am Meer über die Via Elorina in die Stadt ein. – »Sie sind also besorgt um mich? Nun gut, ich spendiere Ihnen das Essen, bei Luigi, okay? Kommen Sie schon, willigen Sie ein! Hat man ja nicht oft, daß jemand einen auffordert, Zeuge seiner Ermordung zu werden.« – »Das bin ich schon.« – »Um so besser! Dann kommen Sie in die seltene Gelegenheit, zweimal direkt hintereinander dieselbe Person sterben zu sehen. – Also *mich* würde das reizen! – Außerdem müssen wir miteinander sprechen.« – Ich schweige perplex. Wir passieren den lichterglänzenden Foro, an dem meine Pension liegt. Vor dem Park erleuchtete Buden mit Tavola Calda und Süßigkeiten. Sogar Obststände, behangen mit glitzernden elektrischen Birnchen. Ich stiege am liebsten aus, aber mir graut vor meinem stickigen Zimmer. Vielleicht hat der Holländer recht. Die einzige Möglichkeit, diesen ganzen Irrsinn loszuwerden, ist, mich ihm zu stellen. Links über die

Schranke, drüben steht Luigi in der Tür der Trattoria. Wir parken rechts neben dem Bahndamm und steigen aus. »Wir werden sowieso nichts mehr bekommen«, sage ich. »Es ist zu spät.« – »Ich bekomme immer noch etwas, glauben Sie mir, man kennt mich in Siracusa ziemlich gut.« Das klingt nach einer ins Freundliche gedrehten Drohung. – »Welchen Tag haben wir heute?« – »Freitag«, sagt er. – »Na sehen Sie. Ich habe recht, man wird Sie erschießen.« – Er schüttelt lachend den Kopf, Luigi grüßt, scheint es mir, mit großer Achtung. Mich aber streift ein bedenklicher Blick. Wir sind die einzigen Gäste und nehmen gleich hinter der Tür Platz. »Wie immer«, bestellt der Holländer, und zu mir: »Versuchen Sie die Zuppa di Pesce, sie ist ausgezeichnet.« Er erhebt sich kurz, zieht sein braunkariertes Jackett aus, hängt es hinter sich über die Stuhllehne. Um Schultern und Rücken laufen ihm zwei Riemen und halten in Höhe der linken Weiche das Pistolenhalfter. Er setzt sich, registriert meinen Blick. »Stellen Sie niemals Fragen«, sagt er. »Das ist das erste, was Sie auf Sizilien lernen sollten.« Luigi kommt mit dem Wein, öffnet die Flasche, schenkt uns ein. »Auf Ihr besonderes Wohl«, sagt der Holländer, »und natürlich auf meines.« Ironie in der Stimme. Die beiden Killer betreten die Trattoria und setzen sich an denselben Tisch, an dem sie vorhin gesessen haben. Einer von ihnen telefoniert. »Da sind sie«, sage ich und lehne mich zurück. – »Ach ja? Meine . . . Mörder?« Der Holländer sieht bedächtig zu den beiden hinüber. Augen wie Schlitze. Die drüben senken den Blick. Der Holländer zieht die Pistole und legt sie deutlich sichtbar neben sein Weinglas. Luigi stößt eine Flasche um, sie zerschellt am Boden. Er flucht, kehrt die Scherben zusammen, wischt auf, flucht weiter. Der Holländer ruft ihm was zu. Dann kommt das Essen. »Lassen Sie's sich schmecken, mein Freund«, sagt er spöttisch. Er hat einen Riesenberg Spaghetti mit Tomatensoße vor sich und fängt sie unmanierlich zu

verschlingen an. Ich habe nicht den geringsten Hunger.
»Essen Sie! Los!« Vorsichtig fasse ich eine kleine Languste,
biege ihren gekrümmten Leib mit je Daumen und Zeigefinger, drehe die Schale ab. Mein Blick immer auf der Pistole.
Der Holländer mampft. »Sein Sie nicht so nervös.« Tomatenspritzer um den Mund herum, an der Nase, bis hoch über
den Wangenknochen. Tomatenspritzer auf dem türkisfarbe-
nen Hemd. Den Killern drüben werden zwei Caffè gebracht. Sie tuscheln, das Telefongespräch mit Fiepton been-
det. Ich registriere, daß die weißen Unterseitenflossen von
Polypen wie auseinandergefältelte Schamlippen aussehn. –
»Schmeckt's Ihnen nicht?« – »Ich hab schon etwas gehabt
heute abend.« – »So wie Sie ausschaun, sind Sie wohl eher
stundenlang ohne Essen und Trinken herumgeirrt. Den
Stein haben Sie hoffentlich noch? Gucken Sie doch nicht so
entsetzt! Ich frage ja nur. – Sie haben ihn doch nicht aus der
Hand gegeben?!« – »Frau Jördsdóttir hat Sie geschickt?« –
»Es gibt Namen, mein Freund, die spricht man nicht aus.« –
»Was ist denn eigentlich mit diesem Stein?« – Er lächelt.
»Eigentlich weiter nichts. Hannibal rückt in Italien ein, und
die Bücher von Kyme prophezeien, der Feind sei besiegbar,
bringe man den vom Himmel gefallenen Stein der Idäischen
Mutter nach Rom.« – »Ja und?« – »Nun, im Mittelalter wird
aus dem Stein der Gral.« – »Was erzählen Sie da?!« – »Irgend-
ein Papst, ich weiß nicht mehr welcher, läßt ihn zerschlagen.
Er hat die Form eines Dreiecks, mit einem Auge darin.
Archäologen finden das Motiv häufig auf sizilischen Stenti-
nello-Keramiken.« Auf meinen irritierten Blick: »Neolithic
period, you understand? Das Motiv selbst ist natürlich ky-
klopisch. You remember Ulysses? Pelasger, die Ureinwoh-
ner Siziliens. Bevor die dorischen Griechen hier alles durch-
einanderbringen.« – »Das Ding, das ich bei mir habe«, trotze
ich, »ist *irgend*ein Stein und unterscheidet sich in nichts von
all den Tausenden, die man am Wegrand finden kann und

aus Übermut wegkickt.« Ich will ihn zum Beweis aus der Hosentasche ziehen, aber der Holländer wehrt ab: »Hören Sie mir zu bitte! Ihnen ist, ich weiß nicht warum, ein Schatz anvertraut. Spielen Sie also nicht leichtsinnig herum damit! Es ist das Auge Luzifers.« – »Das *was*?« – »Er bringt uns das Licht.« – »Hörn Sie schon auf!« – »Natürlich, das Auge ist zerschlagen. Auch der Gral ist zerschlagen. Das Fruchtwasser der Göttin unbewahrt.« – »Nun reicht's!« – Doch unbeirrt spricht der Holländer weiter: »Man findet die Reliquienstückchen hier und da, verstreut nicht nur auf Sizilien, sondern überall auf der Welt. Gemeinden scharen sich darum . . .« – ». . . Sekten . . .« – »Nennen Sie uns, wie Sie wollen.« – »*Uns*?« – »Widerstandsgruppen, Rebellen, Aufsässige, Nonkonformisten. Es ist nicht leicht zu überleben. Der Gegner ist grausam. Er nennt uns Terroristen, aber mit dem Schrecken hat er selbst angefangen.« – »Wer soll Ihr Gegner wohl sein?« – »Na aber die Kirche doch! Kirche und Staat. Und hierzulande außerdem . . .« Er verstummt. »Nun ja«, murmelt er. – »Mafia?« spotte ich. »Die hat's ja wohl eher mit Drogen und Waffen.« – »Eben. Ja eben! Wie die Kirche. Wie der Staat. Sie arrangiert sich. Das Ganze ist nichts als Geschäft. – Übrigens geht mir Ihr Unglaube allmählich auf den Geist.« Er kippt den letzten Wein, ein dünnes Rinnsal läuft ihm aufs Kinn. Er wischt es mit dem Handrücken ab und zieht dann kräftig einen Schleimpfropfen in der Nase hoch. »Was wolln Sie eigentlich *noch* für Beweise?« – »Sie haben den jungen Mann, der mich bis Enna verfolgt hat, umbringen lassen.« – »Sein Sie dankbar. Wären lieber Sie tot? Weshalb wohl *sind* Sie verfolgt? – Na also.« – »Jedenfalls nicht wegen des Steins. Der Mann ist schon auf der Fähre von Neapel gewesen. Da hab ich von einem Stein noch gar nichts gewußt.« – »Aber er.« – »Er?« – Stürzt das nächste Glas, bestellt eine weitere Flasche. Säuft wie ein Loch. »Ja sicher. Sie unterschätzen unsere Gegner.« – »Ich unterschätze wohl eher *Sie*. Sie haben gewußt, daß ich vorhin dort auf der Landstraße sein würde.« – »Das ist richtig. Man hat erfahren, daß Sie Ciane begegnet sind. Also reines Kombinieren. Tja. Man muß immer nur warten. Fast einen halben Tag hab ich gewartet. – Ich soll Sie nach Noto bringen.« – »Ich muß erst übermorgen da sein.« – »Schon. Aber das ganze ist ein bißchen – sagen wir: eskaliert. Wir haben auf dem Land eine Unterkunft besorgt.« – »Ihr Haus?« – »Nun ja.« – »Warum fahren Sie eigentlich nicht allein? Ich gebe Ihnen den Stein, Sie treffen den ominösen Unbekannten . . .« Wieder will ich den Stein aus der Tasche ziehen, und wieder wehrt der Mann ab. »Bitte! Lassen Sie ihn, wo er ist.« Leiser: »Ich kann ihn nicht berühren. Nicht einmal ansehen darf ich ihn. – Ersparen Sie mir das also.« Er hüstelt. Kippt abermals Wein, schenkt sich nach. »Wir trinken jetzt noch ein Gläschen, dann fahren wir.« – »Ich hab noch meine Sachen im Hotel.« – »Vergessen Sie sie.« – »Aber ich denke ja gar nicht daran!« – »Ich bitte Sie!« – »Ich komme mit, aber nicht ohne meine Sachen.« – »Du meine Güte, sind Sie halsstarrig! Aber bitte. Bitte. Wie Sie wollen.« – Die Killer erheben sich, zahlen und gehen. – »Na sehen Sie«, sagt der Holländer verspeichelt und steckt die Pistole wieder ins Halfter. Säuft weiter. Luigi, am Tresen, wischt sich die Stirn. Sieht erleichtert aus. Bringt die mittlerweile vierte Flasche. Am liebsten verschwände ich hier. Ich laß den Typen einfach sitzen. Klar. Was will er tun dagegen? Rücke meinen Stuhl schon zurück. Der Holländer sagt: »Ertragen Sie es.« Er lallt schon mehr, als daß er noch spricht. »Ich möchte wirklich nur ungern Gewalt anwenden.« – »Sie drohen mir?« – Er hebt die alkoholunterlaufenen Augen. Lächelt naß. »Ja«, sagt er.

Eine halbe Stunde sitzen wir noch da. Sprechen nicht mehr viel. In meinem Kopf jagen widersprüchlichste Gedanken einander. Endlich zahlt der Holländer und versucht

aufzustehen. Ich muß ihm helfen. Er kann unmöglich noch
Auto fahren, besteht aber darauf. Es ist still geworden
draußen, nur wenige Lampen brennen, die Schranken stehen starr und abwesend hoch. Drüben reflektiert der rote
Alfalack das Licht einer Straßenlaterne, unter deren Schale
Insekten tanzen. Der Holländer startet den Motor, wir
wimmern ein Stückchen rückwärts, dann wenden wir und
fahren im Dreiviertelkreis über die Schranke, schneiden
jemandem die Vorfahrt, der hupt paarmal. »Porco dio!«
schimpft der Holländer. Gleich vorm Foro biegen wir nach
links, schon das Hotel. Alles ruhig. Ich steige aus. – »Sie
gehn hoch«, lallt er, »ich warte im Auto.« – »Bis gleich
dann.« Muß mehrmals klingeln, dann summt der Tür-
öffner. Die vier Stockwerke hinauf. Verschlafen blinzelt
mich im schmutzigen Unterhemd der Hausbesorger an.
Stinkt erbärmlich nach Fusel. »Sera«, mache ich, verlange
den Schlüssel. Der hängt aber nicht am Brett. Der Mann
zuckt die Schultern und schlurft in sein Seitenzimmerchen,
wo er sich auf eine zerschlissene Couch legt. Hab ich den
Schlüssel steckenlassen? Geh durch den Gang, mein Zimmer. Die Tür ist nicht verschlossen. Ich taste links die Wand
nach dem Lichtschalter ab, knipse an. Auf dem Bett dreht
sich etwas herum, ein langgezogener Seufzer. Das Etwas
drückt sich hoch. »Ja Gott«, höre ich eine gedehnte und
vollkommen verdöste weibliche Stimme, »wo kommst du
denn jetzt her?«

Beklemmt schrei ich auf.

Waltraud. Je munterer sie wird, desto verärgerter ist sie
und keift auch schon los: »Was denkst du dir eigentlich
dabei, mich stundenlang hier warten zu lassen in diesem
widerlichen Haus?! He, sag schon! Du bist wohl von allen
guten Geistern verlassen! Das ist mal wieder echt Macho!
Ich hab's doch gleich gewußt, daß du so'n typischer Chauvi
bist! Das hat man davon, wenn man sich mit Typen einläßt.«

Ich rückwärts und die Tür zugefeuert. Meinen Reisepaß habe ich, ein bißchen Geld habe ich, den Stein habe ich. Den im Hotel zurückbleibenden Personalausweis und die anderen Sachen soll meinetwegen morgen der Holländer holen und auch meine Rechnung bezahlen. Wenn er mich schon nötigt. Ich knalle die Pensionstür. Ich rase die Treppen hinunter. Zum Alfa. Die Beifahrertür auf. Der Holländer überm Steuerrad völlig besoffen eingeschlafen. Ist ja kein Wunder. »Ich hole meine Sachen doch lieber morgen, oder *Sie* holen sie ab! Ja. Das wird das beste sein.« Ich stoße ihn an. – Ein feines Spinnennetz, das sich fast über die gesamte Frontscheibe hinzieht. Direkt überm Steuer ein Loch im Glas. Ich fange sofort an, alles abzuwischen, was ich berührt haben könnte. Öffne mit dem Handtuch die Beifahrertür, putze Griff und Innenseite, schlage die Tür zu, reibe die Außenseite ab. Ich muß nachdenken. Muß dringend nachdenken. Daß der Holländer erschossen ist, beschäftigt mich eigentlich nicht, hab ich ja vorausgesehen und nur für ein paar Augenblicke vergessen. Wie aber kommt Waltraud in mein Bett? Ich bin mir sicher, mich von ihr in Catania getrennt zu haben. Ganz sicher. – Oder nicht? Sind wir etwa zusammen nach Syrakus gefahren? – Das ist doch nicht möglich!

Ich lange an der Brücke zur Altstadt an, halte mich links, das Meer, hinter mir der kleine Bootshafen, von dort bin ich aufgebrochen irgendwann. Mit dem Mädchen, mit Ciane. Oder nicht? Bis zu dem Plateau spaziere ich, nehme die Treppen hinauf, sehe zu den Steinen unter dem Mond. Noch immer steht er direkt über ihnen und liebkost die feuchte Reptilienhaut. Noch immer plätschern und klatschen leise Wellen. Und noch immer zieht sich der Verkehr von Süd nach Nord, ein fortwährendes Lichtband. Gewiß eine Stunde stehe ich dort und starre aufs Meer. Ich habe mich geirrt, in allem geirrt. Aber meine Hosen zerfetzt und

Schrunden an den Beinen. Das läßt sich nicht leugnen. Es sind keine Halluzinationen gewesen. Und Waltraud? Wär sie doch eine! Ich muß zurück.

Kein Alfa vor der Tür.

Es gibt auch keine Polizisten, keine Reporter, keine Spurensicherung, – nichts, was zu erwarten wäre. Ich klingle wieder, wieder mehrmals, klimme die vier Stockwerke hinauf, stocke in der dritten Etage einen Moment: Vor der unteren Stufe der neuen Geschoßtreppe hat man ein totes Schwein mit groben Stricken zusammengebunden. Vertrocknete Blutlachen. Die Rüsselnase ist dem Tier abgeschlagen worden. Ich bin zu müde, um mich zu ekeln. Oben murrt mich der verschlafene Hauswart an und schluckt seinen Ärger diesmal nicht runter. Ich gehe zu meinem Zimmer, ich öffne, in der Tür steckt innen der Schlüssel, Waltraud ist wirklich. Immerhin schläft sie. Gibt bisweilen häßliche Geräusche von sich, eine Mischung aus Murmeln, Keifen und Schluchzen. Ich habe große Lust, ihr ein Kissen aufs Gesicht zu pressen und zuzudrücken, bis sie schlaff ist und endlich still.

Ich setze mich aber auf den Stuhl unter der Luke und lege die Arme auf das Tischchen und darauf den Kopf. Versuche zu schlafen. Es geht nicht. Es ist halb drei. Ich verstehe nicht und will das auch gar nicht verstehen, weshalb Waltraud in meinem Bett liegt wie ein böser Geist. Ist sie nicht gestern in Catania von dem Prager abgeholt worden? Ich bin mir nicht mehr sicher. Sicher bin ich mir nur, zum vorherigen Mittag zurückgerudert zu sein und, heimkehrend, zur heutigen Nacht, zu Fuß, wieder vorangegangen. Ohne aber an meinem exakten Ausgangspunkt angekommen zu sein. Als wäre ich durch schwere, hängende Zeitlappen geschwommen, die durchwogen einander. Worüber man nicht schweigen kann, davon muß man sprechen.

ICH MUSS IRGENDWIE DOCH NOCH EINGESCHLAFEN SEIN. Seit aller Herrgottsfrühe krähen dauernd hysterische Hähne. Im Schlaf habe ich nachgedacht. Waltraud liegt insistent im Bett. Schnarcht auch noch. Ich ziehe mich still an, suche mir die kurze Hose aus dem Rucksack. Die zusammengerollten Jeans mag ich nicht tragen; sie sind bei dem Klima zu eng. Die zerrissene Hose von gestern stopfe ich in den Papierkorb. – Noch immer Striemen an den Unterschenkeln, aber die Bißwunden haben sich geschlossen. Auch die pustelnde Rötung von den Insekten ist beinahe völlig zurückgegangen.

Nehme ein paar Sachen zusammen und auch die Badehose mit, lasse Waltraud allein zurück. Alles fast wie in Catania. Wenn mir gleich die durchtriebene, bauernschlaue Signora Mambretti die Rechnung machen sollte, werd ich verrückt. Deshalb spähe ich, bevor ich das Zimmer verlasse, aus der Luke nach der grünen Kirche. Alles in Ordnung: Siracusa. Hinter der Rezeption ein junger gepflegter Mann in Hemd und Krawatte. Der Hausbesorger hat seine Nachtschicht wohl hinter sich. Die nervöse Signora nicht zu sehen. »Wenn die junge Dame nach mir fragt, Sie wissen von nichts. Sollte sie hierbleiben wollen, geben Sie ihr ein anderes Zimmer.« Er zuckt die Achseln, ich reiche ihm den Schlüssel. »Ich habe abgesperrt«, sage ich. »Wahrscheinlich wird sie schreien, wenn sie rauswill.« Jetzt doch ein verdutztes Gesicht. Ich muß lachen. Es ist sinnlos, vor Waltraud flüchten zu wollen. In einer knappen Dreiviertelstunde fährt der Bus nach Sortino. Auf der Treppe liegt noch immer das wie ein Paket verschnürte verstümmelte Schwein. Ist vor lauter Leichenstarre zum Treppensims runtergesackt. Jemand hat sich einen Spaß gemacht und dem Kadaver einen Tritt gegeben. Rotgelb eingetrocknetes Schmierblut auf den Stufen. Fliegen. Weiter runter. Ich öffne die Haustür. Das warme Licht der Morgensonne schmeichelt meiner

Haut. Ich gehe neben mir durch den ersten Duft von Blüten und Caffè. Ganz besonders intensiv heut morgen die Gerüche. Es ist Samstag früh. Im Grunde ist mir alles egal. Ich werde mich jedenfalls nicht einschüchtern lassen. Also wirklich zu den Pantálica.

An der Riva della Posta schon einige Busse, im Eingang der Bar stehen drei uniformierte Fahrer, sehr müde Blicke. Einer hat Puderzuckerspuren im Oberlippenbart. Ich frage ihn wegen des Pullmans nach Sortino. Man hört Topolini röhren und Verkäufer schreien.

Längst die Fischerboote heimgekehrt, gleich auf dem nächsten Straßenzug wird an Marktbuden gezimmert. Schwarz gekleidete Frauen mit lappigen Beuteln. Ich nehme einen Caffè, verzehre ein süßes Stückchen. Die erste Zigarette. Werde mir, wenn mein Geld durchgebracht ist, einen Job suchen. Vielleicht heuere ich nach Afrika an. Frage nochmals wegen des Busses. Ein nächster Uniformierter winkt beruhigend ab. Der Platz füllt sich. Es kommen Passagiere, Greisinnen, auch sie in Schwarz, mit schartigen, in den Mund hineingedrückten Lippen. Klobige geschnürte Schuhe. Die alten Frauen steigen in einen Bus, der Bus fährt weg. Vier oder fünf Touristen erscheinen, laufen orientierungslos herum, verschwinden. Paar Einkaufsbummler noch. Und tobende Kinder am Kai. Ich setze mich auf die Bürgersteigkante und meditiere in die Sonne. Dann aufheulender Motor, ein blaues Ungetüm braust heran, umkurvt den Fuhrpark, hupt zweimal, schlüpft schwungvoll in eine Lücke zwischen zwei anderen Bussen. Ratsch wird die Handbremse gezogen, der Motor bleibt laufen. Ein junger Fahrer hüpft heraus, scheint das geübt zu haben. Schlendert elegant zur Bar. Jemand pfeift, ich schau auf, der Oberlippenbart zeigt zum Bus. – »Grazie!« – Der junge Fahrer hat sich zu den Kollegen gesellt, Hände geschüttelt, und er steckt sich eine Zigarette an.

Man unterhält sich über mich, ein freundlicher, nicht abfälliger Tratsch, immer wieder mal sieht jemand her. Dann verschwinden die vier in der Bar. Ich bummele zum Bus hinüber, MELLILI-SORTINO steht in schwarzen Kapitälchen innen auf dem weißen Schild. Daneben auf der Ablage liegt der ›Corriere dello Sport‹. Ich klimme hinein, niemand drin, setz mich ganz nach vorne an die Tür und warte. Irgendwann spurtet der Fahrer herüber, er hat seinen Schwung wirklich geübt. Fällt in den federnden Steuersitz, drückt einen Knopf, die Bremshydraulik schnauft. »Ciao!« macht er, bietet mir eine Zigarette an. »Wo willst du hin?« – »Pantálica.« – Er fährt an, hupt neuerlich zweifach, winkt den Kollegen zu, biegt auf die Brücke. »Gibt keine Verbindung von Sortino.« – »Weiß ich.« – Wir rauchen. – »Autostop?« – »Mal sehn.« – Entgegenkommende Busse grüßt er durch Heben der linken Hand, Stadtbusse wie Pullmans. Die Fahrer grüßen zurück. Das geht so auf der gesamten Strecke. Gewerkschaft vielleicht. Mein Fahrer heißt, erfahre ich, Giorgio. Jeden Samstag abend fährt er nach Palermo zu Frau und Kindern und montags in aller Frühe wieder zur Arbeit nach Syrakus. Die sizilischen Städte sind enger miteinander vernetzt, als man meint. – Wir fahren bei offener Tür, erbittert prallt die Sonne auf die Scheiben. Bisweilen halten wir, manchmal auf offener Strecke, wenn jemand am Straßenrand winkt. Insgesamt steigt nur selten jemand zu, noch seltener wer aus. Bis Priolo flache Ebene, wenig Landwirtschaft, kaum Gehöfte, mitunter Kleinindustrie, es leuchtet der Gebirgszug, schließlich klettert der Bus in steilen Serpentinen, Giorgio schaltet ständig zwischen zweitem und erstem Gang hin und her. Dann läßt er einen alten Mann hinaus, der tapert übern Schotterweg zu einem halbverfallenen Haus. Oliven, Steineichen, Nadelgehölz, wenige Zypressen. Sehr vereinzelt stehen die Finkas. In Mellili parken wir neben der Kirche. Nicht zu fassen, daß in die Hänge Edelvillen gebaut worden sind: Schroff hinab der Blick auf das petrochemische Drecksloch Augusta. Kilometerlang Raffinerien. Die Peninsula ein toter Flatschen im Meer. Wir halten eine Viertelstunde, Giorgio geht einen Caffè trinken. Schließlich fahren wir ganz auf die Hochebene. Die Berge völlig erodiert. Felsen- und Kluftland. Verfallene Hütten, so bleich wie der Fels. Plötzlich Cianes Gesicht. Die Wölfe. Immer wieder leuchtet der Mond in meinen Augen auf. Breitet sich im Herzen aus, läuft durch Arterien in Organe, Gehirn, verästelt sich in feinsten Kapillaren, und was die Venen nicht zurücklaufen lassen, spritzt mir aus den Pupillen. Ich bin durchflossen von Mond. Ich schließe die Augen. Blinzle, die Hochebene faltet sich, Cañons klaffen steil hindurch, *Cava Grande,* bißchen Grün auf nahezu weißem Stein. »Überall hier sind Wälder gewesen«, sage ich. – »Sisisi, il vulcano.« – Es hat keinen Sinn, ihm zu erklären, daß die Verwüstung von Menschen gemacht ist. Kennt sein eigenes Land nicht. Endlose Mauern aus Steinbrocken strukturieren die verkarstete Fläche. Kaum noch Kakteen, wenig Agaven. Braungelbes Gras und Macchia überziehen die Quadratkilometer. Die Tränen von Enna. Es kostet plötzlich Kraft, aufrecht zu sitzen. – »Geht es dir nicht gut, ragazzo?« – »Ich bin etwas müde.« – »Gibt schöne Frauen auf Sizilien«, er schnalzt mit der Zunge. – Ich lächle müde. »Doch Vorsicht, Fremder!« Sein Zeigefinger droht. Ich reiche ihm meine Zigaretten hinüber. Wir lachen. Dann sieht er enttäuscht die grüne Packung an. »Nazionale!« macht er und schüttelt sich. »Ich rauche Marlboro!« sagt er stolz. – »Mir schmecken die Esportazione.« Ich ernte einen Blick voll verständnislosen Mitleids. Draußen wildeste Kargheit, hier oben können kaum Schafe ihr Leben fristen. Nur am Grund scharf eingeschnittener Täler mitunter Ballen Grüns. Vor Jahrhunderten bin ich hier auf Wildschweinjagd gegangen, da hausen noch Großkatzen im Busch. Ein Reiter kreuzt die Straße. Stiebt den Hang hinauf, weg. »Hast du den Reiter gesehen?« – »Es gibt hier keine Pferde. Im Norden, ja, da leben welche frei in den Bergen, den Nébrodi, bei San Fratello, das ist berühmt für Pferdezucht.« – Flecken auf der Netzhaut, verschmierte Male im Land, keine Grenze unter der mächtigen Sonne. – »Da vorn, das ist Sortino!« Zeigt mit gestrecktem rechtem Arm. Auf der Kappe der Ort, weiß, gelb, ocker. Zwei runde Kirchenkuppeln, wenige Neubauten am Hang. In knappen Serpentinen geht's hinauf, Stromkabel an dürren Masten, das Tal ein ausgetrockneter Flußlauf, ins Land geworfene Plastikkanister, ein bißchen Gemüseanbau, alte Kühlschränke, Brombeeren, Autowracks. Den Berg hinab sind über den Boden Wasserleitungen verlegt. Wir durchrunden den kleinen, abgeschieden verschlafenen Bergort, halten schließlich in einer Seitenstraße vor einer leergefegten sauberen Piazza. Giorgio warnt mich noch: »Paß auf, daß du dich nicht verspätest.« Ich winke ihm zu, er nimmt den Corriere dello Sport.

Die Hauptstraße mit bunten Schmiedegirlanden geschmückt. Heiliger Festzug abends. Vor den Geschäften sitzen paar Männer. Die träumen. Ich kaufe zwei Flaschen Wasser. Ein kleiner Transporter voller Gemüse und Früchte steht an der Straßenecke, der Händler wiegt den Frauen mit einer Handwaage ab. Ein Polizist schlurft aus einer Seitengasse und schlenkert einen Einkaufsbeutel. Als er mich bemerkt, strafft er sich und wird wichtig. Die Kokarde blitzt an der Uniform: gewienerter Orden. Ich frage nach dem Weg zu den Pantálica. Sein Entsetzen ist förmlich. »Zu Fuß?!« Dann besinnt er sich, zuckt mit den Schultern, erklärt mir den Weg. Am Hang ein gelbes Schild mit schwarzer Schrift. Den Berg hinab. Bisweilen tröten Dreisitzer an mir vorbei. Es riecht nach wilden Beeren und manchmal altem Kot. Irgendwo kreischt eine Elektrosäge.

Der Himmel strahlendstes Azur, wenige sehr weiße Wolken schwimmen in ihm. Lange Minuten segelt ein Greifvogel in weiten Spiralen. Ich folge der asphaltierten Stichstraße, will trinken, beherrsche mich. Ein Schluck macht Sucht nach dem nächsten. Bei jedem Schritt schwappt das Wasser in den beiden transparenten Kunststoffflaschen. Ich habe mir die Schlaufen des Plastikbeutels durch den Gürtel gezogen, nun schlägt er mir ständig seitlich gegens Knie. Das ist lästig, aber ich will ihn nicht in der Hand tragen. Von den Haaren tropft mir unablässig der Schweiß, lockt Fliegen und ziemlich aggressive Bremsen an, ich schlage mit dem Handtuch nach ihnen. Sie sind hartnäckig. So in Kurven den nächsten Berg hinan. Steht man oben, hält man das Land für nur gewellt, derart plötzlich, scharf und eng reißen die Schluchten darein. Plantagen, Zisternen, Ölbäume, ein paar Zitruspflanzungen, die bewässerten Anlagen durch hohe Drahtzäune gesichert. Ein ausgemergelter Bauer, der einen Busch beschneidet, blickt auf, grüßt kurz durch Heben einer Hand, bückt sich wieder in seine Arbeit. Ins Gestrüpp wetzen Eidechsen. Das Plateau öffnet sich, zu beiden Seiten steigen Berge an, und vor mir fällt steil die Kalkplatte ab. Durch die nahezu vollkommene Einsamkeit ein fernes Rauschen: Rechts eine durchwucherte, endlos gewundene Schlange, zweihundert zweihundertfünfzig Meter tief in den Kalk hineingenagt. Trichter und Wände aus strahlend weißem Stein schütten sich hinunter, terrassig, von immergrünem Buschwerk strukturiert, wie Platten brechen die Gebirgssedimente als überhängende Riffe und zackige Klippen ab. Es duftet nach wildem Fenchel und Rosmarin. Der braune strohige Landschaftsteppich von Maultierpfaden durchzogen; kommt man ihnen näher, lösen sie sich ins Suchen auf. Ich bleibe rechts am Hang stehen: der gegenüberliegende Felsen wie porös. Er ist bis ganz nach unten hinab und auch in die Weite von blinden Fenstern übersät, schwarz klaffenden Löchern: Felsgräber sind das, seit der Bronze- bis weit in die Eisenzeit entstanden, teils auch Höhlen, Zufluchtsstätten aus der Frühzeit Siziliens. Einst die Schlucht dicht besiedelt. Jäh endet die Asphaltstraße. In jedem Grab Skelette und Totengaben gefunden, Keramiken, sonstiges Kunsthandwerk. Schotter führt weiter um den Berg, dann wird der Weg sehr eng, man muß kraxeln. Blendend weiße Felswege, schwindelerregende Pässe, aus den Gebirgswänden gemeißelte Portalvierecke. Steinbrokken. Es geht mitunter im Sturz hinab. Erste Bäume. Das Rauschen wird lauter, ein blühendes Flußtal faltet sich auf. Der schmale Anapo. Gestern nacht bin ich abends in seine Mündung hineingerudert. Die Vegetation nicht mehr ledrig, sondern Büsche mit gierigen, saftigen Blättern. Schon schließt sich das Dickicht, riesige Höhlen gähnen über mir und riechen dumpf und kühl. Gesprudel über Stein, Wildwasser. Leuchtendes, hemmungsloses Grün, Oleanderdschungel, rosafarbene Blüten, handtellergroß, Tamarisken, Feigen, Lianen, das Flußbett bisweilen verengt, spritzt Gischt über spitzes Geröll und an moosbezogenen glitschigen Findlingen vorbei, dann wieder steht das Wasser in ausgedehnten tiefen Becken still. Reflexe auf Tiefblau und Türkis. Klar bis zum Grund. Geile Pracht.

Ich suche mir einen Platz, nehme einen ersten Schluck aus der Flasche, sichere meine Umhängetasche, entkleide mich. Der Anapo eiskalt nach der wallenden Hitze. Millionen Wasserläufer schwärmen davon wie mathematische flächige Figurationen. Kleine flinke Fische flitzen unter mir weg. Die Haut zusammengezogen, plötzlicher Krampf in der Beinmuskulatur. Ich schwimme zurück. Eine Art Mischung aus Schmetterling und Libelle zickzackt von Ast zu Ast, übers Wasser, zum Ast. Die gestreckten Körper blau wie schwarze Tinte. Große hochgestellte ovale Flügel. Zehn, zwanzig, dreißig dieser Tiere klammern sich mit je

vier Füßchen an die Blätter. Ich springe neuerlich ins Bek-
ken, tauche auf, schwimme wieder an meinen Platz. Tausend winzige Tropfen zwischen den aufgerichteten Körper-
härchen. Es ist elf Uhr vormittags, ich bin völlig allein. Ich
lege mich nach hinten, schlummere, ein im Gebüsch zu-
sammengerolltes Tier. Einmal komme ich zu mir, Netze
aus Feuchtigkeit und grünem, opalisiertem Licht. Silberregen in der Luft. – Silberregen. – Silberregen?! – Entsetzt
werf ich mich auf, rolle zur Seite. Die Sporen kreiseln auf
den Stein, trudeln ins Wasser, werden weggeschwemmt.
Die auf dem Fels ziehen sich zusammen, als vertrockneten
sie. Zerfallen. Ich puste die Reste weg. Schaue hoch. Kein
Silberregen mehr. Täuschung.

Kofferradios und lustige Stimmen. Es ist niemand zu
sehen. Trotzdem riecht es nach Menschen. Über mir flimmert Sonne im Blattgewirk. Dicht mir am Ohr eine Fliege,
sausend, brummselnd. Sonst alles still. Nur die Wasser-
schnellen schäumen. Irgendwo schreit heiser ein Vogel.
Dann nähern sich tatsächlich Lachen, Stimmen und Ge-
plärr. Geruch immer stärker. Italienische Schlagermusik.
Tatsächlich auch Kofferradios. Natürlich, Wochenende.
Wie spät ist es? Fast zwölf. Ich sollte mich auf den Rückweg machen.

Als ich angezogen bin und den Aufstieg beginne, passieren mich die ersten Leute. Kinderreiche Familie. Gejohlt
wird und gekrischen. Badetücher geschwenkt. Ein Junge
schleift ein halb aufgepustetes apfelsinenfarbenes Plastikkro-
kodil hinter sich her. Die Einsamkeit aufgestört, Rufe brechen an den Felsen in Echos. Ein weiterer Ausflüglerpulk
lärmt heran. Ich verlasse den Hauptpfad, fliehe zur nächsten
Terrasse hoch. Hier führt eine rauhe Spur schräg auf den
Berg, quer durch eine Ballung von Felsgräbern. Längst hat
mich die Sonne wieder im Visier, die Erfrischung im Anapo
ist vergessen, ich zerlaufe, klimme hier, halte mich dort fest.

Plötzlich scharfes Fauchen, Platzen, dicht neben meinem Kopf stiebt Gestein.

Ruhe.

Tief unter mir krakeelende Kraxler, am Fluß haben die Badefreuden begonnen, man hört es klatschen, quietschen, planschen.

Da knallt es abermals gegen Fels, ein knapper Luftzug am Gesicht.

Hier schießt wer.

Jemand schießt auf mich. – Ich springe zur Seite, eine neue Kugel schlägt ein. Doch kein Schuß zu hören. Schalldämpfer. Deckung. Klippenvorsprung. Momentlang Waffenruhe.

Luge vor.

Abermals sprühen Gesteinsstückchen weg. Ich bin zu weit oben, man wird mich nicht hören. Neuerlich Einschuß. Und ich hänge im Freien. Wie viele sind das? Ich spanne die Beinmuskulatur, springe, springe erstaunlich weit, strecke im Sprung noch die Hände aus, finde Halt, schnelle mit den Ballen nach und schlüpfe in eines der Grabvierecke. Es riecht nach moderndem Staub. Skorpione! Das einfallende Licht langt kaum aus. Wieder ein Schuß, jetzt ungedämpft. Ich schleiche nach vorne, spähe. Ein zweiter Gewehrknall.

Das Echo rast rund ums Tal und zerflattert.

Aufgeregte Schreie, Rufe. Die Badenden sind aufmerksam geworden. Unten, auf dem Hauptpfad, bleibt man stehen, blickt sich um, flache Hände als Schirme über die Augen gelegt. Kein weiterer Schuß mehr.

Die Aufregung legt sich.

Irgend jemand deckt mich.

Krieche vorsichtig aus dem Unterschlupf. Lodernder Friede überm Tal, ich den Berg hoch. Suche Klippen, vereinzelte unter der Hitze morschgedörrte Bäume. Eine völlig freie Geröllwand. Ich wage es. Komm oben an, überklettere den verrotteten Rest eines Drahtzauns, ein kleines Plateau, die Stichstraße. Drei schwarze Golfs brausen von Sortino her, jemand winkt aus dem Fenster, dröhnende Popmusik flattert schreiend an mir vorbei, Halbwüchsige, hinter der nächsten Biegung hör ich die Reifen quietschen, man ist am Schotterweg angelangt. Ich trinke eine der Flaschen leer und mache mich auf den Weg. Niemand mehr bedroht mich. Seltsam. Viel zu früh lange ich in Sortino an. Der Bus fährt erst Viertel vor vier, jetzt ist es drei. Mäßige Siesta, ein paar Jugendliche sitzen neben ihren Mopeds vor einer Bar gegenüber der Verkündigungs-kirche Ein grünes feinmaschiges Plastiknetz bespannt das haushohe Gerüst. Bauzaun aus Wellblech davor: Veranstal-tungsplakate, »Grande Concerto Singer«; daneben Wer-bung für Gold. Die Jugendlichen üben sich ungelenk im Flirten: auf Vespe vorübertrötenden Mädchen rufen die Jungs grobe Koseworte hinterher. Ich schiebe den Vorhang der Bar beiseite. An einem der beiden Tischchen sitzt der Prager. Über eine Landkarte ist er gebeugt. – »Was tun *Sie* denn hier?!« – »O welch ein Zufall! Ach das ist schön, Sie zu sehen!« Er nimmt die Aktentasche von den Knien. »Setzen Sie sich, mein Freund!« – Ich rufe meine Bestel-lung, und er erzählt, er habe sich die Nekropolen anschau-en wollen, aber es gebe keine Verbindung dahin. – »Hat man Ihnen das in Siracusa nicht gesagt?« – »Ich kann doch kein Italienisch. Außerdem hat sonst immer Autostop pri-ma geklappt. Und wissen Sie, ich sag das nicht gerne: Aber irgendwie scheint man hier keine Ausländer zu mögen. – Haben Sie die Nekropolen gesehen?« Ich nicke. Der Caffè kommt, ich bestelle noch eine Granita aus Mandelmilch. »Circa sechs Kilometer Weg, nicht schwierig. Plus Ab-stieg.« – »Trotzdem: die Hitze. Jetzt ist es sowieso zu spät. Und wie ist es Ihnen ergangen?« – »Man hat auf mich geschossen.« – »Na Ihnen passiern vielleicht Sachen! Haben Sie wenigstens Ihre Freundin wiedergesehen?« – »Wen meinen Sie?« – »Na die Nymphe aus Catania doch.« – »Ach so, ja. Ja.« – »Haben Sie ihre Brüder verärgert vielleicht?« Er lächelt. »Sie binden mir natürlich einen Bären auf, nicht wahr? In Sizilien liegen vielleicht Messer leicht in der Hand, – aber Schußwaffen?« – »Außerdem«, setze ich nach, »bin ich Zeuge eines Mordes. – Gestern.« – Er lächelt jetzt besonders breit, glaubt mir kein Wort. Ich glaubte ja so etwas auch nicht. – »Und vor meinen Augen ist ein Mädchen zerflossen.« – Er runzelt die Stirn. »Bitte was?« – »Die Nymphe aus Catania, wie Sie sie nennen. Hat sich in Wasser aufgeweint.« – »Es macht doch immer wieder Freude, mit gebildeten Menschen zusammenzutreffen.« – Es hat keinen Sinn. Der Bus kommt und sammelt die wenigen Fahrgäste auf Handzeichen ein. Eine eigentliche Haltestelle braucht es nicht. Hinterm Steuer sitzt nicht Giorgio.

Gegen fünf sind wir zurück in Syrakus. »Bleiben Sie noch? Ach so, ja, Malta.« Er sei, sagt Vesely, noch nicht entschieden. Wir trennen uns an der Riva della Posta, seine *Locanda* liege in der Altstadt.

Das Schwein im Treppenhaus, fortgeschritten verwest. Und noch immer Waltraud im Bett. Sie muß aber mal aufgestanden sein, der Schlüssel hat wieder nicht draußen am Bord gehangen. Mit aufgerissenen Augen starrt sie zur Decke, als ich das Zimmer betrete. »Wir müssen miteinander sprechen«, sagt sie. – »Ich wüßte nicht worüber.« – »Du bist ein echt mieser Typ! Hat dir das schon mal jemand gesagt?« – »Laß mich in Ruhe!« – »Erst gabelst du mich auf, machst mich an . .!« – »Wer hat hier wen angemacht?! Schau mal in den Spiegel! Glaubst du im Ernst, so ein Gesicht könnte mich reizen?!« Und so weiter. Sie steht endlich auf, packt ihr Zeug. »So was Widerliches ist mir noch niemals untergekommen!« greint sie dabei. – »Dann wird es

Zeit. Und wenn du gehst, vergiß nicht zu zahlen.« – »Du hast wohl'n Hau! *Wer* will denn immer ins Hotel? Ich etwa?« – Ich hole aus, ein Reflex, und knalle ihr eine. Sie starrt mich an mit ihrer roten Pustelbacke. Hektisch rafft sie ihre Sachen zusammen, zieht ab. Ich hinter ihr her. »Die junge Dame will zahlen!« brüll ich. Die nervöse Signora von gestern kommt aus dem Nebenzimmer. »Keinen Pfennig kriegt ihr von mir!« zetert Waltraud. – »Dann werd ich unserer Wirtin empfehlen, die Polizei zu rufen. Mal sehn, wie du dann weiterkommst.« – Ich setze der Signora den Sachverhalt auseinander, nun fängt auch sie zu schimpfen an. Leute spicken durch die Zimmertür. Die Signora schreit im Diskant nach ihrem Sohn oder Enkel oder Angestellten. Kreischt einen Vincenzo herbei, der aber nicht kommt. Waltraud sperrt sich noch, doch die Sache wird ernst. So gibt sie klein bei, »Wieviel?« und zieht ihren Brustbeutel aus dem Ausschnitt. Klatscht drei Scheine auf den Tresen, nimmt den Ausweis zurück. Die Etagentür kracht. Im ganzen Treppenhaus ist Zetern zu hören. Plötzlich ein entsetzter Ekelschrei. Sie wird das Schwein gesichtet haben. – »Ich bleibe noch diese Nacht, soll ich gleich jetzt bezahlen oder erst morgen früh?« – »Wie Sie wollen.« – »Ich werde gegen halb acht das Haus verlassen.« – Sie intoniert »Ist immer jemand hier« wie »Hab ja Ihren Paß«. Ich geh in mein Zimmer und leg mich aufs Bett.

Die Auseinandersetzung mit Waltraud hat Freude gemacht.

EIN BOHRENDER HUNGER WECKT MICH AUF. Es ist noch hell draußen, Licht wie gelber Weizen. Schräg übern Foro ein Ristorante mit Bambuslaube zur Straße. Die meisten Tische voll belegt, aber in der Ecke ein Plätzchen. Bestelle eingelegte Paprika, dann Muscheln. Es wird wieder telefoniert. Jeder hier könnte auf mich geschossen haben heute vormittag. Ich werde mir morgen ein Messer kaufen, damit ich mich wehren kann. Hab Lust, mich zu wehren. Die Antipasti sind gut. Und erst die Muscheln! Verschwiegene Schärfe. Der sehr helle grasige Wein hat einen Stich ins Bittere.

Mit vollem Bauch, es ist nun dunkel geworden, und alle Lampen glühen in Syrakus, schweife ich noch einmal zur Altstadt. Suche den verwahrlosten kleinen Bootshafen, finde ihn, es ist sehr still, riecht nach Öl und Schlick und gurgelt mal drüben, mal vorn. Ich setze mich für ein paar Augenblicke auf das Bootsskelett, warte, erhebe mich, klettere den Hang hinauf zur Brücke, schaue aufs Wasser, dann ziehe ich die Westseite der Stadt entlang bis zu den Steinen unter dem Mond. Auf das Plateau, draußen die Lichter der Fischerboote, ich warte auch hier, warte vergeblich. Drei tuschelnde Kinder. Eines wirft im fahlen Licht einen Plastikbecher ins Meer. Ich steige traurig die Stufen hinunter, schneide die Spitze Ortigias, Eisdielen, Bars, Restaurants, Diskotheken, die belebtere Seite der Altstadt, der Golf. An der Fonte Aretusa lehne ich mich zwischen vielen Leuten, flirtenden, diskutierenden, lachenden, übers Geländer. Drunten die Enten, Grütze, grasig, der Papyrus und Wasser. Jemand tippt mir auf die Schulter. Müde sehe ich hoch. Vesely. »Sie sind in Gedanken?« fragt er und setzt leise bei: »Der Strom erkennt das geliebte Gewässer und wandelt sich in die eigenen Wellen zurück, um mit ihr sich zu einen.« Lächelt. Erklärt: »Ich verzichte nun endgültig auf Malta. Was haben *Sie* vor?« – »Will nach Noto morgen früh.« – »Darf ich mit?« – »Der Zug geht um Viertel nach acht.« – »Ich werde am Bahnhof sein. Nein nein, bleiben Sie noch hier. Ich will Sie nicht stören. Sollte sowieso längst schlafen. Das Alter, man merkt es dann doch. Bis morgen denn. Und eine gute Nacht!« Er geht gebeugt davon. Leuchtkörpergirlanden und Lampions werfen Licht-schaum über ihn. Ich dreh mich zurück, ein Bein durch-gedrückt, das andere gewinkelt, die Unterarme auf dem Geländer, auf dem Quellweiher kräuseln sich wattige Krön-chen. Oben der Mond. Das Meer. Und endlich kapier ich. Als schlüge ein Riegel beiseite in meinem Kopf, eine Tür wird aufgestoßen, von innen nach außen, und ins Bewußt-sein flutet eine Woge warmen Lichts, die das Mädchen wie ein um sich selbst strömender Kokon umfließt. Doch sie löst sich in die Wasser auf, die sie eben als große Gottheit beherrscht.

Es ist kurz vor acht, mein Schlaf verwühlt. Wegen des kleinen Fensters so stickig die Kammer. Der Mond strahlt hinter meinen Lidern. Jede Sprungfeder zu spüren: das Lager ein einziges Gitter. Bin deshalb ganz froh, endlich duschen, packen, zahlen zu können bei dem verpennten Hausbesorger. Von der Treppe ist das Schwein nun weg-geschafft, möglicherweise hat es zu sehr gestunken. Auf dem Weg zum Bahnhof ein Cornetto, den ich in eine Granita di Mandorla mit Caffè freddo tunke. Zwar für den Magen ein Schock, trotzdem wunderbar bei dem Klima. Ein heller, klirrender Duft.

Frühe Sonntagsstimmung, die Morgensonne leckt über verlassenen Stein.

Vesely steht schon auf dem Perron, als ich komme. Den Anorak trägt er überm Arm. Er hat tatsächlich außer der Aktentasche kein Gepäck. »Was haben Sie eigentlich da drin?« – Er lächelt. »Uhren«, sagt er. – »Uhren?« – »Ich sammle Uhren.« – »Und sonst? Ich meine, Sie müssen sich doch mal umziehn! Wo haben Sie Ihre Sachen?« – »Ich bin da ganz bescheiden, wissen Sie. Zweite Unterhose, Unter-hemd, zwei Paar Socken.« – »Und wo haben Sie die?« – Er schlägt leicht auf den Anorak. »Eingerollt. Auch das Rasiermesser, Rasierschaum, Zahnbürste. Paßt alles da rein. Nein, ich brauche wirklich nicht mehr.« – Ich komme mir blöd vor mit meinem muffeligen, vollgestopften Rucksack.

Der Personenzug wird auf das Gleis rangiert, Metallräder kreischen, blockieren. Jemand stößt in die Trillerpfeife, Zischen. Wir klimmen ins leere Abteil. Niemand sonst steigt zu.

Die Fahrt geht in die Ebene. Braune Ackerflächen, parallele Furchen wie erstarrte Dünung, wenige Kilometer landeinwärts Ausläufer der Berge, fast noch Hügel, wie aufgeschüttet, völlig kahl. Bisweilen ist links ein Streifen Meeres zu sehen, der am Horizont mit dem azurenen Himmelszelt verfließt. Die Erde eine auf den Ozean gelegte Scheibe, darüber äthergefüllt eine Glocke gestülpt: dreidimensionale Parabel, Glasei, Black Mary. Wenn man sie schüttelt, bricht der Ätna aus, und Ascheflöckchen schwirren über Gipfeln, Feldern und Städtchen.

»Was haben Sie denn *da* gemacht?« fragt Vesely und zeigt auf mein linkes Schienbein. Die Schrunden sind verheilt, aber die Seiten des Unterschenkels haben sich bläulich verfärbt. – »Bin durch Unterholz gelaufen!« – »Nein, nein«, sagt er. »Sie sind gebissen worden, nicht wahr?« – »Gewiß nicht.« – Er sieht schweigend aus dem Fenster. Der Schaffner kommt. Verdammt müdes Gesicht. So leben nun Menschen. Er kontrolliert die Tickets, knipst, die Mütze in den Nacken geschoben. – »Könnte es sein«, fragt Vesely, »daß Sie etwas verwirrt sind?« – »Ich treffe in Enna eine Mumie aus Palermo, die plötzlich ziemlich lebendig ist, finde einen abgeschnittenen Kopf, eine junge Dame verwandelt sich vor meinen Augen in Wasser, als ich mit einem Paddelboot auf einer Zeitreise bin, man bringt zweimal hintereinander denselben Mann um, jedesmal bin ich Zeuge, und dann wird auch noch geschossen auf mich. Finden Sie das nicht genügend Grund?« – »Sie haben eine unstillbare Fantasie, das ist möglicherweise Ihr Problem!« – »Das müssen *Sie* mir sagen, der Uhren mit sich herumschleppt?« – »Na ja.« – »Ich soll in Noto jemanden treffen, der mir eine Aktentasche übergeben wird. Eine wie diese.« – »Ach.« – Neben der Strecke wilder Hibiskus in einen Baum geschlungen, blüht blau zwischen Palmwedeln. – »Ich glaube, dieser Jemand sind Sie.« – »Ach du Schreck! Sie haben mich ja schon völlig in Ihr Fantasieren hineingesponnen! – Junger Mann, wie kann ich Ihnen helfen?« Er legt mir eine Hand auf den Unterarm. »Aber ich mach Ihnen einen Vorschlag: Wir warten zusammen auf Ihren Jemand. Wo wollen Sie ihn treffen?« – »In der Bar Piero an einer Piazza.« – »Ach, Sie kennen Noto schon?« – Ich denke nach, kann mich nicht erinnern, trotzdem kenne ich die Stadt. – »Was hat Sie nur so durcheinandergebracht? Aber gut. Wenn man Ihnen die Aktentasche übergibt, glaube ich Ihnen. Wenn nicht, glauben Sie mir und fahren heim. Einverstanden?« – Ich zögere. »Einverstanden«, sage ich dann. – »Sehr schön.« Er wirkt sichtlich erleichtert. »Wirklich sehr schön. Ich sollte mich aber nicht zu Ihnen in die Bar setzen, sondern besser abseits bleiben, vielleicht in einer anderen Bar, von wo aus ich Sie beobachten kann. Außerdem sollten Sie zum Arzt. Schaun Sie nur! Das wird immer größer!« – Tatsächlich scheint die blaue Verfärbung meines Beines sich auszubreiten. – »Tut das nicht weh?« – »Gar nicht, nein.« – »Irgendwie ein stumpfes Gefühl? Sieht nach Blutvergiftung aus. Tun Sie mir den Gefallen, und gehn Sie noch heute zu einem Arzt.« – »Ach was!« – »Doch, bitte! Vielleicht ist es ein Zeckenbiß. So was. Sie sollten das nicht auf die leichte Schulter nehmen.«

Auf die Minute vierzehn vor neun hält der Zug bei Noto. Man kommt am Rand eines niedrigen Neubaugebietes an. Bis zur Stadt sind es nur zwanzig Minuten zu gehen. Ich gebe meinen Rucksack beim Stationsvorsteher ab, er schließt ihn ein. Hat Kaninchen gegessen. Muß eine Kette aus massiven Eisengliedern lösen, die um die Metallgriffe einer verdrahteten Milchglastür gewunden ist. Ein riesiges Vorhängeschloß. Wir ziehen los. Die ganze Zeit über redet Vesely auf mich ein: Ich sei nachlässig, ich ginge mit meinem Körper leichtsinnig um, ich müsse unbedingt zum Arzt usw. – »Nun hören Sie endlich auf!« – Er verstummt beleidigt. Eine großzügige, hübsch gepflegte Anlage voller subtropischer Blüten, Palmen, blühendem Oleander. Eigenartig fremde Bäume. Schnarrende Bewässerungsmechanismen versprühen nasse Weben. Es duftet trunken nach Erde. Im Karree Reihen von Bänken unter Schatten. Eine Oase in all der Unwirtlichkeit des verkarsteten Felslandes. Links ab auf die Viale, gegenüber ein Stadion. Das Stadttor. Dahinter ein gelber Garten aus Stein. Feudale, fantastischste Symmetrie, von überreizten architektonischen Details in Bewegung gehalten. Balkone voll allegorischer Gebälkträger: mythische Pferdeleiber, Fratzen, zu Stein erstarrte niedere Götter. Der strenge Plan der Stadt schlingt sich wie Riemen um und durch die Orgien einer nervösen, rasenden Imagination, und sie binden sie, verhindern ihren formlosen Aus- und Zusammenbruch: Entfesselt und präzise, so verspielt wie unerbittlich, lose und herrisch, überladen und herb, brechend vor Kitsch und doch in der Balance eines ausgebildeten, mitunter dekadenten Geschmacks stehen die Gebäude wie architektonische Waben einer zur Monade mumifizierten Vollendung. Den Kirchen Notos kommt in Europa keine ihrer Ära gleich. Bogen, Fassade, Brüstung, Kuppel, Karyatide und Treppe gewordenes Zeitalter. In dem die Menschen wie fremde Gäste wohnen. Sie lassen denn vieles verfallen, höhlen es durch Leben aus, Tunnel alltäglicher Existenz sind in das bauliche Ritual genagt, die Zeremonie ist porös davon und beginnt zu zerfallen. Es lebt sich nicht in Museen, man muß, um atmen zu können, die Exponate profanieren. Menschen sind feucht, sie brauchen Stoffwechsel, Teilung, Verwesung, all das. Nahezu die Hälfte der historischen Gebäude hinter Gerüsten. Manche werden durch massive, horizontal aufgestemmte Pfähle am Einstürzen gehindert. S. Domenico im Renovierungskorsett. Staunend, immer wieder den Kopf im Nacken, ziehen Vesely und ich hier hindurch. »Wie erregend muß es für einen Architekten des 17. Jahrhunderts sein«, sage ich, »ganze Städte nach seinen Vorstellungen errichten zu dürfen. Was haben wir dem Ätna zu danken!« – »Zigtausend Tote«, erwidert Vesely. – »Sein Sie nicht so nüchtern.«

Er runzelt die Stirn.

»Ach, dort drüben ist ja Ihre Bar!« Sie liegt vorn rechts in einer Ecke des Platzes.

»Also viel Spaß. Ich such mir hier irgendwo ein Plätzchen.«

Ich schlendre hinüber, setze mich in einen Plastikstuhl vor einen der hinausgestellten weißen Tische. Gegenüber das Stadttheater. Ein Nußstand ist dort aufgebaut. Der Platz auch hier Altmännertreff. Es ist Viertel nach neun, aber die Sonne brennt schon. Bis halb zehn soll ich warten. Ich bestelle eine Granita. Nach S. Domenico reicht eine doppel- und beim letzten Haus dreistöckige Fassade hinüber. Auf dem Balkon des zweiten Hauses ein arabisch wirkender älterer Herr steif auf einem Wohnzimmerstuhl, die Hände im Schoß gefaltet. Sitzt da wie im Wartezimmer beim Arzt. Weiße Hose, blaues darüberfallendes Hemd, weiße runde Kappe, blaue Socken, braune Schuhe. Grauer kurzer Bart. Die Granita ist sehr weich: smooth. Ein Alter schlurft heran. Grüßt mich wie einen entfernten Bekannten, indem er die Handfläche hebt und Buongiorno murmelt. Setzt sich zu mir. Man bringt auch ihm eine Granita, er stippt sein in einer braunen Papiertüte mitgebrachtes Brot hinein. Konzentriertes Essen. Langsame mahlende Bewegung der Kiefer. Hinter mir reibt jemand ratschend an Metall. Ich werde müde. Angenehm, so in den Tag zu dämmern. Der Prager nirgendwo mehr zu sehen. Jetzt doch zwei jüngere Männer. Nehmen Platz vis-à-vis. Einer legt ein feingenarbtes mattes Lederfutteral, das nach Pistolentasche aussieht, auf den Tisch. Aus der zieht er ein tragbares Telefon. Beginnt ein Gespräch, lacht, erklärt, lacht, schaltet das Gerät aus, da fiept es, er meldet sich, das nächste Gespräch. Sein Gefährte sitzt schweigend dabei. Irgendwann stehen die beiden auf und gehen wieder. Auch der alte Mann geht. Noch einmal: »Buongiorno.« Die Stadt von Glut und Sonntag gelähmt.

Ich warte und warte.

Bestelle Caffè, eine zweite Granita, noch einen Caffè, Mineralwasser. Es wird zehn, halb elf, halb zwölf. Gerüche nach Tomatensoße. Jetzt werde ich unruhig. Stehe auf, zahle drinnen, spaziere allein durch die Stadt. Komme zurück, und nun sitzt Vesely an meinem Platz. »Es ist halb eins, wie lange wollen Sie denn noch warten?« – Ich setze mich zu ihm. – »Schaun Sie, ich hab uns etwas zu essen besorgt.« Er packt aus braunem steifem Papier vier süße Stückchen aus und legt zwei fleischige, geradezu muskulöse Birnen auf den Tisch. Außerdem hat er zum Knabbern ein paar Nüsse geholt. »Erinnern Sie sich, wann die nächsten Züge gehen? Haben Sie vor, hier zu übernachten?« – »Welche Pläne haben *Sie*?« frage ich. – »Ich würde heute gern bis Modica weiter.« – »Fahrn Sie allein, ich bleibe noch.« – »Sein Sie nicht dumm! Denken Sie an unsere Vereinbarung. Sie vertrödeln nur Ihre Zeit! Was macht übrigens Ihr Bein? – Also eine Blutvergiftung ist das nicht, sonst würde sie sich besonders bei Bewegung ausbreiten.« – »Hm.«

Nach einiger Zeit, wir haben gegessen, steht er auf. »Na

gut, ich mach noch einen Rundgang. Bis gleich dann.« Er schlendert davon, vornübergebeugt, die Aktentasche unterm Arm. Ich bin mir jetzt sicher, daß er mit Arndt nichts zu schaffen hat; die Tasche ist Zufall, und daß wir uns immer wieder über den Weg gelaufen sind, liegt an seiner ähnlichen Reiseroute. Die Lösung der meisten Rätsel ist banal. Wenn, andererseits, Vesely gewissermaßen unschuldig ist, dann werden meine Erlebnisse ganz eigenartig prekär. Eine Welt hat sich aufgetan, die sich nicht schließen will. Das ist wie ein Witz ohne Pointe. Ich fühle mich auf den Arm genommen.

Erhebe mich vom Stuhl, schaue mich um. Auch die alten Männer sind heimgekehrt, kaum noch jemand ist zu sehen.

Hinter mir klackert der Perlenvorhang aus weißgelbem Elfenbeinimitat.

Ich habe keine Lust mehr zu warten. Nichts als Fantasien. Tagträume, Nachtträume sogar. Meine seltsame Verschwörungstheorie, die den Prager Waltraud aus der Cataneser Pension abholen und davon sogar die Wirtin erzählen läßt, ist Indiz genug. Tatsächlich entsinne ich mich, mit Waltraud zusammen von Catania nach Syrakus aufzubrechen: Wirklich, ich beschwatze sie am nächsten Morgen. Da schon will sie, weil ich sie mit ihrem eingerissenen Ohr einfach habe im Hotelzimmer liegenlassen, nichts mehr von mir wissen. Ich aber will nicht alleinbleiben mit meiner traurigen Erinnerung an das Mädchen und bestürme Waltraud, ja umarme sie sogar. Angst. Ich erinnere mich, meinen Halluzinationen nicht gewachsen zu sein. Waltraud läßt sich bequasseln, ist verliebt, das nutze ich aus. So fahren wir gemeinsam los und suchen auch gemeinsam das Zimmer in Syrakus, finden es, richten uns ein, sie will einen Brief nach Hause schreiben, ich laß sie sitzen vor der Bar des Foro Siracusano, flaniere nach Ortigia, fahr mit dem Bus zum archäologischen Park, vergesse Waltraud, treff auf eine neue Schimäre, den Holländer, den meine Fantasie gleich zwiefach erschießen läßt. Und so weiter. Dies die Erklärung. Nüchterne, platte, schnöde und schmucklose Wahrheit. Die Vorwürfe Waltrauds vorgestern nacht ganz berechtigt. Weil ich das weiß, schlage ich sie. Es wird auch nicht geschossen: Ich male mir das, im Fels der Nekropole hängend, nur so aus.

Kein gutes Gefühl, wieder normal zu sein. Bedrückend irgendwie. Auch ertrage ich diesen uferlosen Barock nicht länger, all die höchst unmodernen Geschmacklosigkeiten, das träge Vibrieren der Straßen. Wo bleibt denn nur Vesely? Ja meine Güte, was fang ich denn jetzt an mit mir?

Setze mich wieder.

Warte.

Rufe eine Bestellung. Eine Granita noch! Und ein Glas Wasser!

Es braucht endlos, bis man beides bringt.

Es wird vier, wird zehn nach vier.

Na endlich! Da kommt er!

Ich zahle, es kann mir nicht schnell genug gehn. »Sie haben völlig recht. Verzeihen Sie. Das alles ist sehr dumm von mir.« – Er lächelt erleichtert. »Was macht Ihr Bein?« – Komisch, die Verfärbung ist nicht mehr zu sehen. – »Sie werden es nicht glauben«, erzählt Vesely. »In dieser Stadt befindet sich sogar das Gefängnis in Renovierung.« – »Was Sie nicht sagen!« – Wir machen uns auf den Weg zum Bahnhof. – »Der Kerker soll ziemlich berüchtigt sein. Altes Gemäuer. In einem früher ein Kloster. Schöner Palast. Die Wachpolizisten haben mich für einen Verbrecher gehalten, dauernd das Maschinengewehr auf mich. Jedenfalls Fotografierverbot. Wie früher in der CSSR. Eigentlich schade.« – Viertel vor fünf erreichen wir den Bahnhof, zwei nach fünf soll der Zug fahren.

Wir sitzen im Abteil.

Hohe zerklüftete Karstflächen mit wilden Felsen und endlosen Steinmauern, die wie Adern wirken. Terrassenähnliche Anlagen. Cafions. Es ist so heiß, daß die Sonnenschirme spitze Schatten auf den Boden werfen. Riesige Johannisbrotbäume stehen in der Endlosigkeit. Bisweilen Brunnen, Zisternen, Rastplätze. 50 Meter breite Triften ziehen sich durch die kahlen Kalkfelsen. Eine riesige kilometerlange Steinbrücke führt den Verkehr in den Glutkessel Modica hinein. Um Viertel nach sechs kommen wir an. Der ausgelagerte Bahnhof im Wortsinn *unter* dem Berg.

Die leichtfüßigste Residenz Siziliens erinnerte, wäre es nicht so heiß, an österreichische Provinzstädte. Der verspielteste Barock des herben Südostens. Alles ist irgendwie anders, man ist nicht nur außerhalb der Welt, man ist außerhalb Siziliens und ist doch mittendrin. Nicht thront die Stadt oben, sondern in den Zusammenfluß zweier Schluchten tupft sie Formlust und Anmut. Die repräsentativen Adelspalazzi prunken unten im Tal, und um die atemberaubend schöne Kirche S. Giorgio, die auf dem Berg das Stadtbild beherrscht, drängen sich Handwerkerviertel, Gassen, enge Höfe, verspielte Durchgänge. Man hat den Eindruck mühelos hinfigurierter Treppen. Treppchen, Bögen. Da wir vorhaben, hier ein Zimmer zu suchen, ich außerdem den weiten Weg zum Bahnhof heute nicht zweimal haben will, schleppe ich meinen Rucksack mit. Es geht den Berg hoch, man kann hinunter auf den Bahnhof schauen, die Geleise bohren sich in den Fels. Gelber Sandstein, bisweilen bunte, doch von der Sonne mattgeleckte Farben, das macht sie erlesen. In manchen brockelnden Fugen büschelt Gras. Die Häuser stehen immer dichter, eine Werkstatt, das Büro der privaten Buslinie, Säcke stehen draußen wie Matrosengepäck. Nun werden die Fassaden mitunter klassizistisch. Die elegante Hauptstraße, Spuren von Gerbefett, Jugendstil, voller Geschäfte und fliegender Händler, weitet sich zu einem schrägen, großen ovalen Platz. Von dort führen kleinere Straßen ab, verzweigen in Gassen. Erstaunlich viel Schick geht hier spazieren. »Nehmen wir das Zimmer zusammen?« fragt Vesely, verstummt dann, es ist ihm peinlich; er hat genauso wenig Geld wie ich. »Aber sicher, wenn es Ihnen nichts ausmacht.« Als wir die enge Stiege zu der Pension hinaufgeklommen sind und beim Besitzer nach einer »stanza matrimoniale« fragen, zieht der ein ziemlich vernichtendes Gesicht. Ich lach ihn an, ein Mißverständnis, er lacht auch, nimmt unsere Pässe. Geritzt. Das Zimmer ist nicht einmal klein, man kann die beiden Betten auseinanderrücken, was wir unter Aufbietung gemeinsamer Kräfte auch tun. Die Füße der Gestellbeine kreischen über den Boden. – »Ich würd mich gern waschen«, sagt Vesely vorsichtig. – »Okay, draußen die Bar, da wart ich auf Sie, dann können wir zusammen etwas essen gehen!«

Ich nehme vor der Bar Platz, ein Tischchen und drei Stühle sind hinausgestellt, und besinne mir den Frühabendbetrieb. Bestelle ein italienisches Bier, Nostro Azurro, das eisgekühlt ist und, wenn es sich erwärmt, leicht nach Ammoniak schmeckt. Vesely läßt sich Zeit. Wir haben ja keine Dusche, nur das kleine Waschbecken, und dem älteren Herrn macht die erforderte Gelenkigkeit wahrscheinlich etwas Mühe. Möglicherweise weicht er auch noch abgelegte Wäsche ein, hat ja nur zwei Garnituren. »Ist dort wohl frei?« Ich starre Prestigiacomo, völlig stier, an. Er steht neben meinem Platz, beugt sich vor und zeigt mit dürrem Zeigefinger auf den leeren Stuhl. »Entschuldigung«, macht er verlegen, nimmt den Stuhl, zieht ihn zur Seite, setzt sich etwas entfernt von mir hin und steckt sich eine Zigarette an. Ich überlege, fasse aber irgendwie keinen klaren Gedanken: Jetzt geht das wieder los! Prestigiacomo raucht und scheint dabei zu dösen. Er ist gekleidet fast wie in Palermo, nur daß er seine Kutte, die jetzt wie eine sehr grobe Bluse aussieht, in die Jeans gestopft hat und eine weite Lederjacke trägt. Derbe Motorradstiefel an den Füßen. Sind mit sporenartigen Silbersporen beschlagen. Sein schönes Gesicht drückt Stolz aus und männlichen Dünkel. Er zieht aus der Innentasche der Jacke ein tragbares Telefon, klappt die flache Sprechmuschel auf, drückt mehrmals auf den Wahlziffern herum, korrigiert, tippt. Es macht den Eindruck, er sei mit dem Gerät nicht allzu vertraut. Vielleicht hat er es neu. Offenbar bekommt er keinen Anschluß und versucht eine andere Nummer. Als sich jemand meldet, beugt er sich zur Seite, dreht mir den Rücken zu und spricht sehr leise. Man kann kein Wort verstehen. Rauschen. Das Bewußtsein eine Zentrifuge, die meinen Körper paralysiert. Die Abendhitze faßt untern Stuhl, kippt ihn nach hinten. Bevor er am Boden rückwärts aufschlägt, schleudert er mit mir hoch, ich werde auf den Sitz gepreßt, sperre den Mund auf wegen des Unterdrucks in Stirn- und Nebenhöhlen, klammere mich an der Lehne fest. Oberschlag. Noch einer, dann rolle ich durch die dicke glühende Luft wie ein Schiff bei kochender See. Ich presse die Augen zu. Der Kreislauf sackt. Wie hieß der Junior des Hotels von Pergusa? Die Stuhlbeine knallen auf den Boden zurück, gestauchter Nacken, ich wische mir mit dem Handtuch das klitschnasse Gesicht, öffne die Augen, vorsichtig, blinzle. Da sitzt er aber immer noch dort. Caro, Pasquale … nein: di Pasquale, nein: di Caro, Pasquale di Caro, richtig, so hat er sich vorgestellt, als wir zusammen morgens vom See zurückgekommen sind. Nur leidet der hier nicht unter Nasenbluten. Keine Spur von Verklemmung. Eine fast hochmütige innere Sicherheit. Ich muß jetzt reagieren, das kann ich nicht sich selbst überlassen. »Entschuldigen Sie.« Ich bin ganz heiser, räuspere mich. – Er sieht herüber, lächelt. – Ich huste noch mal. »Sie heißen di Caro?« Er wirft den Kopf hoch und läßt vorm Kinn die Finger aufschnellen. Diese Geste schmettert mich nieder. »Sie sind *nicht* Pasquale di Caro?!« Sein Lächeln erstarrt, er wirft die Kippe weg, sie glimmt am Boden weiter, der hochmütige Ausdruck wird geradezu böse in seinem Gesicht, als er leise, stimmlich zurückgelehnt, sagt: »Aber was wollen Sie?! Sie werden mich doch erkennen!« – Ich stottere, suche nach Wörtern, finde nur Hülsen, ausgehöhlte trockne Schalen auf der Zunge. – »Na Palermo! Die Cappuccini! Also: Kapiert?« Er schiebt beide Augenbrauen hoch. »Ich habe versprochen, Ihnen Sizilien zu zeigen. Nun bitte.« – »Sie sind . . . tot, Sie sind . . .« – »Tot, lebendig, welch ein Unterschied soll das wohl sein?« Lässig schiebt seine linke winkende Hand meinen Einwand weg. – »Ich bilde Sie mir ein.« – »Wir sind beide nicht echt«, sagt er. »Aber die Illusion ist das Fleisch auf den Dingen.« Er steckt sich eine neue Zigarette an, bläst den Rauch durch die Nasenlöcher, spückelt Tabak, einen Moment lang ist seine Zungenspitze zu sehen. Mit zwei Fingern pflückt er Krümel von ihr ab. Fünf junge Frauen, eingehakt, schieben sich fesch durch meinen glastrüben Blick und lassen unter engen kurzen Röcken ihre Gesäßbacken spielen. »Merda!« ruft Prestigiacomo. Ich werfe den Kopf herum, er ist aufgesprungen, hält sich die Hand vor die Nase. Blutet nun doch. »Werden Sie den denn *niemals* mehr los?!« Er dreht sich brüsk um und geht nicht, sondern läuft davon. Ich brauche einen Augenblick, mich zu besinnen, da steht schon Vesely bei mir. »Ja, Sie haben ja schon wieder diesen Blick«, sagt er und schüttelt den Kopf. »Man mag Sie wirklich nicht mehr alleine lassen! Neuerliche Vision? Nein, erzählen Sie mir nichts! Vergessen Sie's einfach! – Was macht Ihr Bein? – Tatsächlich, alles weg. Sie haben ein richtiges Glück gehabt, mein Freund. Na kommen Sie mal wieder zu sich!« Er hat den Anorak an und die

Aktentasche unterm Arm. »Ich habe den Eindruck, daß Sie immer magerer werden.« Beinahe zerrt er mich hoch. Ich zahle. Wir spazieren in Richtung Hotel, biegen in die engen Gassen, steigen Treppen. »Nicht so schnell!« ruft der Prager. »Ich bin ein alter Mann, vergessen Sie das nicht.« Er ist bald ganz aus der Puste, ich warte auf je dem nächsten Plateau, er zieht sich am Geländer nach, der Häuserwirrwarr ist ähnlich mysteriös wie in Syrakus. »Wo wolln Sie eigentlich hin?« – »Gehen, Herr Vesely, ich muß laufen. Rennen, stürzen, mich bewegen –: Ich brauche Geröll unter den Füßen!« – »Na ja schon. Schon. Aber haben Sie überhaupt keinen Hunger?«

So kehren wir ein. Das heruntergekommene Restaurant hat vier rohe Tische, das ist alles. Neonröhren an der Dekke, der Fernseher läuft, ein Zeichentrickfilm: Schweinchen Dick. Zwischenrein immer wieder Werbung. Ein ziemlich schwerer Wein. Bohnensuppe mit Pepperonigeraspel. »Pommes frites« heißen hier »patatine«. Altes Öl. Es braucht nicht lange, da ist Veselys Zunge schwer. Er erzählt in einer Tour, von der tschechischen Heimat, von seiner vor einigen Jahren gestorbenen Frau, von einem Sohn, fanatisches Parteimitglied, den allzu häufigen Auseinandersetzungen mit ihm. Ich bin einsilbig. Höre zu und höre doch eigentlich nichts. Das geht mich alles nichts an. Paulchen Panther zündelt an einem Inspektor herum. Der explodiert. Draußen senkt sich spontan Nacht in die Stadt. Immer wieder kommen Leute, essen und gehen. Ein Rasierapparat schießt durchs funkelnde Weltall. Der Wirtin mißfällt, daß wir so lange sitzen bleiben. Wir haben bereits die zweite Karaffe geleert. Irgendwann begreife ich, daß das nicht gutgehen wird und verlange die Rechnung. Sie ist nicht hoch, allerdings haben sich zwei raffinierte Fehler in ihr versteckt, weil die Zahlen mit taktisch schwungvoller Unbeholfenheit aufs Papier geworfen sind, so daß man 9 und 1 verwechseln kann. So sehr klein ist das Köpfchen. Ich komme auch erst auf 9, kriege das ausgebuffte Mißverständnis aber noch rechtzeitig mit. Das vergrätzt die Signora erst recht, deshalb vergißt sie auch, sich zu entschuldigen. Sie grollt in die Waschmittelreklame ihr »grazie« hinein, als hätte sie »Raus jetzt!« gebrummt.

Ich muß Vesely stützen auf den Treppen. Die Aktentasche gibt er aber nicht her. Ist trotzig. Außerdem hab ich den Rückweg vergessen. Bloß gut, daß wir unten wohnen, nach unten kommt man ja immer irgendwie. Hier lang. Sackgasse. Zurück. Nächster Versuch. Der führt wieder hoch. Die Gasse rechts. Plötzlich jaulen Mopedmotoren auf. Gefahr!: In mir platzt der Instinkt. »An die Wand, schnell!« Ich presse uns gegen ein Haus, drei Scheinwerfer jagen heran, Scippioni, natürlich! Die Mopeds kippen um, die Motoren laufen weiter, ein jäher Krawall aus Licht und Lärm, jemand reißt Vesely von mir weg, ich sehe eine Faust, Vesely stürzt, ich werde am Kragen gepackt, schlage um mich, man preßt mir die Arme nach hinten, ein Stiletto schnappt, die Motoren stottern, saufen ab. Die Spitze sticht in meine Kehle, eine Drohung, rühr dich nicht, schrei nicht, sonst schlitz ich dich auf. Es sind ganz junge Kerle, nicht älter als sechzehn, sie riechen nach Rauch, Geschlecht, Spaghetti und Angst, seltsam, daß ich jetzt Gerüche registriere. Einer durchsucht den Prager, reißt ihm den Brustbeutel ab, er lappt auf. »Dove sono i suoi documenti?« Die Spitze sticht etwas nachdrücklicher. »Dove?!« – »Albergo«, drücke ich heraus. Einer zückt sein Telefon, tippt, flüstert hastig. Der zweite versetzt dem Prager noch ein paar Tritte in den Bauch. Der dritte immer mit dem Schnappmesser an meiner Kehle. – »Was wollt ihr von uns?« – »Schnauze!« – Wenn nicht bald was geschieht, tritt der Kerl den Prager noch tot. Dann ein drastisches apodiktisches »Basta!«. Prestigiacomo. Taucht aus dem Dunkel einer Gasse. Er holt aus und versetzt dem brutalen Typen eine schallende Ohrfeige. Der wehrt sich zwar nicht, aber pumpt. Schiebt Vesely trotzig mit dem Fuß in den Schatten der Wand. – »Basta!« – Der Kerl verzieht sich brummend zu den umgestürzten Mopeds. Kopfrucken Prestigiacomos, das Messer flutscht zurück ins Heft. Prestigiacomo kneift dem Jungen die Bakke. Der zieht die Mütze und schaut zu Boden. Der dritte Halbstarke hat sich, seit Prestigiacomo erschienen ist, nicht gerührt. Nun tritt er vor und streckt die Hand aus. Offenbar der Anführer der Bande. Prestigiacomo zieht eine Brieftasche, leckt den Zeigefinger an, blättert, reicht ein paar Banknoten rüber. »Verzieht euch!« Und zu mir: »Kommen Sie mit.« Mehrere Versuche, die Motoren zu starten. »Nun kommen Sie schon!« – Ein Blick auf den zusammengekrümmten stummen Prager, dann folge ich benommen durch stockdunkles Labyrinth völlig chaotischer Gassen. Wir langen unten an der Hauptstraße an. Drüben die Busstation. Der Alfa parkt unter einer Straßenlampe. Kein Mensch mehr draußen, es mag 23 Uhr sein oder später. Prestigiacomo öffnet eine der Hintertüren, schiebt mich hinein. Mein Rucksack. Ziemlich wüst zusammengestopft. Hemdsärmel knautschen unterm Schließgurt. Hinterm Steuer sitzt jemand mit Chauffeursmütze. Trägt offenbar Uniform. Man hat die Windschutzscheibe ausgewechselt. Prestigiacomo nimmt Platz auf dem Beifahrersitz. »Fahren Sie!« Der Chauffeur läßt den Wagen an, setzt den Blinker, wir schnurren auf die Straße. »Ich hab mir erlaubt, Ihr Gepäck auszulösen. Ach so, ja, hier, Ihr Paß.« Er reicht mir das Dokument über die Schulter nach hinten. – »Ich verstehe überhaupt nichts mehr.« – »Das merke ich. Sie haben sich da in ziemlich schlechte Gesellschaft begeben.« – »Hören Sie, Herr Vesely ist vollkommen harmlos! Ein alter, freundlicher Prager, der glücklich darüber ist, mit seiner Pension ein bißchen in der Welt herumreisen zu können.« –

Prestigiacomo seufzt. – Wir verlassen Modica. – »Wo fahren wir denn hin?« – Prestigiacomo schweigt. Der Chauffeur sagt sowieso nichts. – »Verdammt noch mal! Was geht hier eigentlich ab?!« – »Nun sein Sie endlich still. – Sie haben doch den Stein noch?« Und dann braust er auf: »Sie hätten diese Nacht nicht überlebt, *ecco!* Was denken Sie sich eigentlich dabei? Aber auch nicht *eine* Warnung nehmen Sie wahr! Komplett vernagelt! Ist Ihnen klar, daß Sie das Mädel auf dem Gewissen haben?« – »Mädel? Bitte? Ciane?« – »Ach Ciane!« macht er abfällig. »Ciane! – Diese Deutsche meine ich.« – »Waltraud?!« – »Lesen Sie!« Er reicht mir eine Zeitung nach hinten. – »Kann nichts sehen, ist zu dunkel.« – Der Chauffeur schaltet die Deckenbeleuchtung ein. – LA SICILIA del Lunedì. Moment mal! Ich lese: Lunedì, 22 Agosto. »Die ist ja von morgen!« – »Nein, von heute. Es ist Viertel nach zwölf.« – Ich blättere: In forse il papa a Saraje-wo – Colomba Platino – L'infelicità di Grace – Friuli, terrore alla festa. Zwei Drittel des sizilischen Baumbestandes in Flammen. – »Seite sechs, kleiner Kasten unten.« – Ein paßfotogroßes Bild. Waltraud, kein Zweifel. Ich setze mir die Nachricht ungefähr zusammen. Heut früh im Hafen von Syrakus aus dem Wasser gefischt. Lungenschuß. Ausgeraubt vielleicht, aber nicht vergewaltigt. Keine Papiere. Hinweise über die Identität des Opfers nimmt jede – undsoweiter. »Ich verstehe das nicht.« – »Was finden Sie da denn rätselhaft? Ihr tschechischer Freund hat sie wahrscheinlich aufgegabelt, weil sie völlig abgebrannt ist. Na ja. Dann hat sie sich an Sie herangemacht.« – »Ist Vesely also doch in der Pension in Catania gewesen!« – »Zweifeln Sie daran? Na hören Sie!« – »Und er hat sie mir in Syrakus ins Bett gelegt?« – »Sie sollten einmal in seine Aktentasche schaun.« – »Was ist denn da drin?« – »Lebensuhren. Und ein Heftchen. Er ist sehr pedantisch, führt über jeden Abgang Buch!« – »Und warum haben Sie ihn vorhin nicht umbringen lassen?

Ihr Schläger ist ja schon nahe daran gewesen.« – »Es ist vorerst besser, den Mann irrezuführen. – So, wir sind da!« Der Alfa fährt mitten auf der Strecke an den Rand, es holpert, er hält, der Chauffeur schaltet die Scheinwerfer aus. Schwarz. Außer den funkelnden Sternen und dem immer noch vollen Mond nirgendwo Licht. – »Darf ich mal austreten?« Ich öffne die Tür, lasse sie offenstehen, tu ein paar Schritte ins Steinfeld hinein. Hinter mir jault der Motor auf, ich drück den Harnfluß ab und werf mich herum, der Alfa jagt los unter dem weiten milchig durchflockten Nachthimmelszelt, ich schrei hinterher, erst hundert Meter weiter wird das Licht eingeschaltet, rotes Aufglühn am Heck, dann schrubbelndes Bremsen auf Rollsplit, der Wagen stoppt, ich flitze, stolpere, hetze, Türenschlagen, schon braust der Alfa weiter, lange noch brennen auf meiner Netzhaut in schimmernden verschmierten Streifen die beiden Rücklichter. Es braucht eine Ewigkeit, bis der Motor nicht mehr zu hören ist. Ich bin allein.

IMMER DIE STRASSE ENTLANG. Nirgendwo ein Haus. Mitten auf der Fahrspur liegt mein Rucksack. Einfach vom Rücksitz gerissen. Die Zeitung daneben. Steck sie mir ein, lasse mir Zeit, hebe den Rucksack an, schiebe einen Arm durch den Träger, wuchte das Ding auf den Rücken, schlüpfe in den anderen Träger. Ich bin zu aufgeregt, um müde zu sein. Kein Unterschlupf. Nichts als schwarze Öde, aus der bisweilen bizarre Felsschatten treten. Nach anderthalb Stunden strammsten Marschierens steh ich am Abhang der Hochebene: Er zieht sich zu beiden Seiten endlos hin, eine ungeheure Dachtraufe, von der fällt die Wand des Südostens Hunderte von Metern hinab. Unten dehnt sich das Tiefland über Kilometer bis an das samtschwarze Meer, auf welches der Mond in einem schillernden Flecken feuchte Kreide rieseln läßt. Unten glimmt eine Stadt. Sie ist, nach der von den Lichtern bedeckten Fläche zu schließen, ziemlich ausgedehnt. Jetzt eine Ahnung, wo ich bin. Wenn ich die Karte richtig im Kopf habe, muß das dort Cómiso sein. Ich brauchte Stunden, um dort hinzukommen. Hinter mir, jenseits des rauhen steinigen Hochlands, ein Schimmer von Tag. Es ist halb drei Uhr nachts. Ich sollte doch etwas schlafen. Abseits, mitten im Schotterfeld, eine Art Gebäude, es ist eine stillgelegte Baustelle, einer dieser stehengelassenen Rohbauten, deren man im Süden Tausende findet.

Ich will schon hinüber, da nähert sich hinter mir ein tiefes Motorengeräusch. Scheinwerfer. Ein Bus! O bitte nimm mich mit! Ich strecke die Hand hinaus. Er kommt näher, ungetümer wuchtiger Schatten. Er hupt. Fährt knapp vorbei, das darf doch nicht wahr sein! Hupt noch mal. Hält. Dröhnendes Vibrieren der Maschine. Ich laufe. Ganz vorne die Tür steht offen, fahles Licht drinnen. »Sie schickt mir der Himmel!« Ich ziehe mich hoch, starker Blumenduft weht mir entgegen, ich blicke auf. Spränge am liebsten wieder nach hinten hinaus: Der Fahrer trägt eine schwarze Uniform, keine blaue, wie die anderen der Überlandlinien. Er trägt auch keine Mütze, sondern einen dunklen Nadelfilzhut mit rundum, also auch über der Stirn aufgebogener Krempe. Weißes Hemd, schwarze Krawatte. Im Knopfloch des Revers eine weiße Narzisse. Und helle Satinhandschuhe. Was mich über alle Maßen erschreckt, ist das Gesicht. Gelblich lederne, durch und durch zerfaltete, nein: zerfurchte Haut, überm neben beiden Mundwinkeln in zwei dünnen Streifen auslaufenden Bärtchen ganz klein die knopfige Nase. Hinter fahlgrünen Lippen riesige Lücken zwischen graubelegten Zähnen. »Den Fahrausweis bitte.« Als er mich ansieht, haben seine Augen keinen Blick, Iris und Pupille trübblaue Flächen, die Hornhaut irgendwie flockig. Der Mann ist blind, kein Zweifel, wie kann er Auto

fahren?! – »Den Fahrausweis, machen Sie schon.« Er drückt
am Armaturenbrett auf einen grün leuchtenden transparenten Plastikknopf, hinter mir schließt sich mit Zischen die
Tür. – »Entschuldigen Sie, ich ... Aber ...« Ich ziehe die
Geldbörse aus der Gesäßtasche. »Wohin fahren Sie? Nach
Cómiso?« – »Cómiso, Vittória, Gela, Licata, Agrigento.
Auf der 115 immer am Meer lang.« – »Agrigento, das wäre
recht.« – »Es ist weit. Wir müssen uns beeilen. Es wird bald
hell sein.« – »Na ja gut. Mir egal. – Verzeihen Sie bitte, aber
Sie können doch überhaupt nicht sehen ...« – »Den Fahr-
ausweis!« – »Was kostet die Fahrt bis Agrigento?« Ich hole
einen Fünfzigtausender heraus. – Er schüttelt den Kopf.
»Kein Geld, den Fahrausweis!« – »Ich verstehe nicht ...« –
»Na da!« Der weiße Handschuhfinger streckt sich in Rich-
tung meiner rechten Hosentasche. – »Wie?!« – »Los, los,
ich hab keine Zeit übrig!« – Er will den Stein, keine Frage.
Ich zögere. Er drückt wieder auf den grünen Knopf, die
Türhydraulik zischt. »Raus! Sie sind nicht der Richtige.
Hier ist nur für einen reserviert.« – »Wie bitte?« – »Wenn
Sie sich nicht ausweisen können, müssen Sie den Bus verlassen. Dann werden Sie kaum rechtzeitig in Mozia sein.« –
Er weiß Bescheid. Ist das mein Kontaktmann? Ich hole den
Stein aus der Tasche. – »Geben Sie schon!« – Ich lege ihn
auf das Metalltellerchen, auf dem sonst Münzen abgezählt
werden. Laß aber nicht los. Er drückt ein drittes Mal auf
den grünen Knopf, die Tür dreht sich an der Metallstange
um das Rahmenscharnier und schließt dicht. Er bückt sich,
zieht einen Stoffbeutel rauf, kramt drin. Holt eine in Per-
gament eingeschlagene Wurst und ein Viertel Weizenbrot
heraus, legt sich beides in den Schoß, kramt weiter. Grunzt.
Hat einen Stein in der Hand, nicht ganz unähnlich meinem. Fügt jenen an diesen, ich halt meinen fest, sie passen,
und kaum berühren sie sich, beginnen die Stücke unauf-
dringlich, aber doch sichtbar zu glimmen. Scheinen weich

zu werden, irgendwie wächsern. – »Nehmen Sie!« sagt er. – »Wie?« – »So nehmen Sie schon. Jetzt sind es dreiunddreißig.« – »Dreiunddreißig?« – »Ich weiß nicht, wieviel Scherben es sein müssen. Es fehlen aber wohl nicht mehr viele.« – »Und die Aktentasche?« – Er löst die Handbremse, legt einen Gang ein, fährt an. – »Was ist mit der Aktentasche?« – »Wenn Sie rauchen wollen, setzen Sie sich nach hinten. Wenn nicht, können Sie auch hier vorne bleiben.« – »Entschuldigen Sie: Die Aktentasche!« – Er zeigt mit dem Finger über sich auf ein Metallschildchen. Es sei verboten, während der Fahrt mit dem Conduttore zu sprechen, steht darauf. Seltsam, der Stein ist wieder so groß wie zuvor. Jedenfalls ungefähr, genau kann ich das nicht sagen. Der Fahrer hat den anderen Stein aber nicht weggenommen, das wäre mir aufgefallen. Als hätte einer den andren verschluckt.

Es hat keinen Zweck, vorne stehenzubleiben. Grauenvoll der Anblick des Fahrers. Zumal er nichts sieht. Schon schieben wir uns im zweiten Gang die erste Serpentine hinunter. Ich zwänge mich mit meinem Rucksack bis ganz nach hinten durch, den sehr warmen Stein in der Hand. Er scheint Energie abzustrahlen, leuchtet. Ich befreie mich von dem Rucksack. Jetzt merke ich erst, wie müde ich bin. Wir fahren eine Kurve nach der anderen, ich kann Cómiso näher kommen sehen, stecke den Stein ein und strecke mich längs auf der Rückbank aus. Entzünde eine Zigarette, schnippe die Asche auf den Boden, drücke die Kippe an der Metalleiste der vorletzten Sitzlehne aus. Mehrmals fallen mir die Augen zu, aber ich will nachdenken. Dann weiß ich nichts mehr.

JEMAND KLOPFT AN DIE SCHEIBE. Goldenes Licht fällt in den Bus. Im Mittelgang liegt mein Rucksack, auf meinem Bauch als kleine papierknisternde Decke die Zeitung. Ich richte mich auf. Ganze Menge Leute draußen, haben sich um den Pullman geschart und pochen, schlagen, trommeln ans Glas. Lichtstürze marmorieren die flächigen Karten aus Staub. Aufgeregt macht man mir Zeichen. Es wird immer hektischer geklopft. Vigili urbani. Ein paar Carabinieri. Der Bus steht mitten auf der Piazza Marconi, direkt vorm Bahnhof Agrigento Centrale, und blockiert offenbar den Verkehr. Trillerpfeifen, schrille Stimmen. Man gestikuliert, ich solle nach vorne kommen. Offenbar kriegt man die Bustür nicht auf. Ich falte, noch benommen, die Zeitung, stecke sie ein, mein linker Unterschenkel juckt ganz erbärmlich. Ich kratze, erschrecke, seh hin: Wo gestern die blaue Verfärbung war, ist mir eine Art Pelz gewachsen, kappengroße Schwellung ums Schienbein. Die scheinen draußen wütend zu werden. Schleppe mein Zeug nach vorne. Auf dem hohen, gefederten Lehnensitz des Fahrers liegt eine braune Aktentasche. Sieht wie die des Pragers aus. Ich nehme sie an mich. Kein Schlüssel im Zündschloß. Keine Ahnung, wie die Tür aufbekommen. Öffne immerhin das Seitenfensterchen neben dem Fahrersitz. Die Schutzmänner erinnern mit ihren weißen, hochgewölbten Tropenhelmen an Kolonialsoldaten. Jemand ruft mir etwas zu. Einer schlägt mit dem Hammer ein Fenster ein, wüstes Gesplitter. Da soll ich durch. Man zerrt an mir, den Rucksack vorweg, die Aktentasche laß ich nicht los. Man verlangt meinen Paß, ich erkläre: bin nachts von dem Bus hinter Ragusa mitgenommen worden. Allgemeines Kopfschütteln. Ein Polizist führt mich um den Wagen herum, zeigt mir hinten und vorn, daß es kein Nummernschild gibt. Der Bus ist außen nachtschwarz lackiert. Ein anderer Polizist untersucht derweil meinen Rucksack, jetzt will er auch die Aktentasche sehen. Ich sträube mich erst dagegen, er zieht sie mir aus der Hand, macht sie auf, schüttelt sie, die Öffnung nach unten: Ist leer. Man gibt sie mir zurück.

Meine Personalien werden aufgenommen, dann läßt man mich gehen.

Vom Bahnhofsplatz führt eine Treppe hoch zur Altstadt, ich nehme sie, drehe mich um, schaue noch mal hinab. Unter dem Bahnhof die Geleise: In der Halle steigt man zu den Perrons zwanzig Meter hinunter. Der tiefschwarze Bus mitten auf dem Platz, umstellt von Schupos, Carabinieri, Taxi- und Busfahrern. Eine Polizeisirene rast. Ich wende mich weg.

Am zentralen kompakten Stadtgärtchen vorbei, kaum Spielplatzgröße, in dem es unter Palmen und am Mittelweg der vegetationsreichen, sozusagen zusammengeschobenen Grünanlage zwei Kioske gibt, einer ist eine Bar, es duftet dort schwer und süß nach Backwerk, dann links die Via Pirandello hoch, ich muß mich dringend waschen. Danach seh ich weiter, wie ich bis übermorgen nach Mozia komme. Keine Ahnung, weshalb ich eine leere Aktentasche mitbringen soll. Auf der kleinen, etwas tiefer gelegenen Piazza S. Francesco finde ich eine Bleibe, gleich nebenan ein Ristorante, das verlockend aussieht und »La Forchetta«, Zur Gabel, heißt. Die Hotelière allerdings eher unangenehm, die lauernden schmiegsamen Bewegungen eines Komodowarans. Zimmer ganz unters Dach gepreßt, alles neuer häßlicher Komfort in Nut und Feder aus abwaschbarem Kunstholz. WC unabgetrennt im Eckchen des Raums. Hat was von einer Gefängniszelle. Ein Waschbeckchen, Puppenstubenformat, man muß ständig aufpassen, sich oben nicht den Kopf zu stoßen. Die Dachluke blickt über terrassenartig abfallende Dächer hinüber zum leuchtenden Meer.

Also mal die Aktentasche näher untersuchen. Ich taste. Nichts zu fühlen. Dann meine Barschaft überprüft. Brauche dringend neues Geld. Suche schon mal das Postsparbuch aus dem Rucksack, wasche mich, untersuche das linke Schienbein. So kann ich jedenfalls nicht herumlaufen. Rasiere das ziemlich hartnäckige Fell ab. Sieht dann auch blöd aus: die Beine sonst normal behaart, aber der Unterschenkel glatt wie ein Babyarsch. Ich kann nicht behaupten, daß mir die Sache gefällt. Nur erst mal zur Post. Zieh mir was anderes an. Gebe unten den Zimmerschlüssel mit dem dicken plombigen Anhänger ab, der sieht wie eine fett numerierte Handgranate aus, verlasse das Hotel. Frage nach dem Amt. Richtung Bahnhof zurück, am Stadtgärtchen nicht rechts, sondern links zur zentralen Piazza Vittorio Emanuele. Eines der monströsen Mussolini-Gebäude. Plumpe protzige Freitreppe, eckige Betonsäulen. Kalte verglaste Metalltür. Die Halle, es hallt tatsächlich in ihr, rund und ziemlich hoch. Schwierig, den richtigen Schalter zu finden. Ich werde hierhin gewiesen und dorthin, stehe schließlich dem zuständigen Beamten gegenüber, aber der schüttelt den Kopf und erklärt, mir nichts geben zu können, da die Formulare ausgegangen seien. Ich solle in zwei oder drei Stunden wiederkommen, sie würden versuchen, irgendwo welche aufzutreiben. Schräg dem Postamt gegenüber die Station der Oberlandbusse. Dort frage ich. Bus Richtung Marsala wochentags 6.20, 7.00, 13.10. Also hab ich anderthalb Tage, vielleicht zwei. – Darf nicht vergessen, zum Vergleich noch eine Zeitung zu kaufen.

Die Stadt ist nicht unbedingt schön, aber reizvoll. Vom Meer an steigt eine Hügelkette auf, fällt wieder ab, dann ein erster Bergkamm, auf dem Agrigento erbaut ist. Entlang der Kette, aus Sicht der höher gelegenen Stadt »Tal der Tempel« genannt, stehen wie aufgeschnürt fünf dorische Gotteshäuser, deren eines der besterhaltene Peripteros der griechischen Welt. Um die archäologische Anlage herum altchristliche Nekropolen, ein noch nicht restlos ausgegrabenes Stadtfundament und Tausende Mandelbäume zwischen knorrigen Oliven, Agaven und Feigenkakteen. Hier einst die antike Siedlung, nach dem Flüßchen Akragas benannt, das zwischen Tempeln und Meer fließt. Der Keim der heutigen Stadt Agrigento – erst Mussolini gibt ihr den römischen Namen zurück, davor, seit der arabischen Herrschaft, heißt sie Girgenti – ist auf der ehemaligen, mittlerweile unkenntlichen Akropolis errichtet und zieht sich über zwei Berggrate hin. Sie besteht aus einem verwinkelten, mittelalterlichen, besonders von den Normannen geprägten Altstadtteil und einer ausgedehnten Ballung neuer häßlicher Miets- und Hochhäuser: brutal hingeklotzte Wohnghettos, die Agrigent von weitem wie eine steinerne Krebsgeschwulst aussehen lassen. Steige ich allerdings durch die Altstadt die zahllosen Treppchen bis ganz auf den Gipfel zum gotisch-normannischen Dom, gerate ich in ein sehr eigenes, sehr quirliges, zugleich fremdes wie gar nicht museales Leben. Hier oben steht sechs Jahrhunderte vor der Zeitenwende ein Stadttempel des rhodischen Zeus. Nichts mehr zu sehen von ihm. – Weil alles so normal, nicht fatalistisch, sondern temperamentvoll gelassen wirkt, weil die Hitze hier offenbar niemanden lähmt, sondern ganz im Gegenteil den geistigen wie körperlichen Stoffwechsel erst in Schwung zu bringen scheint, kommt es mir ein wenig vor, als dürfte ich jetzt, in einer zwar sehr südeuropäischen, aber doch modernen Gegenwart angekommen, endlich aufatmen. Ein erholsames Gefühl. Allerdings sind die Soldaten vor den Banken wie Robin Hoods gekleidet, statt Pfeil und Bogen halten sie Maschinengewehre. Ein älterer Herr trägt in der Hemdbrust ein kleines plärrendes Radiogerät. Ich muß dran denken, noch mal bei der Post vorbeizuschauen, sonst kann ich heute nichts essen gehen. Auf dem Weg dorthin kaufe ich die andere Ausgabe von La Sicilia.

Lasse mir auf der Via Atenea in dem etwas versteckten Touristenbüro einen Stadtplan geben. Mir ist zweidreimal

Vesely eingefallen, aber ich mag nicht an ihn denken. Lieber baden fahren, runter nach San Leone, der Lido-Siedlung Agrigents. Ein helles Goldgelb, wenn man die Via Atenea hinunterschaut zum kleinen Park: leuchtende hellgelbe Palmen, hellgelb leuchtende Hausfassaden, hellgelbe Büsche. Davor steile Schlagschatten. Die Leute eilen zur Siesta heim.

Gerade so geschafft, bevor man schließt. Der Schalterbeamte erinnert sich sogar noch an mich. »Da haben Sie Glück«, sagt er, »daß wir neulich im Lager haben aufräumen lassen!« Trotzdem ist die Prozedur noch ziemlich umständlich. Ich bin sehr froh, zwei Pässe mitgenommen zu haben, weil ja einer immer im Hotel abgegeben werden muß. Der Mensch hat Schwierigkeiten mit dem Umrechnen des Kurses. Er multipliziert per Hand und, um die Zeilen zu halten, mittels eines Lineals. Malt ungelenke Zahlen auf die Rückseite eines alten Briefumschlags. Taschenrechner scheint er nicht zu mögen. Sowie er mir das Geld ausgehändigt hat, gehe ich zum Hotel zurück, um Handtuch und Badehose zu holen. Will ja auch die Banknoten nicht mit mir rumschleppen. Den Stein habe ich bei mir, klar, aber soll ich auch die leere Aktentasche mitnehmen? Ich entscheide mich, sie im Hotel zu lassen. Wieder zur Piazza Marconi, der schwarze Bus ist verschwunden. Ich frage nach der Verbindung zum Strand, warte in einer Schar Touristen und junger Einheimischer mit Sporttaschen, zum Krachen voll dann der orangene Stadtbus. Fährt die Via Crispi hinab, eine breite Hypothenuse neben der steilen, sich immer höher hinauf streckenden Wand, immer weiter oben die Kathete der von prachtvollen Großbürgerpalästen gesäumten Viale della Vittoria, die den Flanierenden wie von einem Schiffsdeck aus bis zum Meer hin auf einen See aus weicher Landschaft und des Nachts auf die illuminierten Tempel blicken läßt. Die Via Crispi löst sich in einem scharfen Bogen vom Steilhang und führt nun geradeaus hinab ins Land.

Beim archäologischen Park steigen die Touristen aus, wir anderen bleiben sitzen. Am Fuß der Hügelebene wittert die eingestürzte und zernagte Ruine des Tempios di terone uralt durch immer grünendes Blattwerk, für Momente kann man die Front des Concordia-Tempels sehen. Massen von Leuten, Asiaten, Europäern, Schwarzen schieben sich die in sehr langen Treppensimsen ausgebaute Schanze hinauf. Am linken Schienbein sprießt wieder das Fell, schon jetzt ist eine dunkle Verfärbung zu sehen. Die pelzigen Haare haben keinen Millimeter Länge, aber stehen sehr dicht.

San Leone ist eine Urlaubssiedlung mit Restaurants, kleinen Läden für Bademode und Schwimmutensilien, paar Obst- und Gemüsegeschäften, Bungalows, Diskotheken, alles sehr künstlich und flach auf den Touristengeschmack hin entworfen, Pinienpflanzungen schmücken die einfallslose Reisebüroarchitektur. Am langgestreckten Sandufer ein riesiges hochumzäuntes Strandbad mit achterbahnähnlicher Rutsche, bunten Wimpeln an Masten, Freizeitgeräten für elektronische Abenteuer, Trinkständen, Wurstelgrills. Ich verlasse den Bus, ziehe die Reeboks aus, barfuß tappe ich über heißen Sand. Ohne daß man's eigentlich merkt, sitzt er einem schon zwischen den Zähnen. Abends kann man ganze Schaufeln davon aus den Hosentaschen holen. Finde ein Plätzchen, entkleide mich, hinter mir kleine Dünenwälle, von strohigen Grasbüscheln, ginsterähnlichen Büschen und Heidekräutern am Davonwehen gehindert. Fünfzig oder sechzig Meter meereinwärts spritzen Wellen über Bögen riesiger Steinklötze, die geschützte untiefe Badebuchten schaffen, worin Bootchen schwanken und kreischende Jugendliche Wasserball spielen. Eine Gruppe junger Mädchen hat einen Krebs gefangen und quält nun das

Tier. Ich laufe ins Wasser, werf mich waagerecht hinein. Ob die Lust, die mich spontan anfällt, nicht nur als eine Erinnerung an die Gebärmutter, sondern von weit früher herrührt? Schwimme zurück, trockne mich, und während ich in der Sonne schmore, vergleiche ich die beiden Ausgaben der Zeitung. Sind identisch. Es berührt mich eigentümlich wenig, daß Waltraud ermordet worden ist. Irgendwie ist es gerecht. Immer wieder streifen Schwarze in bunten Kleidern vorbei, auf dem Kopf Schirmmützen, auf der Schulter Schüsseln mit gekühlten Kokosnußstücken. Oder sie halten, befestigt auf breiten Sperrholztafeln, Sonnenbrillen feil. Ich geh noch mal schwimmen, schwimme weit über die Steinbarrieren hinaus, schwimme zurück, döse, lese die Zeitung, döse, schwimme, so vergeht der Nachmittag.

Erst am frühen Abend kehre ich nach Agrigento zurück, der Müßiggang hat mir gutgetan, es ist nicht ganz leicht, die Haltestelle zu finden, jemand erklärt mir, es sei ein Kreisverkehr. Wühle mich, als der brechend volle Bus kommt, hinein. Drinnen riecht es nach Sommer, nach Sonnencreme und frischem, duftigem Schweiß. Spähe über Schultern und an Köpfen vorbei. Meine plötzlich, Ciane zu sehen, ganz hinten im Bus, das zurückgestrichene, hinten zusammengenommene und über die Schulterblätter fließende Haar. Schaut herüber. Sie flirtet mit mir durch die schwarzen Gläser unserer Sonnenbrillen hindurch, da kann man so tun, als schaute man ins Leere. Kein Lächeln auf ihren Lippen, alles bleibt geradezu fest, metallisch. Es ist auch nicht Ciane, das erkenn ich, als sie das Gesicht abwendet, im Profil sieht sie fremd aus. Sie ist älter, vielleicht fünfundzwanzig. Kurz wieder der Concordia-Tempel, Haltestelle am archäologischen Park, Gedränge, Souvenirverkäufer, Eisverkäufer, niemand steigt aus. Also darf kein Wartender hinein, es quillt sowieso fast, was an der Tür steht, vor Gewimmel hinaus, man klammert sich an die Haltegriffe, die junge Dame taucht im Gedrängel unter, der Fahrer ruft denen draußen zu, sie sollten auf den nächsten Bus warten, schließt die Türen, jemand schreit, die Türen öffnen sich noch mal, schließen, wir fahren weiter. Es geht die Steigung zur Stadt hinan. Jetzt seh ich die junge Frau wieder. An der unteren Neustadt steigt sie aus und wiegt sich, ohne sich umzublicken, über die Hauptstraße kreuzend, in die gegenüberliegende Straße davon. Ich schau ihr nach, der Bus fährt an, ruckt, ich kippe kurz nach hinten, trete wem auf die Füße, »Ma scusa«, sage ich und umklammere kräftig die eine der beiden je seitlich überm Mittelgang unter der Busdecke entlanggeführten Haltestangen, der Bus fährt die Hypothenuse hinauf. Als ich zurückschaue, ist die junge Dame längst weg.

Wie ich dann abends aus dem Hotel trete, ist auf dem engen Plätzchen S. Francesco vorm Restaurant nebenan eine lange Tafel aufgebaut. Dicht an dicht stehen davor parkende Autos, für die Durchfahrt bleiben passierenden Wagen links und rechts allenfalls Millimeter. Hohe Strahler werfen durch die Dunkelheit dicke Bündel Lichts auf fruchtgefüllte Schalen. Zwanzig, fünfundzwanzig junge Leute sitzen an der Tafel. Eine sehr fröhliche, lärmende Truppe aus ganz offensichtlich gehobenen Elternhäusern. Die anderen Gäste müssen mit dem Innenraum der Trattoria vorliebnehmen, was bei der in der Stadt stehenden Schwüle nicht verlockt. Oder oberhalb der Tafel Platz nehmen, da ist in drei Treppenstufen eine Art Podest gebaut, nicht mehr als vier Tische noch. Es sind aber keine anderen Gäste da. Möglicherweise wollen sich diesem sozusagen separierten Lärm, den die Feiernden veranstalten, nicht einmal Italiener aussetzen. Mir macht er nichts aus, ich nehme oben Platz, und eine saurierhäutige Signora, allem Anschein nach die Zwillingsschwester meiner Hotelière, kriecht her, bösen Blick über dem hohen aufgestellten Kragen, und harscht mich an, dies sei eine Geschlossene Gesellschaft. Ich erwidere freundlich, Gast im Hotel Concordia von nebenan zu sein. Das setzt auf ihre Arroganz einen Dämpfer. »Na ja, was wolln Se essen?!«: in dieser Art sagt sie was. – Ich, sie sozusagen unterkriechend, frage milde und entgegenkommend: »Was empfehlen Sie mir?« – Das wirft sie aus dem Selbstkonzept, sie winkt dem tunesischen Kellner, mir die Karte zu bringen. Der nun ist ausgesprochen freundlich und spricht in betont herzlichem Tonfall, wie wenn er die Ruppigkeit seiner Chefin bei mir entschuldigen will. Bringt mir auch sofort Wasser und Wein. Ein leichter Wind ist aufgekommen. Ausgesprochen schöne Frauen in der Gruppe. Eine von ihnen spricht mich an, ob ich von den Leutchen nicht ein Erinnerungsfoto schießen würde, reicht mir den Apparat. Ich tu's, man fragt mich, woher ich käme. – Ich versuch, mich zu erinnern. Es fällt mir nicht ein. Aber niemand will die Auskunft tatsächlich. – Ob ich mich nicht zu ihnen setzen wolle? »Un bicchiere per il straniero!« Schenkt mir Wein ein. Die alte Kragenechse rümpft die Nase. Es stellt sich heraus, daß der hochgewachsene blonde Jüngling in seinen Geburtstag hineinfeiert, vierundzwanzig Jahre wird er alt. Wie alt denn ich sei? Ich überlege, es ist mir entfallen. Die Pasta kommen. »Greifen Sie zu, buon appetito!« Der Geburtstagssiegfried lebt in Mailand. Geboren ist er hier. Fast alle an der Tafel Versammelten leben in Mailand und sind eigens für die Feier in seine, teils auch ihre Heimat gereist, Autokonvoi, einen Tag und eine Nacht lang die mehr als 1.000 Kilometer Autostrada del Sud hinabgebraust, sind ja Ferien; einige stammen aus Porto Empedocle, Favara, Realmonte, drei sind wie Siegfried direkt in Girgenti geboren, sie sagen noch immer »Girgenti«, sprechen nicht von »Agrigento«, was mich bei den jungen Leuten erstaunt. Was ich beruflich machte. Das hätten sie doch gesehn: Ich sei Fotograf. Alle lachen, schenken mir nach. Silberne Tabletts mit Meeresfrüchten werden aufgetragen, dazu gibt es Brot. Die Gruppe legt den gewöhnlichen Restaurantbetrieb völlig lahm, die Kragenechse hat ganz recht, den Abend als Geschlossene Gesellschaft zu deklarieren, die Kellner kommen kaum nach, werden ziemlich herumgescheucht, auch gefoppt, selbst die Echse wird gefoppt, ich frag mich, weshalb sie sich das gefallen läßt. Besser, ich frag mich das nicht. Sizilianerinnen sind an sich nicht käuflich, schon gar nicht solche Drachen. Die Kirche S. Francesco an der Stirn des Plätzchens beginnt zu läuten, eine Melodie, ein paar der jungen Leute singen laut mit und erklären mir, daß das die sizilianische Nationalhymne sei, man läßt Champagner kommen, tatsächlich: Moët, man erhebt sich, die Flaschen werden entploppt, der Perlwein schäumt über, die Gläser klingeln, das Geburtstagskind wird hochgelebt, jemand ruft: »Un biondo per la via!«, Anspielung auf eine geläufige Werbung, auf den Plakaten ein weißhaariges Dummchen, das ein Bierglas hält. Man trinkt, dann steht eine nach dem anderen auf, küßt den blonden Jungen ab, reicht ihm ein Geschenk. Mir reicht man ein riesiges rotglänzendes Stück Melone. Es wird eins, es wird zwei, die Echse wagt ein paar Einwände wegen der späten Zeit, des Lärms, der Nachbarn. Wird niedergejohlt und verzieht sich herbe rissig, gibt den Kellnern noch ein paar Anweisungen, dann geht sie mit einer extrem kleinen Handtasche am rechten Unterarm und gesträubtem Kragen heim. Gegen drei löst die Truppe sich auf, auch ich werde umarmt, ich bedanke mich vielmals, die Rechnung für den von mir vorhin bestellten Wein hat der milanesische Sizilianer ganz dezent längst beglichen.

Restlos betrunken fall ich ins Bett. Kann nicht schlafen, denn das Gestell voltigiert heftige Loopings. Dabei ist es in der Kammer ohnedies schon so eng. Ich suche eine Position, in der ich mich nicht übergeben muß, ziehe das linke Bein zur Achselhöhle und lege den Kopf seitlich aufs Knie. Will das andere Knie auch hochkriegen und an die rechte Wange legen, da gibt der Boden nach unter Matratze, Laken, meinem Körper und der Decke, und kopfkissen-abwärts stürzen wir ein paar Etagen tiefer. Gleichzeitig schießt mein Magen auf, quetscht sich in die Speiseröhre, die zu schmal dafür ist. Ich drücke beide Hände vor den Mund, will das jedenfalls tun, scheitere indessen: Links funktioniert das schon nicht wegen des Knies. So verliere ich den Halt auf der Unterlage und rutsche zum Fußende hin. Presse die Augen zu, das Zimmer ein Zyklotron, der mich in seiner monströsen Spirale mittels eines elektrischen Wechselfelds von enorm hoher Schwingungszahl hem-mungslos bis zur Lichtgeschwindigkeit aufdreht, fortwäh-rend kehren die Pole meine Richtung um, ich werd ganz dusselig und elend davon, arme Weingeistmoleküle zer-schmettern und versprengen sich als Wasser-, Kohlen- und Sauerstoffkügelchen. Vor lauter Schreck emittieren sie Energie. Ich werde ziemlich zusammengepreßt in meiner Irrsinnsgeschwindigkeit, jage hinter den Bällchen als gehäs-siges Torpedo her, krieg sie ein, kollidiere mit ihnen, die sich daraufhin spalten und in permanenter Folge dem Mey-er/Mendelejewschen Periodensystem ein Element nach dem anderen hinzufügen in unablässig ratternder Reihe. Da habe ich das Ding an sich in unendlich viele neue Dinger zerteilt, jedes selbst Matrjoschka. Schließlich schwir-ren solche Mengen hypermoderner Posten im Weltall, daß man mir den Nobelpreis für Biologie überreicht. Mein Bett hat im palmengeschmückten Kronsaal des schwedischen Königspalastes Platz genommen, unter einem Baldachin hält Stephen Hawkins die Laudatio über ein Thema der Sexualwissenschaft. Er ist hinterm Sprechpult auf ein ba-rockes Gerüst fixiert. Hinter ihm ein riesiges Display. Da er nicht richtig sprechen kann, tippt er mit wahnwitziger Geschwindigkeit seine Sätze in ein Keyboard, und auf dem Display erscheinen sie in gelbglühenden handgroßen Lettern. Man applaudiert, der mit lauter Kalksteinen behängte Monarch bittet mich in den Concordia-Tempel. Ich werde ihm im Bett durch den Mittelgang zugeschoben. Alle Leute stehen auf und fangen an, die sizilianische Nationalhymne zu singen. Ein Ungenannter stimmt das Horst-Wessel-Lied an und wird von Botho Strauß mit Einigkeit und Recht und Freiheit niedergebrüllt. Henry Maske macht »Pscht!«, und Wolfram Schütte, von Roman Herzog foppend in die Seite gestoßen, bekreuzigt sich. Dabei liest er immer wieder einen Brief von Robert de Niro, der sich über Uwe Pralle beschwert. Sogar die Steffi Graf des Feuilletons, Iris Radisch, erscheint. Michael Schumacher chauffiert sie in einem Paddelboot herein, daraus sie mit Bayerisch Malz um sich wirft. Hinter ihr hopst Volker Hage auf und ab, weil sie ihm die Sicht versperrt. Ihr hängt ein pikantes Medaillon zwischen den Brüsten, auf dem ANDERSON? – NEIN DANKE! steht. Ihr schönes kluges Gesicht heute beklagenswert grau. Ich will ihr zuwinken und durch die Fernsehkameras auch meine Omi grüßen, aber krieg den Arm schon aus Prinzip nicht hoch. Ludwig II. ist baden gegangen, die Wellen mit den Armen schlagend ruft er mir zu. Karasek zerrt meine Bettdecke weg. Ich bin völlig nackt, aber mit einem dichten Pelz bedeckt, so daß ich aussäh wie David Niven oder Robert Wagner gegen Ende des ersten Clouseau-Films. Hawkins läßt seine Zahnlücken grinsen. Auf dem Display erscheint ein Phantombild des Pragers. Es streckt den Zeigefinger nach mir aus, fängt zu sprechen an, fordert mich auf, die Urkunde, einen Stadtplan Agrigents, entgegenzunehmen. Unter vielen Mühen komme ich hoch. Michael Krüger zieht mich an der Kette aus dem Bett und will, daß ich vorm La Forchetta nach einer Melodie von Reinhard Lettau tanze. Ich probier es, hample wild und täppisch auf der sandbestreuten Tafel herum. Nach einem Medley auf Kurt Drawert funktioniert's ebensowenig. Jemand versucht es mit Norbert Gstrein. Ich blamier mich, es ist zum Verzweifeln. Peter Hamm schiebt eine CD von Handke in den Berlusconi-Player. Auch diese Schritte krieg ich nicht hin. Man richtet immer mehr Spots auf mich, Gelächter wie Brandung, mir schießt Tageslicht in die Augen. Ich kneife sie zu, versuch es abermals, gewöhne mich endlich an die Helligkeit. Die Nachttischlampe brennt noch.

Es ist Dienstagmorgen, 23. August. Das ist das erste, was ich denke. Schau zur Uhr: fünf nach sieben. Will mich aufrichten, aber man bohrt mir eine Gabel ins Gehirn und dreht sie dreimal herum. Gleichzeitig quetscht mir jemand den Daumen ins Sonnengeflecht. Also besser liegenbleiben. Schlafe noch mal ein, um zehn ist mir schon etwas besser, jetzt krieg ich wenigstens die Beine aus dem Bett und den Oberkörper hoch. Die Schläfen pochen. Wenn ich mich ganz aufrichte, wird der Magen revoltieren. Sanft in die Waagerechte zurück und vorsichtig die Decke aus dem Bett getreten. Um halb zwölf endlich auch der Restalkohol verbrannt, die Anatomie wiederhergestellt und alles Äthanol in Kissen und Laken geschwitzt; die stinken wie mit Eiweiß versetzter und gekippter Wein.

Unbeschreiblich wohltuend, so ein wieder klarer Kopf.

Durch die Luke überm Waschbecken überstrahlt die rotgrauen Dächer und betonkantigen Mietshausbauten lichtblau das afrikanische Meer. Ich wasche mir mit dem Lappen die Giftsedimente aus den Poren und bürste den schalen Geschmack aus den Fugen zwischen den Zähnen. Schlüpfe in ein frisches Hemd, was gemeinhin schon den Geist erholt. Dann hinab, die Handgranate mit Schlüsselchenanhänger auf den Rezeptionstresen gelegt, vor der Trattoria sind die Spuren des nächtlichen Gelages beseitigt, statt der Tafel stehen dort nun Marktstände und mit Obst schwer beladene Minitransporter, und ein konfuses Leben knetet den Platz. Es macht den Eindruck, eine Masse Leiber und Sonnenschirme bäume sich wie ein wimmelnder Ameisenhaufen, in dem unentwegt hupende Autos und trötende Mopeds steckenbleiben. Um die Ecke einen Caffè genommen, einen Involtino, ein Glas Wasser. Noch eins. Drei Pfirsiche kaufen, Flüssigkeit spritzt, als ich durch die pelzige Haut beiße, über meine Wangen. Ich wische den klebrigen Saft mit dem Handrücken ab. Ein neues Päckchen Esportazione besorgen, dann die Via Atenea bergan und vom Municipio aus viele Treppchen hoch zum Normannendom, die Freitreppe hinauf, das Portal ist abgeschlossen. Die Sicht zum Meer von einfallslosen billigen schmutziggelben Hochhäusern behindert, teils in Gerüste korsettiert, metallisch-spirrige Baukräne. Der kantig aufragende Campanile links von mir, oben in den Rundbogen, durch den der Himmel scheint, eine Glocke gehängt. Rechts allerdings können die Blicke ungehindert übers Hinterland schweifen. Anfangs noch etwas zersiedelt, reicht es unter mir in sanften Wellen grün, gelb, ocker bis in den pastellblau verdunstenden Horizont hinein. In Fernen, mythisches und schweres Tier, ein Berg. Elegant schlängelt ein Viadukt diagonal durchs Panorama der Staatsstraße zu, die Sizilien längs zerteilt.

Alles wieder hinab, den Bus ins Tal der Tempel genommen. In der Antike spazierengegangen, Stein wandelt Licht in Wärme, strahlt sie nach allen Seiten weg. Es ist brüllend heiß. Überall Japaner mit Fotoapparaten vor ihren Brustkörblein. Seltsames Gemisch flirrender Sprachen und Gerüche. Amerikaner, Engländer, Deutsche, Norditaliener. Feigenkakteen, Mandelbäume, uralte knorrige Olivenstämme. In einer reichlich touristischen Gaststätte löffle ich eine Granita. Sie ist besser, als hier zu erwarten wäre. Danach ein eisgekühltes Bier und eine Brioche. Ich warte an der

Haltestelle auf den Bus. Er kommt auch bald. Und dort, wo gestern die junge Dame ausgestiegen ist, die mich so an Ciane erinnert hat, sehe ich plötzlich Arndt. Keine Frage, daß er es ist! Im weißen Burnus, doch Amimütze auf dem Kopf. Er biegt ziemlich entschlossenen Schrittes rechts in eine unterhalb des Stadtbergs östlich verlaufende Ausfallstraße. Der Bus fährt aber schon weiter. An der nächsten Haltestelle verlasse ich ihn und laufe zurück. Nicht mehr zu sehen. Vielleicht hab ich Glück und krieg ihn noch ein. Die gut ausgebaute Straße führt immer am Hang neben dem Tempeltal entlang, mehrfach das Ristorante »Caprice« ausgeschildert, dann geht es im Bogen wieder hinauf, im mer Arndts Geruch in der Nase, rechts neben der Straße fällt das Land ab, Pinien, Agaven, ockerbraune Grasmatten, unten ein Bauwerk, dahinter Felsklippen, und dort, unter mir, neben der schlichten mittelalterlichen Kirche aus Quadermauerwerk, steht Arndt. Aber er ist nicht allein. Mir sträubt sich der Nacken. Wegen des anderen verberge ich mich. Der nämlich hält an einer dreibändigen Leine die Hunde der Jördsdóttir. Ich kann Hunde nicht leiden. Ein knapp einsachtzig großer Mann mit Glatze und runden schwarzen Gläsern einer Nickelbrille. Weißes Hemd, Krawatte, Shorts. Rechts über der Schulter hängt ihm eine große hellbraune Umhängetasche. Und über der linken, ganz wie mir, ein Händehandtuch. Arndt spricht heftig auf den Menschen ein. Ich hab spontanen Abscheu gegen den. Nur undeutlich kann ich einzelne heraufflatternde Wörter vernehmen; die beiden sprechen deutsch und von mir. Der Widerling zieht etwas aus seiner Umhängetasche, beide gehen in die Knie, der Mann faltet das Ding auseinander, es ist eine Karte. Sie beugen sich drüber, der Mann erklärt, Arndt nickt. Einmal sieht der Mann auf, er scheint mich entdeckt zu haben, lächelt böse. Nein, ich hab mich getäuscht. Auf jeden Fall spricht er jetzt leiser, legt die Karte wieder zusammen. Gemeinsam verschwinden sie hinter der Kirche in einer lockeren Ansammlung von Bäumen. Ich überklettere den Zaun, stolpere hinab. Rosafarbener Hibiskus. Die Kirche. Ein runder, nahezu gotischer Eingang, obgleich der übrige Bau romanisch wirkt. Eine zwischenverglaste Tür mit dicken senkrechten Holzstreben ist neu hineingesetzt worden. Auch früher ein Tempel, man kann unterm Fundament der Kirche deutlich eine dreistufige Krepis erkennen. Hinten umwölbt die schlichte Apsis das mittlere Wanddrittel. Von hier fällt der Blick südöstlich auf Wald und Autobahn; südlich leuchtet das Meer. Ein paar Meter weiter eine verwitterte Felsentreppe. Dann eine Klippenformation steil hinunter, ganz ähnlich der von Enna. Ich zweifle keinen Augenblick daran, erneut auf einem Heiligtum Demeters zu stehen. Wo aber sind Arndt und der unangenehme Mensch mit den jördsdóttirschen Hunden abgeblieben? Weit und breit ist niemand mehr zu sehen. Auch nix zu riechen. Dann ruft mich, mir im Rücken, jemand an, eine heisere Stimme. Weder Arndt noch der andere, sondern ein gebeugtes Hutzelmännchen, oben am Sims der Felsstufen. Wo kommt der denn jetzt her? Macht mir Zeichen, ich solle verschwinden. Als ich zu ihm hochsteige, werden seine Handzeichen hektisch. Dann brüllt er mich an. Was ich hier verloren hätte?! Das Gebiet sei gesperrt, da dürfe niemand hin, behördliche Anordnung usw. Mir moussiert spontan die Galle. Wer er überhaupt sei?! – Er sei der Kustode, und wenn ich nicht sofort das Weite suchte, riefe er die Carabinieri. Na tu das doch, brüll ich zurück und streck die Faust hoch, den Daumen deutlich ordinär zwischen Zeige- und Mittelfinger. Der Gnom schäumt nun erst recht: Ich solle mich zu meiner »puta madre«, meiner Hurenmutter, scheren. Und er sich, erwidere ich, zu seiner von Mussolini durchgevögelten Jungfrau Maria und ihrem selbstkastrierten Bastard. Daraufhin platzt er, dicke weiße Spuckegischt auf den Lippen, die Stimme in selbst Contratenören unerreichbar hysterischem Diskant. Ich dreh dem Rumpelstilz einfach den Rücken und schreite wieder hinab. Das tobt und tobt, aber ich bin mir sicher: Niemand hört den Zwerg. Bis er die Polizei alarmiert haben kann, bin ich längst über alle Berge. Er weiß das natürlich auch und klaubt vor implodierender Hilflosigkeit Steine vom Boden, schmeißt sie mir nach. Traut sich aber nicht zu treffen. Ich lache mit betont falschem Nachdruck, schlag mich quer übers Feld. Eine halbe Stunde später die Straße, aber auf meine hinausgestreckte Hand hält kein Auto. So muß ich zu Fuß weiter, lange endlich an der Verbindung zwischen Tempeltal und Agrigento an, jetzt noch vielleicht ein paar hundert Meter, tatsächlich, eine Haltestelle. Ich steh hier ganz allein herum, es geht auf fünf Uhr nachmittags. Der Bus kommt.

Überfüllt. Ich dräng mich grad noch so rein. Klammre mich an einer seitlichen Griffstange fest. Bin perplex, werd sogar rot, fürcht ich, aufblaschende Hitze: Direkt neben mir die junge Frau von gestern. Sieht mich unverwandt an, das heißt, die Gläser ihrer schwarzen breiten Sonnenbrille sind auf mich gerichtet. Ich fasse mich, lächle, grüße, sie reagiert nicht. Als ich noch mal grüße, legt sie den Kopf unnahbar in den Nacken, dreht ihn, schaut weg. An der nächsten Station, derselben wie gestern, steigt sie aus. Ich kann ihr heute nicht mal nachsehn, nachdem sie die Straße gekreuzt hat, so ungünstig steh ich hier drin. Auf der Piazza Marconi schüttet der Bus seinen Inhalt aufs Pflaster.

Zurück ins Hotel. Könnt eine Dusche brauchen. Die Aktentasche noch da. Der Stein in meiner Hosentasche faßt sich kalt und leblos an. Wie ein Stein eben. Ich habe aber gesehn, was ich gesehn hab. Diese zwei Tage Agrigento sind, dessen bin ich mir bewußt, nur eine Art Urlaub, ein Atemholen, das mir vergönnt ist und das ich auch aus-

schöpfen will. Andererseits fiebere ich doch der Abfahrt
entgegen, werde gleich den ersten Bus, den von 6.20 Uhr,
nehmen. Es darf heute nicht so spät wie gestern werden,
ich will aufmerksam, will hellhörig sein, wenn ich Arndt
auf Mozia begegne. Vermute übrigens richtig: Die Touri-
stenkarte Agrigentos bezeichnet den Ort der, denke ich
mal, konspirativen Besprechung der beiden als »santuario
rupestre di demetra«. Welche Rolle spielt nur die verdamm-
te Aktentasche? Daß Vesely eine ganz ähnliche hat, läßt
allerlei Vermutungen zu.

ICH TRETE HINAUS. Auf dem Podest über den Stufen, genau
meinem Platz von gestern nacht, sitzt der Mann, mit dem
ich Arndt vorhin gesehen habe. Ich stutze, er sieht auf. Er
lächelt. Ich schätze ihn auf etwas unter vierzig. Ziemlich
arrogantes Gesicht. »Kommen Sie mal her!« ruft er auf
deutsch und winkt mich zu sich. »Na los, ich beiße nicht!«
Seine so großartige wie hochmütige Geste zeigt auf den
Nebenstuhl. Hat was Einstudiertes. Ich zögere. Dann tret
ich näher. – »Setzen Sie sich.« – »Kennen wir uns?« – »Ich
Sie.« – Abermals spontaner Widerwille. Er hat keine richtige Glatze, die blonden Haare auf der sonnenroten Haut
wachsen nur an den Seiten und am Hinterkopf dicht und
sind keinen Millimeter lang; ließe er sie stehen, er hätte
einen Haarkranz. Der an den Wangen eckig ausrasierte
Dreitagebart dunkler. »Außerdem haben Sie mich doch
beobachtet vorhin, geben Sie's zu.« – Ich antworte nicht,
betrachte ihn reserviert. – »Nun setzen Sie sich schon!«
Kopfstimme. Etwas Selbstherrliches darin. Und mit einer
zweiten lässigen Geste weist er abermals auf den Stuhl. Ich
nehme Platz. Über den runden Gläsern der Sonnenbrille
kräftige Brauen. Je darüber kleine Buckel und scharfe
Längsfalten auf der zwar hohen, aber fliehenden Stirn. Eng

stehende, kräftige gelbliche Zähne, der obere rechte Vorderzahn schräg abgebrochen, hinten metallische Brücken. Das gibt der Person etwas phylogenetisch Vertracktes, als wäre sie zu einem Teil nur Mensch, als wären andere Partien künstlich. Das weitgeschnittene Hemd aus gestärktem Baumwolleinen, die hellblaue Seidenkrawatte unauffällig gemustert: fein ziselierte gelbe Narzissen. Die Shorts helles Graublau. Auf den braunen Beinen und Armen ein dichter Flaum hellen Haars. Die Füße stecken in eng geflochtenen Sandaletten mit Wildledersohle. Über der Schulter, wie ich, das Handtuch, mit dem er sich von Zeit zu Zeit Gesicht und Scheinglatze wischt. Er schwitzt stark. Neben dem Stuhl, den Träger über der rechten Lehne, gestopft die braune Umhängetasche. – »Was wolln Sie von mir?« frag ich nun endlich und bin mit Absicht schroff. – »Na-na!« macht er. »Mögen Sie etwas trinken? Oder haben Sie noch einen Kater von gestern?« – »Sie beobachten mich?« – »Ich dachte Sie mir aus.« – Wahrscheinlich ist er nicht anmaßend, sondern verrückt. – »Das ist mir, finde ich, gelungen. Sie sind nur in Details mir ähnlich geraten. So muß das sein. Zum Beispiel die Esportazione, ich rauche die auch ganz gern. Ein bißchen Erzählspeck, nun gut, damit wir nicht allzu saftlos bleiben. Lassen Sie mal sehn!« Er beugt sich vor und starrt mir auf den Bauch. – »Was fällt Ihnen ein?!« – »Na bitte! Sagte ich doch: Sie sind dicker als ich. Die Neigung zum Spitzbauch ist an mir jedenfalls vorübergegangen.« – Ich bin starr vor Sprachlosigkeit. – »Und das da«, sagt er und zeigt auf das vorgesprossene Fell an meinem Schienbein, »ist schlimm und eine ziemliche Gemeinheit von mir. Muß Ihre Psyche arg belasten.« Er ruft die Kragenechse und bestellt einen weiteren Viertelliter Wein sowie ein zweites Glas. »Denken Sie mal nach! Nichts von dem, was Sie erleben, kann stimmen.« – Allmählich fasse ich mich. »So, nun mal langsam, Herr . . . Herr . . .« – »Herbst«, sagt er und lächelt. Dann lehnt er sich zurück, schlägt ein Bein übers andre, beugt sich über die Oberschenkel vor und legt wie zum Gebet die flachen Hände aneinander, die Daumen unterm Kinn, beide Zeigefingerkuppen berühren je seitlich den Nasensteg. Am linken kleinen Finger ein Goldring mit grünem rundem Stein, an der rechten Hand ebenfalls ein Ring, in den Bernstein oder Topas ein Wappen ziseliert. Zwischen Schädelbein und Nacken feiste Wülste. – »Ich weiß nicht, was Ihnen das Recht gibt, mich so zu behandeln. Hätte ich Sie nicht mit meinem Freund Arndt gesehen, ich ließe Sie hier sitzen. Allerdings hab ich das Gefühl, daß Sie irgendwie mit mir zusammenhängen . . .« – »Exakt.« Er spricht's aus wie *ex-ackt*. ». . . sich jedenfalls um Sachen kümmern, die Sie nichts angehn.« – Jetzt grinst er. – »Vielleicht mischen Sie sich sogar weitergehend in mein Leben ein, als ich weiß. Mich interessiert das aber nur peripher.« Ich schweige. Warte. »Nur weiter!« macht er und steckt sich eine Zigarette an. Wiewohl es völlig windstill ist, schützt er die Flamme des silbernen Feuerzeugs in der hohlen linken Hand. Der affektierte Kerl ist zum Wahnsinnigwerden. Der Wein kommt, ich schenke mir ein, nippe am Glas. – »Ich habe ein gewisses Interesse daran, daß Sie Ihren Auftrag erfüllen.« – »Meinen Auftrag?« – »Tun Sie nicht so! Die Sache mit dem Stein natürlich.« – »Was wissen *Sie* davon!?« – »Ich bin der Koordinator.« – »Der was?« – »Sagen wir's so: Ich stehe zwischen Frau Tanit – Verzeihung: Frau Jördsdóttir heißt sie ja für Sie . . . – stehe zwischen ihr und Ihnen. Ich repräsentiere die Welt, Sie repräsentieren die Möglichkeit, – nur eine unter sehr vielen, aber ich habe mir mit Ihnen redliche Mühe gegeben.« – »Ich kapier beim besten Willen keinen Ton! Das ist alles ziemlicher Unsinn!« – »Versteh ich, daß Sie das finden. Sie dürfen mir glauben, daß auch mir selbst das einst so ging, wobei . . . meine Situation war noch sehr viel pikanter, als es die Ihrige ist. Sie dürfen nicht vergessen, daß ich *wirklich* bin. Da ist es etwas ganz anderes, leibhaftig einer erfundenen Figur gegenüberzutreten. Ich erhielt von Arndt einen Brief, etwas mehr als sieben Jahre liegt das zurück. Er bestellte mich nach Paris.« – »Nun und? Mich hat er nach Sizilien gebeten.« – »Das denken Sie nur.« – Ich zucke die Achseln. Was redet der Typ für einen Mist zusammen! – »Ich müßte Ihnen das eigentlich nicht erzählen.« – »Dann lassen Sie's bleiben.« – Er zögert einen Moment, für Sekunden fließt ihm die Anmaßung vom Gesicht und ein eher weiches Bürschchen sitzt mir gegenüber, das von wasweißich für einer Geschichte durchgebeutelt worden ist. Er nimmt die Sonnenbrille ab. Traurige feuchte mattgrüne Augen schauen mich an, das Antlitz eines vorgealterten Sechsjährigen, den niemand liebhat. – »Aber wenn's Sie erleichtert ...«, lenke ich unwillkürlich ein. – Nahtlos zieht seine zynische Fassade hoch, und er setzt die Sonnenbrille wieder davor. »Arndt also bestellte mich nach Paris, in ein vietnamesisch-chinesisches Restaurant. ›Le Tertre d'Or‹ hieß das, in La Villette. Die bizarre Hochhausformation, in deren Erd-geschoß das Restaurant gelegen ist, nennt der Volksmund ›Orgelpfeifen von Flandern‹.« – »Ja und?« – »Das sagt Ihnen nichts?« – »Nichts, nein.« – Er hustet. »Ich war eigentlich nur hingefahren, um zu sehen, welcher Freund mir da einen Streich spielen wollte.« – »Wieso *Streich?*« – »Ja Gott, weil Arndt nichts war als meine Figur! Sie passen nicht auf, ich hätte Ihnen einen etwas höheren IQ mitgeben sollen.« – »Für Sie scheint die ganze Welt aus Ihren Figuren zu beste-hen.« – »Sie haben nicht unrecht. Aber nicht aus unbedingt meinen. Sagen wir außerdem: aus Marionetten. Ich schlie-ße mich da übrigens ein.« – »Also bitte.« – »Arndt kam tatsächlich, und er sah genauso aus, wie ich ihn in elf Erzählungen beschrieben hatte. – Sie kennen seine Ge-schichte?« – »Ich kenne sie«, erwidere ich säuerlich, »ja.« –

»Sie haben nicht den geringsten Zweifel an seiner Wirklichkeit?« – »Keinen.« – »Also sehen Sie! Das müßte Ihnen doch zeigen, daß ich recht habe.« – »Ihre Argumentation dreht sich im Kreis.« – »Finden Sie?« – »Finde ich.« – »Na gut. – Am selben Abend noch lernten wir Frau Tanit kennen, Madame Tanit, um exakt zu sein. Sie unterhielt damals ein Bordell in der Rue S. Denis. Als sie hörte, ich träte im selben Jahr ein Arbeitsstipendium in Olevano Romano an ...« – »... dort habe *ich* Frau Jördsdóttir kennengelernt.« – »Haben Sie eben nicht. Es hat Sie vor dem 13. August dieses Jahres gar nicht gegeben.« – »Wenn Ihre groteske Mutmaßung Sie glücklich macht ...« – Er hebt hilflos die Hände. »Sie lud mich«, berichtet er weiter, »in ihr olevanesisches Haus ein. Ich ging mit meinen Freunden Eigner und Schreiner hin. Die haben sie gesehen, das läßt sich beweisen.« – »Das *müssen* Sie mir nicht beweisen. Ich weiß, daß sie dort wohnt.« – »Das Problem ist, daß Madame Tanit nicht richtig existiert.« – »Genau so wenig wie ich?« – »Gewissermaßen. Nur daß Sie nicht mich bestimmen können, sondern ich Sie bestimme. Frau Jördsdóttir aber, obwohl es sie nicht gibt, bestimmt mich.« – »Kapier ich nicht.« – »Schreiner und Eigner sind Realisten, darum fielen sie auf die Tanit nicht herein. Mich aber lockte ...« – »... die Grabplatte?« – »Dieser Teil Ihrer Erinnerung gehört meiner Autobiografie.« Er streckt sein linkes Bein aus. »Sehn Sie die Narbe? Genau dort, wo bei Ihnen das Fell wächst. Es wird immer schlimmer werden damit, Sie werden sich völlig überpelzen, Sie haben nicht mehr viel Zeit. Auch ich begann, mich zu verwandeln. Ich hänge aber am Leben ...« – »Ich auch ...« – »... habe eine Frau, die ich liebe ... Sie nicht. Sie habe ich deshalb ohne Frau erfunden. Aber Ihnen dafür Ciane gegeben. Also seien Sie dankbar und nehmen mir Ihre Erschaffung nicht weiter übel. – Haben Sie übrigens Hunger?« – Ich winke ab. »Später.« Bin

gespannt, ob seine Paranoia diesen Bogen schließen kann. –
»Ich wurde bei Ribera gebissen, nachts, als ich kein Hotel
gefunden hatte und auf dem Balkon eines halbfertigen Hauses übernachten mußte. Es war Vollmond, das ist es ja
immer, wenn man gebissen wird. Mir war der Stein in Can-
nicatti übergeben worden.« – »Auch eine Aktentasche?« –
»Nein. Eine Aktentasche ist erst dieses Jahr im Spiel. Die hat
einen strategischen Grund.« – »Den Stein hat Ihnen, wie
mir, Arndt gegeben?« – »Aber nein! Der war noch gar nicht
beteiligt. Er war irgendwo in Nordafrika unterwegs. Madame Tanit gab ihn mir. In Enna am Demeterfelsen. Sie
selbst beauftragte mich. Völlig überpelzt kam ich in Erice
an. Dort sollte ich mich mit einer Göttin vereinen und
danach getötet werden.« – »Aha.« – »Weil nun aber der Ritus
verlangt, daß man im Frühling wiedergeboren wird, hätte
Madame Tanit sich im folgenden Jahr abermals ein Opfer
suchen müssen. Nun gibt es kaum noch fantasiegejagte
Leute wie mich. Die meisten werden heutzutage von
Kühlschränken gejagt. Ich machte ihr darum einen Vorschlag. Das konnte ich tun, weil ich ja wußte, daß auch
Arndt sie gesehen hatte und sie ihn. Ich schlug ihr vor, jedes
Jahr für eine Figur zu sorgen, mit der sich der Ritus erfüllen
ließe. Zur Probe ließ ich sie Arndt engagieren.« – »Und
dieses Jahr bin *ich* dran?« – Er nickt, entzündet eine neue
Zigarette. »Das ganze hätte schieflaufen können. Ich setzte
darauf und tue es weiterhin, daß, was mir mit Arndt in Paris
passiert ist, sich ständig mit neuen Figuren wiederholen läßt.
Nun«, er lehnt sich zurück, »Sie sehen ja: Es *läßt* sich
wiederholen. Nur ist die Sache nicht so einfach. Madame
Tanit hat Gegner mit ähnlichen Fähigkeiten wie ich. Und
die versuchen, mit ihren die Wege meiner Fantasmen zu
durchkreuzen, eine Art Schachspiel, bei dem ich um mein
Leben denke. Deshalb bin ich dieses Jahr auf die Idee mit
der Aktentasche gekommen. Sie haben ja gesehen, wie

schnell der Gegner reagiert. Als Sie zum Tempel von Segesta hochgestiegen sind, hatte der Prager noch keine; aber als Sie ihn in Catania wiedertrafen, trug er sie wie selbstverständlich unterm Arm. – Das war ein gegnerischer Zug.« – »Wer soll dieser Gegner denn sein?« – »Als Sie bei ›Zu Luigi‹ aßen, war der Holländer Ihretwegen da.« – »Meinetwegen?« – »Ich habe sofort die beiden jungen Männer in den Kampf geschickt. Die setzten ihn ziemlich schnell außer Gefecht. Er hat Ihnen draußen auflauern wollen. Und weil in Ihrem Hotelzimmer mittlerweile die arme Waltraud wartete, ist Ciane aufgetaucht. Kluges Mädchen. Allerdings auch widerspenstig. Sie wollte Sie für sich. Um zu verhindern, daß Sie sich mit ihr treffen, hab ich meine Leute am Palazzo Bellomo, dem Nationalmuseum auf Ortigia, postiert. Sie erinnern sich? Aber Sie waren hartnäckiger, als ich glauben konnte. Und Ciane sowieso. Hätten Sie sich während der Zeitschlaufe, in welcher Ciane Sie uns andren Spielern verbergen wollte, mit ihr vereinigt, hätte ich alles noch einmal von vorne anfangen müssen. Das Mädel hat halt ihren eigenen Kopf und nimmt auch auf ihre Herrin keine Rücksicht. Der aber sind Sie vorbehalten. Also hab ich Ihnen, Verzeihung, diesen kleinen physiologischen Streich gespielt.« – »Bitte?« – »Na mit Ihrer Potenz. Tut mir leid. War aber nötig. In sprichwörtlich der letzten Minute kriegte ich mit, wo Sie steckten!« – »Und weshalb, denken Sie, ist der Holländer nachts wieder so quicklebendig gewesen?« – »Das war *mein* Holländer. Ich habe gekontert. Doch Sie wollten unbedingt Ihr Gepäck aus dem Hotel holen, obwohl das abgestochene Schwein auf der Treppe nun eigentlich Drohung genug war!« – Der Mann ist völlig krankhaft verstrickt. Tut mir fast leid. Aber merkt es ja nicht. – »Es müssen insgesamt 49 Steine ineinanderkommen, 26 hat die Tanit selbst zusammengekriegt in den letzten Jahrhunderten, ich habe bislang sieben geschafft, also mit Ihrem, da bleiben dann noch 16. Das wird mir letztlich nicht gelingen. Ich bin älter geworden, und meine Kräfte lassen nach!« – »Wieso 49?« – »Das Venussiegel.« – »Ach so, deshalb Erice!« – »Deshalb Demeter!« – »Sie haben es wirklich nicht leicht«, spotte ich. »Warum verbünden Sie sich eigentlich nicht mit den Gegnern?« – »Sie meinen: mit Jördsdóttirs Gegenspielern?« – Ich nicke. – Er schweigt einen Moment, drückt die Zigarette aus, lehnt sich wieder zurück. Dann sagt er pathetisch: »Weil ich Frau Jördsdóttir recht geben muß. Weil sie das Lebensprinzip vertritt. Indessen die anderen nichts tun als zu zerstören. Deshalb. – Aber Sie werden diese Antwort wahrscheinlich lächerlich finden!« Er trinkt den Rest aus seinem Glas, lächelt arrogant und winkt der Wirtin zum Zahlen. Legt einen Zwanzigtausender auf den Tisch, steht auf. »So, und jetzt überlasse ich Sie wieder sich selbst. Schlagen Sie sich tapfer. Und grüßen Sie mir auf Mozia Arndt!«

WELCH EIN SPINNER! Er nimmt die Umhängetasche, hängt sie sich über die Schulter, wischt noch einmal Gesicht und Glatze mit dem Handtuch ab und schreitet die drei Stufen hinunter. Vor der kleinen Treppe, die zur Via Atenea hinaufführt, dreht er sich noch einmal um und winkt mir knapp zu. Oben steckt er sich eine weitere Zigarette an, sieht indessen nicht mehr her, taucht im Corso unter.

Es wird dämmrig, ich habe Hunger. Winke die Fchse heran. »Sagen Sie, haben Sie den Mann eben gesehen?« – Sie starrt mir ins Gesicht, als wär ich ein Husky. – »Sagen Sie schon!« – »Warum sollt ich wohl nicht?« harscht sie. – »Bringen Sie mir die Karte.« – Schwerfällig warant sie davon. Die Kellner stellen Tische und Stühle auf das Plätzchen hinaus, weiße Papiertücher werden über sie gedeckt, darauf umgekehrte Wein- und Wassergläser, Bestecke. Der

Tunesier grüßt mich mit einem freundschaftlichen »Ciao!«.
Es dauert nicht lange, da füllt sich das Restaurant. Ein paar
Touristen, aber vor allem Einheimische, jedenfalls Italiener.
Schräg unter mir sitzt ein eigentümliches Pärchen, er wirkt
sehr nordeuropäisch mit seinem studentischen graublonden
Vollbart, den langen Haaren, dem T-Shirt, den Jeans und
den Boots. Sie wiederum ein eher südlicher Typ, hingegen
hochgewachsen, lange dunkle Haare, schmal, ein durchaus
reserviertes Gesicht. Dabei jugendlich in Gesten und Kleidung. Mich überkommt spontan die Lust, sie dem Jungen
auszuspannen. Die beiden unterhalten sich auf englisch,
sprechen mit allerdings verschiedenem Akzent. Mir werden
die Spaghetti gebracht, ich ordere Wein und Wasser nach.
Die beiden bekommen eine Platte Antipasti. Sie hat, indessen sie die Gabel in der Rechten hält und direkt von der
Platte ißt, die Linke dauernd zur Fica geformt, unbewußt
wahrscheinlich. Sie spricht quecksilbig, er voller Bedacht
und nördlich zäh. Ist mißtrauisch den Speisen gegenüber,
sie erklärt sie ihm, lacht, fordert ihn auf zu kosten. Beim
Hauptgang faßt er die Gamberoni auch seelisch nur mit
sehr spitzen Fingern an. Pult langsam an ihnen herum. Die
junge Frau lacht erneut. Er knabbert zweifelnd das
Schwanzstück an, von dem er mittlerweile die Schale abge-
fitzelt hat. Das ist nicht mit anzusehen, ich steige zu den
beiden hinunter, sprech englisch, lache, zeige dem Jungen,
wie man die Krustentiere ißt. Zum fröhlichen Entsetzen
der jungen Dame beiße ich Beine und Antennen ab, zer-
kaue sie. Schmeckt mir. Hole meinen Wein vom Podest-
tisch herunter, lasse mir den Fisch, der endlich gebracht
wird, hierher stellen. Wir fangen an zu plaudern. Er ist
Deutscher, aus Berlin, heißt Christoph. Sie stammt aus
Mailand. Beide studieren sie Slawistik in Stockholm. Sie
machen während der Semesterferien eine Rundfahrt durch
Süditalien, sind jetzt direkt von Palermo gekommen, wol-

len mit dem Auto durch Calabrien wieder heimfahren. Was man denn noch so sehen müsse auf Sizilien. Ich empfehle Noto, empfehle Catania. Ich bestelle noch Wein. – »Was hast du denn da?« fragt Christoph und zeigt auf mein Bein. Der Pelz ist über den Fußspann gewachsen. Einen Moment lang ist mir schlecht. Muß morgen wirklich Jeans anziehen. – »Was *ist* das?« – »Eine Anomalie, ganz harmloser Hautatavismus. Seit Geburt.« – »'tschuldigung, ist das nicht irgendwie lästig? Will dir ja nicht zu nahe treten ...« – »Schon recht, kenne die Frage.« – »Natürlich«, sagt er skeptisch. Seine Freundin äußert sich nicht. Sie sieht sich nicht mein Bein an, nein, ein einziger Blick auf den vermeintlichen Körperfehler scheint ihr genügt zu haben. Statt dessen schaut sie mir neugierig, ja forschend in die Pupillen. Ich schau woanders hin, sie folgt meinen Augen, sucht sie, erzwingt meinen Blick. Mir sträubt sich der Nacken, bloß die Lider schließen. – »Also du mußt wirklich verzeihen«, sagt wieder Christoph, »aber ich hab so was noch niemals gesehen. Hast du darunter sehr zu leiden?« – Bekommt überhaupt nicht mit, was zwischen seiner Freundin und mir geschieht. – »Du bist noch nicht sehr alt, nicht wahr?« fragt sie. – Ich schau wieder auf, meide aber ihren Blick. – »Ein alter Wolf würde sich wehren, wenn ihm unterlegene Rüden oder Fähen so in die Augen blickten, – geschweige Menschen.« – Christoph ist nicht minder sprachlos als ich. »Was meint sie?« fragt er mich, und auch sie fragt er: »Was meinst du? Wovon sprichst du?« – Ich frage ebenfalls. – »He!« ruft Christoph auf deutsch. »Was geht hier denn ab?!« – »Das da ist frisch«, sagt sie nebenhin, italienisch. Dann englisch: »Er lügt. Er hat das nicht seit Geburt.« – »Moment mal!«, ich. – Christoph, fast gleichzeitig: »Moment mal!« Zu mir, in deutsch: »'tschuldigung!« Beugt sich zu ihr vor, tuschelt mit ihr. Sie dreht den Kopf weg. »Davon verstehst du nichts«, sagt sie auf englisch. Und italienisch:

»Gehen wir!« – Er, deutsch: »Wie?« Englisch: »Jetzt?« – Bin sehr matt. – »Sag mal, das kannst du doch nicht machen!« So wieder Christoph. Seine Freundin hat der Echse gewunken. »Aber sicher kann ich. – Wenn der da klarer wäre, ginge das dumm aus für dich heute nacht. Sei froh.« – »Bitte wie?!« – Ich will was sagen. Ich krieg keinen Ton raus. Kratz mich im Pelz, weil der juckt. Die Wirtin kommt. Während seine Freundin bezahlt, bittet mich Christoph, meine deutsche Adresse aufzuschreiben. – Ich denke nach. – Er kritzelt die seine auf eine Serviette. – »Wo wohnst du?« fragt er. – Ich komme spontan nicht drauf. Es druckst in mir rum. – »Ich meine: in welcher Stadt?« – »So laß ihn doch«, sagt die Freundin. »Du siehst doch, daß das keinen Sinn hat.« Sie zieht ihn am Arm. »Nun komm schon, komm!« Wirft mir einen erbarmungslos humanen Blick zu, dann gehn die beiden ab, sie stolz, Hohlkreuz, gestrafft, er verdattert, vornübergebeugt. Sieht sich immer wieder um. Sind weg. Halb eins.

FIEPEN. Noch Fiepen. Unausgesetzt. Der Wecker. Ein Traum. Rumdrehn. Kratz mich. Brumme. Tiefste Nacht. Ist hell. Im Nu bin ich auf. Schon wieder in den Klamotten gepennt. Das muß aufhörn mit dem Alkohol. Es ist fast sechs. In zwanzig Minuten geht der Bus. Du meine Güte: Das Bein! Immerhin nicht schlimmer als gestern. Zähne putzen. Regenbogenhäute. Irgendwie gelb. Wasser und Seife ins Gesicht. Brennt. In die Jeans, besser auch Socken an. So. Sachen zusammengerafft. Darf die Aktentasche nicht vergessen. Wo ist der Stein? Komm mit dem Rucksack nicht gleich durch die Tür. Buckel runter. Glotz mich nicht so an, Idiot! Den Paß her! Und los. Die Sonne geht soeben auf, grellweiß. Noch steht der abnehmende Mond am Himmel. Zehn nach sechs. Nicht mal Zeit für einen

Caffè. Essen will ich lieber sowieso nix, dann muß ich nicht während der Fahrt aufs Klo.

Selten ein Auto. Der Busvorplatz leergeräumt an der Piazza Vittorio Emanuele. Paar wilde struppige Hunde. Dieser Geruch. Als ich rüberspaziere, bellen sie hohl, ich warne, da verdrücken sie sich. Einer hat eine faustgroße Geschwulst in den Weichen. Dem andren fallen die Haare aus. Irgendwo ein einsamer Uniformierter. Ich auf ihn zu, nach dem Bus gefragt. Privatlinie. Zwischen Agrigento und Marsala geht nichts mehr staatlich, die Eisenbahnlinie seit Jahren stillgelegt. Ein dunkelgrüner Golf braust auf den Platz, aus steigen drei Leute, das Abblendlicht bleibt eingeschaltet, obwohl es schon hell ist. Kofferraum auf, Gepäck heraus, Umarmung, Golf jagt wieder fort, der Reisende nimmt Platz auf einer Bank und wartet, wobei ihm der Kopf vornübersackt. Schläft. Auch der Uniformierte, obwohl er steht, schläft. Zwei Busfahrer schlappen über den Platz. Man kann ihre Schuhsohlen auf dem Split schlurfen hören. Ich mit der Aktentasche unterm Arm zu ihnen rüber, den Rucksack laß ich an der Bank stehen, werfe aber immer wieder Blicke aus dem Augenwinkel hin. Frage nun auch hier nach dem Bus für Marsala. Der kommt dann endlich. Endziel Trápani. Eine junge, etwas verwahrloste Frau steigt ein, vielleicht Touristin, schleppt einen kleineren Rucksack und verzieht sich ganz nach hinten ins Heck, streckt sich aus, schläft. Riecht, Spuren von Blut, hat ihre Tage. Der Fahrer fragt, wohin ich wolle, und erklärt, der Bus fahre bis Marsala nicht durch, ich müsse in Castelvetrano umsteigen, von dort aus nehme er, dieser Bus hier, nach Trápani die Autobahn. Ich löse den Fahrschein, zahle die 12.800 Lire, wuchte den Rucksack in die dritte Reihe, bleibe aber selbst vorn beim Fahrer sitzen, die Aktentasche auf dem Schoß. Schau mir das weiße Billet an: Ditta Salvatore Lumia. – Ob ich rauchen dürfe? – Noch keinen Caffè gehabt? – Ich schüttle den Kopf. »Auf der Strecke«, sagt er rauh. »Barre.« Er rollt die »r« wie Konsonanten aus Bitterschokolade. Was mag das Wort heißen? Rauchen könne ich ruhig. – Ich werde noch einmal die Via Crispi hinabgefahren, an den Tempeln vorbei. Abschiedsblicke zu den Säulen unter steigender Sonne. Noch immer steht der Mond am Himmel. Hügel wie Elefantenhaut. Ein Bus kommt uns entgegen, als wir auf die Staatsstraße biegen. Langes, auf- und abschwingendes Hupen. Die Fahrer grüßen einander, kennen sich wirklich quer durch Sizilien. Zwischen den Bergen Nebelschleier, die sich mit Feuerrauch vermischen.

Die Straße führt Richtung Porto Empedocle. Der Fahrer schaltet das Radio ein. Italienische Schlager plärren durch den Wagen. Die junge Frau schleicht nach vorn und schimpft den Fahrer an: Er solle gefälligst leiserstellen. Er tut's, wirft aber mir einen ziemlich deutlichen Blick zu. Ich zucke die Schultern. Neubausiedlungen, Kleinindustrie. Links zeigt ein gelber Wegweiser die Abfahrt zum Geburtshaus Pirandellos an. Dann der Hafenort. Verbaut. Schmutzig. Mit Zementpuder berieselt. Man kann die Staublungen ahnen. Hier schon wüster Betrieb. Ist ja bereits etwas später. Aus dem Industrieflecken hinaus, Landstraße. Plattgedrückte, ausgebleichte Häuser, Steine, Steine, Steine. Dazwischen Landwirtschaft. Stumpfsinn. Obsessionen. Allertiefste Ödnis. In Siculiana steigt ein älterer Herr zu, der plaziert sich direkt hinter dem Fahrer, beginnt ein Gespräch mit ihm. Ich verstehe irgend etwas von einer tropischen Mörderzekke, die nach Sizilien eingeschleppt sei. Zehn Todesopfer bereits. Der Fahrer erwidert, es sei viel zu heiß und zu trokken für Zecken, da bissen sie eigentlich nicht. »Cinquanta gradi!«, fünfzig Grad Celsius, im Schatten, seien es gestern gewesen. – Fünfzig Grad, ja, aber nicht im Schatten, bestreitet der Ältere. – Und keine Aussicht auf Regen! – Draußen breiten sich künstlich bewässerte Zitrusplantagen

aus, links immer mal ein Streifen blauen Meers. Die Hügel
versteppt. Dazwischen Wein. Alles tritt auf der Stelle, und
es fließt hinter Glas an mir vorbei. Europa hat sich ausgetröp-
felt. Auch am Rücken wächst Fell. Ein Maultiertreiber
kommt uns zwischen den Felsbrocken entgegen. Hinweis
auf das Ausgrabungsgebiet von Eraclea Minoa, einer im 7.
vorchristlichen Jahrhundert von der reichen Stadt Selinunte
gegründeten Siedlung, deren Name auf Minos von Kreta
zurückgeht. Hoch über der schneeweißen Steilküste und
einer weiten Dünenbucht mit dichter Pineta gelegen. Kann
man aber nicht sehen. Ständige Rufe aus dem Radio:
»Sciacca! Sciacca!« Noch vor Ribera fahren wir auf der
Strecke rechts ran. Eine Tankstelle. Der Fahrer dreht sich zu
mir um. »Barre«, sagt er. Er habe jetzt genug Zeit eingeholt.
Sein Sizilianisch klingt wie ein Amerikanisch, von dem
man kaum die Präpositionen versteht. Trotzdem kapier ich
endlich: Eine »Bar« hat der gemeint! Wir klettern gemeinsam hinaus, der ältere Herr bleibt sitzen, die junge Frau
pennt sowieso. Wir überqueren den Platz mit den Zapfsäu-
len, auf die die Sonne knallt. Seltsam, daß die nicht explodieren. Wir schlagen einen Perlenvorhang beiseite, es ist
voller Rauchschwaden und Kaffeedampf drinnen, dazwischen kraulen Leute, bestellen an der Theke. Es läuft das
Fernsehgerät. Schweigend trinken und essen wir, ich immer
die Aktentasche unterm Arm, auf die er ein paarmal stum-
me Blicke wirft. Dann fragt er doch, duzt mich, nicht abfällig, sondern wie einen Kumpel: »Was hast du eigentlich da
drin?« – »Uhren«, antworte ich. Er zuckt die Achseln und
geht auf Toilette. Ich zahle für uns beide, nicht mehr als
umgerechnet vier Mark, verlasse die Bar, schlendere zum
Bus zurück, stecke mir eine Zigarette an. Normalerweise
verwandelt man sich bei Nacht. Offenbar werd ich zum
Präzedenzfall. Gut, daß ich Socken angezogen hab. Das süße
Stückchen eben schon zuviel: Die Bauchdecke drückt ge-

gen den Magen, als zöge sie sich zusammen. Interessantes Phänomen. Der Fahrer kommt aus der Bar, schlendert zu mir her. »Hast du bezahlt?« Ich nicke und nehme einen Zug aus der Zigarette. Auch er steckt sich eine an, raucht schweigend, schaut über die Straße Richtung Meer. »Andiamo«, sagt er schließlich. Wir steigen ein, fahren ab. Er sucht einen anderen Sender im Radio. Radetzky. Nicht zu fassen. Er wirft mir einen freundlichen Blick zu und schlägt mit der rechten Hand den zackigen Takt. Dann die Marseillaise. Es scheint eine Frequenz zu geben, auf der nur Militärmusik gesendet wird. Aida. Die spielen sich quer durch die Marschpartituren. Mit dem schönen Westerwald fahren wir in Ribera ein. Unter Bizets Stierkampfmusik verlassen wir den lebhaften Ort. Wär es nicht so schrecklich, ich bräche in Lachen aus. Ich lächle vor mich hin. Es entspinnt sich zwischen dem Fahrer und dem älteren Herrn ein erst leises, nun angeregtes, schließlich heftiges Gespräch über Disziplin und Pflichtbewußtsein. Wären die Deutschen auf Sizilien, es ginge dem Land nicht so schlecht. Meint der Fahrer. Er sei für völlige Ablösung von Italien, ein freies Sizilien. Bringt die Staufer ins Gespräch. Rollendes Latein: »Stupor et horror mundi«. Friedrich II. Das erste moderne Reich der Welt. Der ältere Herr, er habe, erklärt er stolz, unter Mussolini gedient, findet das alles völlig falsch. Er steht zudem auf seiten des Papstes. Nach mehr als siebenhundert Jahren: Ein Guelfe und ein Ghibelline, man faßt es nicht! Die Staufer seien eine Geißel des Glaubens. Außerdem verstünden die Deutschen nicht zu essen. Daß ich direkt neben den beiden sitze, stört sie nicht. Es ist irgendwann auch nichts mehr zu verstehen, je lauter sie sprechen, desto schneller und dialektgefärbter erhitzt sich ihre Diskussion. Schließlich schreien sie einander an, während aus dem blechernen Lautsprecher des Radiogerätes »Stars and Stripes« dröhnen.

Sciacca kommt in Sicht, über der Steilküste biegt unter windschiefen Palmen die Promenade an Gründerzeitfassaden vorbei. Die heißen Schwefel- und Salzwasserquellen der Stadt bereits in der Antike berühmt. Trotz repräsentativer Barockfassaden, feudal verschnörkelter monumentaler Stadttore und normannischer Sakralbauten mit katalanischen Eingriffen glaubt man, mitten in Nordafrika in einem Gassen- und Menschenbazar zu stecken. Wir verlassen den Ort unter »Pomp and Circumstance« landeinwärts. Noch immer wettern Fahrer und älterer Herr aufeinander ein, noch immer mieft im Heck des Busses die junge Frau vor sich hin, und immer neue Märsche erbricht das Radiogerät. Als Castelvetrano in Sicht kommt, stehen die beiden Männer kurz davor, einander an den Hals zu gehen. Da macht der ältere Herr plötzlich eine einlenkende Bemerkung, und beide fangen sie zu lachen an. Das ist ganz erstaunlich.

Seitlich der Zufahrtsstraße wartet bereits der andere Bus, Gepäckklappen aufgegrätscht. Dessen Fahrer steht draußen, winkt, zeigt auf die Uhr. Schließlich steigt mein Fahrer aus, ich schleppe meinen Rucksack rüber, der andere nimmt ihn entgegen, packt ihn unten hinein, schließt alle Klappen. Ich zieh mich hoch, sitze drinnen, aber wider den Fahrplan lassen sich die beiden Männer nun Zeit, fassen einander über den Ellenbogen an den Armen, dann haken sie sich unter und schlendern ein bißchen die Ausfallstraße hoch. Plaudern. Irgendwelche Geschäfte. Mich überschwemmt, endlich erlöst von den Märschen, eine plötzliche Müdigkeit.

Daß wir fahren, rüttelt mich wach. Wir fahren eigentlich auch nicht, sondern fliegen. Offenbar hat der Fahrer es eilig. Er pfeift gekonnt vor sich hin. »Wo sind wir?« frage ich ihn. – »Hinter Mazara.« – Draußen bisweilen schlößchenartige Kitschvillen, deren Zinnen mit lombardischen Elementen spielen. Weinplantagen, soweit das Auge reicht. Es ist Mittag, als wir endlich in Marsala einrollen. Es ist gleichgültig, ob ich heute oder erst morgen auf Mozia ankommen werde. Ich will mich driften lassen. Seh hinaus. Die lange, von einfachen, nahezu primitiven Wohnhäusern und flachen Lagerhallen gesäumte Via Mazara. Riesige Geleisanlagen, Umschlagplatz für Weincontainer, die, auf Schiffe verladen, vornehmlich nach Großbritannien abgehen. Als Bonaparte England den Seeweg zu den Portweingründen blockiert, hecken die Briten hier ein Verfahren aus, Weine mittels Rosinen zu zuckern. Das Ergebnis kochen sie auf und verschneiden es, zuckern nochmals, verdünnen den Sirup dann wieder mit Alkohol. Ein Getränk, das englische Berühmtheit genießt. Die Stadt selbst einst wichtiger Stützpunkt Karthagos: Lilibeo. Erst die Araber vergeben den Namen Marsa-Allah, Hafen Gottes. Schon von weitem leuchten einem grüne Keramikkuppeln entgegen.

Ich verlasse den Bus an der Piazza del Popolo, dem sehr zentralen Stadt- und Überlandbusbahnhof nahe einem der wuchtigen Altstadttore. Auch hier erinnert vieles an Orient. Alles ist sehr lebhaft. Bin entschlossen, heute noch nicht auf die Insel zu fahren, sondern mir ein Hotel zu suchen und mich einmal richtig auszuschlafen. »Zum Bahnhof? So was müssen Sie früher sagen. Sind wir vorhin dran vorbei.« – Warum sieht er mich denn so komisch an? Egal. Die Via Mazzini zu Fuß zurück, die Gegend wird wieder langweilig, sechs- und siebenstöckige pastellgelb getönte Mietshäuser mit Metallgeländern an den vielen Balkonen. Schließlich, über die Geleise, Via Gambini, der Albergo Garden. Wie immer 30 Mark, hier das Entrée peinlich gepflegt. Der junge Mann im Unterhemd will meinen Paß nicht nur haben, sondern vergleicht das kleine Foto drin mit mir. Immer wieder glotzt er hin und her.

Nun soll ich auch noch im voraus bezahlen. – »Erster Stock, hier links die Treppe hoch, Zimmer 20.«

Auch das Zimmer extrem gepflegt. Man ist auf britische Kundschaft eingestellt. Blick in den Spiegel. Das erklärt's natürlich. Ausgesprochen komisch. Nicht nur, daß mir ein sehr dichter dunkler Bart gewachsen ist, der bis über die Wangenknochen zu den Tränensäcken hochreicht, auch der Nasensattel ist irgendwie eingedrückt. Vor allem aber habe ich komplett gelbe Augen, nicht das Weiße ist gelb, keine Hepatitis, sondern beider Iris schimmert wie eine gekalkte Zitrone. Ich zieh mein Hemd lieber gar nicht erst aus. Die Brust aber noch unbefellt, jedenfalls soweit der offene Kragen sehen läßt. Veränderungen der Statur gibt's insgesamt keine, Fingernägel und Hände okay, nur unter dem Jeansstoff des linken Beines spannt es sich. Rechts scheint alles in Ordnung zu sein. Blick zum Fenster. Geht auf den Hof. Soeben fährt ein schwarzer Mercedes hinein. Das gibt es doch nicht! Der Prager! Anorak, Aktentasche, Fotoapparat vor dem Bauch. Schaut hoch zu mir, ich schnell in den Fensterschatten. Die Autotür knallt. Meine Zimmertür öffnen, auf den Flur schleichen. Lauschen. Gedämpfte, halbwegs erregte Stimmen unten. Also nichts wie weg!

Ich schnappe Geld, den zweiten Ausweis, die Aktentasche. Wieder ans Fenster. Runterlugen. Die Luft ist rein. Aufs Fensterbrett gehopst, dann zügig an der Regenrinne runter, kleines Spannen der Waden, Sprung auf die Kühlerhaube des Mercedes, niemand drin. Knapper Anlauf und weg über die Mauer. Geschafft. Und hintenrum zur Stadt zurückgewetzt.

WEIN GEKAUFT UND ZWEI FLASCHEN WASSER. Das muß ich nun alles schleppen. Zumal ich Wein nicht mag. Quer durch die Altstadt. Wilde Granatapfelbäume hinter verfallenen

Mauern. Ein Obsthändler, den ich frage, was der Pfirsich kostet, schenkt ihn mir. Lacht durch ungeheure Zahnlücken. Dann rüber zum Meer, Capo Boeo, eine Allee durchschneidet die pinienbestandene Parkanlage, auf jeder Bank ein Liebespärchen. Fundamente römischer Villen, Fußbodenmosaiken. Blick hinüber zu den Egadischen Inseln: Sie erheben sich entfernt aus dem Meer, und zwischen ihren Formationen und dem Wasser steht eine eigentümlich milchige, flache Dunstschicht, so daß es aussieht, als hingen sie in der Luft, schwebten über der Gravitation. Ich stehe gewiß eine halbe oder sogar dreiviertel Stunde da.

Dann den Lungomare entlang, hier irgendwo ist, aus der Lagune gehoben, ein restauriertes phönizisches Schiff aufgestellt. Es dämmert, weiter zum Hafen. Ich habe bohrenden Hunger, aber denk ich ans Essen, wird mir schlecht. Es wird ja doch immer alles verkocht und verbrannt. – Vom Hafen aus zurück in die Stadt. Ich bin mir sicher, vor meinem Hotel lauert Vesely auf mich. Er jagt mich, das weiß ich genau, will Schluß machen mit mir. Aus Protest habe ich, obwohl ich gar keinen Appetit darauf habe, diese drei Flaschen gekauft. Eigentlich habe ich Lust nur aufs Wasser.

Es ist jetzt dunkel. Barock mischt sich finster mit Renaissance. Alles sehr lebhaft. Cavalleria Rusticana nach Verga: Scuola Media, Largo di figlioli, ein schöner klarer Schulhof, eine Art Kreuzgang mit steinerner Spielfläche inmitten. Einander gegenüber Basketball-Körbe. Am Eingang: zwei Telefonierer. Was mich beruhigt: auch drei Polizisten. Stets bereit, die Hand an der Waffe. Auf Sizilien ziehen im Zweifel immer die anderen schneller. Vor einem der Säulengänge provisorische Kulissen. Primitive Malerei. Volkskunst Markttheater. Wohnzimmer »drinnen«. Am linken Rand eine getuschte Landschaft mit unförmig-bunten Feigenkakteen. Ich etwa zehn Meter vom Publikum entfernt, auf dem Fuß einer der Säulen. »Sta estate insieme«. Eine kleine Gemeinde hat sich eingefunden, Honoratioren, Kaufleute, Jugendliche. Man ist unter sich. Ich werde, als einziger Tourist, auch gar nicht beachtet, doch läßt man mich sitzen. Auch hab ich nicht das Gefühl, die Leute zu stören. Anderseits ist es recht, daß ich mich separiere. Statt des Wassers hat mir der in dem Laden zwei Flaschen süßer Zitronenlimonade verkauft. Das merk ich erst jetzt. Schlürfe davon. Ekelhaft. Und sowieso längst warm. Über uns Sterne. Süßlich: Die Menschen müffeln. Hat was von Hausschweinlenden. Die Vorstellung beginnt mit grölendem 60er-Jahre-Pop aus Jahrmarktslautsprechern und einer laienmäßigen Light-Show. Eine junge Dame tritt auf, eine zweite junge Dame, als alte Frau verkleidet, sie sprechen Dialekt, und trotzdem höre ich, wie stümperhaft das eigentlich ist. Selbst nach Beginn des Stückes tröpfeln noch Leute auf den Hof. Die schwatzen miteinander; daß vorne geschauspielert wird, stört keinen. – He! Na den kenn ich doch! Der dicke Österreicher von der Ätnatour. Das ist eine Überraschung! Spontane Freude. Endlich einer aus der wirklichen Welt. Will ihm winken, schon zu ihm hin, – er ist nicht allein, beugt sich nach hinten und flüstert jemandem etwas zu. Der Holländer, verdammt! Die Aktentasche fassen, bloß ab in den Schatten der Säule! Der tote Holländer. Zucken. Tosen. Es sieht so aus, als hielten beide Ausschau. Der Holländer winkt mit der Hand, einer der beiden Telefonierer tritt zu ihm, man spricht. Ich muß hier dringend verschwinden. Wahrscheinlich weiß auch der Prager Bescheid. Irgendwie ist ganz Europa in die Sache verwickelt. Husche eine Säule weiter. Der Telefonierer ab, Holländer und Österreicher schieben gegens sitzende Publikum vor, mustern Hinterköpfe. Vielleicht hab ich jetzt Glück. Laß Wein und Sprudel einfach stehen. Immer eng an der Wand lang. Das runde Portal, einer der Telefonierer wacht weiterhin dort, aber auch die Polizisten sind noch da. Wenn ich renne, mach ich mich denen verdächtig. Bluffen: Ich straffe mich, schreite aufrecht an dem Telefonierer vorbei. Er starrt mich an, ich grüße. Das macht ihn völlig baff. Offenbar will er nicht laut Alarm geben, aber dann hör ich ihn tippen. Es fiept. Ich wünsche den Polizisten einen guten Abend. Sie danken, wünschen zurück. Links in die Via Sarzana. Wieder links, Via Frisella, bis vor zur Viale Armando, gelbes Licht in den Straßen. Noch mal links, immer geradeaus, ich stoße endlich auf den Lungomare. Die Stadt ist plötzlich wie entvölkert, alle Jalousien und Gitter vor den Geschäften herabgelassen, kaum mehr eine Bar offen. Zur Pension zurück geht nicht. Da lauert Vesely. Ich will aber nicht ohne meine Sachen und vor allem nicht nachts nach Mozia. Fährt wahrscheinlich sowieso kein Bus mehr zur Lagune, geschweige eine Fähre zur Insel. So renne ich und renn ich herum.

Bin irgendwann ganz außer Atem. Außerdem bohrt mir der Hunger, anstatt daß mir die Panik den Magen zuschnürt, heftig seinen Finger hinein. Völlig egal, ob ich durch die Straßen schnüre oder irgendwo einkehr. Entdeck die Trattoria. Schau durchs Fenster. Geräumig und leer.

Ich schwitze, aber die Feuchtigkeit bleibt irgendwie in meinem Pelz, meinem Bart, meinen dicken filzigen Haaren hängen. Es ist bereits spät, nach elf. Ich frag, ob es noch etwas zu essen gibt. Eine alte hagere hochgewachsene Frau mit bösem Gesicht winkt mich rein. In der Küche schlurft ein noch älterer, noch hagererer, noch mehr hochgewachsener Mann in Hausschlappen. Schweißfüße. Er beugt sich vornüber, als hätte er Gicht oder Arthritis. Er hat einen Buckel, Eukalyptus. Ich nehme an einem der Fenster Platz.

Die Frau stellt mir wortlos Wein und Wasser hin, fragt nicht, was ich will. Bringt stumm modrig schmeckende

Antipasti. Die hat sie von einem runden Tisch genommen, der mitten im Raum vor einer spiegelumkleideten rechteckigen Säule steht. Ein schmutziges Gazetuch deckt die fleckigen Teller ab. Ich schweige und kaue. Den Wein rühr ich nicht an. Jauche. Hab sowieso keinen Appetit. Nur diesen Hunger. In der Küche brutzelt Fett.

Eine Wand von einer vom Boden zur Decke und von einer Ecke zur anderen reichenden Zeichnung bedeckt: Garibaldigesicht und sizilianische Motive. Weingott, Pferd, Olivenbaum. Drunter: *Pino e Famiglia con grande stima;* Signum unleserlich, aber in Klammern darunter: *Detto Hugo,* 1982. Vor mir der dunkelgelbe, strenge, fast schon orangefarbene Wein. Warnung der Wirtin, die eskalierend mißtrauisch wirkt: »Er ist sehr stark!« Der Fußboden Marmorplatten wie 50er Jahre. Holzschränke an der dem Bild gegenüberliegenden Wand. Verstaubte gefüllte Weinflaschen, Averna, Gläser, Kleinkram, das einfache Besteck in Schubläden, ein Fußballclub-Wimpel hängt noch daran: Marsala Calcio, 1912. Sämtliche Tische in diesem Raum, es sind wenigstens zwanzig, sehr aufmerksam, geradezu liebevoll gedeckt. Weiße Leinentischtücher, je zwei Gläser nebeneinander, in Grappagläsern Papierservietten. Wirkt alles gepflegt, wenn man von dem Gazefetzen über den Antipasti absieht.

Stehengebliebene, versickernde, auslaufende Geschichte.

Die Spaghetti ai frutti di mare sind grauenhaft. Die Vongole vom vorigen Jahr. Aufgetaut oder aus Dosen. Der Wirt kommt in den Gastraum geschlurft und macht absichtlich Lärm. Hält ein grollendes, mißgestimmtes Selbstgespräch. Schlappt ostinato auf und ab, klappert mit Löffeln, knallt Geschirr auf die Tische. Sein Geruch schon macht mich verrückt. Dreht sich zu mir um und ranzt mich an, ich solle gefälligst schneller essen. Die Gamberi stinken nach Verwesung. Wut. Ich speie vor den Augen des Alten auf meinen Teller, schiebe ihn weg. Brülle los: Unverschämtheit! So was sei mir noch nie passiert! Dem Alten fehle jede Sicilianità. Daraufhin brüllt er zurück. Seine Frau, herbeigeschlunzt, versucht zu schlichten, fast bettelnd erklärt sie mir, ihr Mann sei doch bloß müde, entsetzlich müde. – Ich nehme den Teller und schmettere ihn mitsamt Gamberi und Rotz zu Boden. Der alte Mann, er hat ganz glühende Augen, packt einen Stuhl und will auf mich los. Ich spring ihn an, die Fänge in die Kehle bohren, da werd ich zurückgerissen, jemand umklammert kräftig meine Arme, drückt sie mir hinten ins Kreuz, tritt mir schnell in die linke, dann rechte Kniekehle, ich knalle auf, der Kerl reißt mir beide Hände bis in den Nacken hoch und preßt mir dabei mein Kinn auf die Brust. Ich bin viel zu bestürzt, um mich zu wehren. Nichts als gelähmte, rote Wut. Der andre brüllt die Gastleute an: »Raus hier! Schnell! So machen Sie schon! Ich kann ihn nicht mehr lange halten.« Erst langsam zieht sich die Blutmilch in meine Pupillen zurück. Ächzen. Dann lockern. Hochschauen. Prestigiacomo. Riecht getrocknet. »Kommen Sie mit, bevor Sie noch mehr Unheil anrichten.« Er zieht mich auf die Füße, sieht mich an, ergänzt: »Es ist allerhöchste Zeit. Wo haben Sie die Aktentasche?« Blickt sich um. Dann: »Da. Nehmen Sie sie. Und weg hier. Man wird die Polizei schon benachrichtigt haben.« Faßt in die Innentasche seiner Jacke, holt ein Bündel Geldnoten heraus, wirft es zu den Scherben am Boden. »Na los doch jetzt!« Stößt mich draußen in den roten Alfa, läuft vorn ums Auto rum, steigt ein, startet. Wir zischen los, als hinter uns der schwarze Mercedes mit quietschenden Reifen um die Ecke jagt. »Das wurde Zeit!« Gibt Gas bis zum Anschlag. Ich klemme mir die Aktentasche vor den Bauch. »Fast hätten sie Sie gekriegt. Sie machen wirklich nichts als Mist. Jedenfalls halten Sie mich ganz schön in Atem.« Immer wieder sieht er forschend in den Rückspiegel, biegt scharf in irgendwelche dunklen Gassen, braust ohne Rücksicht auf Passanten hindurch, aber es ist ja sowieso kaum jemand auf der Straße. »Halten Sie sich fest. Wir müssen die abhängen.« Neuerlich scharfe Kurve, ich werde gegen die Beifahrertür gedrückt. Dann geht's stadtauswärts. Endlich fasse ich mich. »Wo fahren wir hin?« – »Das wissen Sie.« – »Aber meine Sachen! Mein Rucksack! Das ist alles im Hotel!« – »Ihre eigene Dummheit. Sie werden das Zeug sowieso nicht mehr brauchen. Haben Sie sich mal im Spiegel angesehn?« Wir durchpreschen die klare Nacht. Rechts von uns bisweilen Häuschen, kleine Siedlungen, Weinplantagen. »So, die sind wir erstmal los.« Links von uns blitzt Wasser.

Die Lagune.

Fahl unterm Mond schimmern Hunderte Salzhügel: ein Gestade heller Noppen aus Styropor. Prestigiacomo seufzt. »Dieses Jahr geht aber auch schief, was nur schiefgehen kann.« Er drosselt die Geschwindigkeit, fährt nach links schräg über die Straße, wir rappeln etwas weiter, dann eine Bucht, Prestigiacomo steuert hinein, schaltet die Scheinwerfer aus, wir holpern auf ein Feld, einen Acker, jedenfalls verlassen wir den befestigten Weg. »Auf der Küstenstraße zu bleiben, ist zu gefährlich.« Die Räder knirschen auf eine Sandpiste, einen Moment lang drehen sie durch, das Steuer nach rechts, dann stabilisiert sich der Wagen. Der abnehmende Mond klein, aber von erregter Leuchtkraft. Prestigiacomo spurt quer durch eine der Salinen, eine Art Steg, über den wohl tags das Salz abtransportiert wird. Buckelige Reflektoren aus Natriumchlorid, aus dem Weltall gefallene Himmelskörper. Dann stehen wir, keinen Meter vom Wasser entfernt. Prestigiacomo macht mit der Lichthupe ein paar Leuchtzeichen hinüber. Schaltet den Motor aus, die Armaturen bleiben gedimmt. Stille. Ganz leises Platschen. Ich lasse mein Fenster hinabsurren. Muscheln und Tang.

Mitten auf der Lagune flirren wenige Lichter, keine Boote, sondern Fixpunkte, von den Inselchen wahrscheinlich. Ansonsten sieht alles schwarz aus, dunkeltiefblau. Prestigiacomo wiederholt sein Scheinwerfermorsen: lang-kurz-kurz-Pause-lang-lang-lang. Pause. Und neu. Schließlich blinkt aus ziemlich Lagunenmitte die Antwort. Prestigiacomo bestätigt lang-lang-lang-Pause-lang-kurz-lang. Auch von drüben wird bestätigt. »Jetzt müssen wir nur noch warten«, sagt Prestigiacomo. »Wenn das Boot kommt, laß ich Sie allein. Hier – nehmen Sie das und geben es Signor Arndt.« Er holt einen Briefumschlag aus der Innentasche seines Jakketts, reicht ihn mir her. »Sagen Sie ihm, es sei alles in Ordnung gegangen. Kein Problem. Man hat nichts gemerkt.« – »Was nicht gemerkt?« – Er lächelt, die blanken Zähne schillern durchs Dunkel wie Elfenknöchel. »Egal«, sagt er. – »Überhaupt nicht egal!« – Von der Lagune nähern sich zwei kaum auf- und abschwankende Positionslichter, rot rechts, grün links. – »Und was ist da drin?« frage ich. – »Samen.« – »Samen?« – »Samenkörner, ja. – Haben Sie sich nie über die Pflanzen gewundert, von denen Insekten fallen? Biologische Kriegführung der anderen Seite. Ist hier getestet worden. Na Sie haben doch von den Mörderzecken gehört, die ganz Sizilien in Atem halten und angeblich aus den Tropen eingeschleppt sind?!« – »Ja, und was hat das hiermit zu tun?« – »Dies sind die Samen. Die Dinger vermehren sich nur künstlich, die von den Blättern fallenden Sporen werden zu kleinen Kampfmaschinen und sind unfruchtbar. – Aber Sie müssen los jetzt!« – In der Tat ist der Kahn schon zu erkennen, er dreht bei, tuckert auf Grund. Eine Person macht sich am Ruder zu schaffen. Ist ein Außenborder. – »Na los doch!«

Verwirrt steige ich aus und gehe zögernd, die Aktentasche gegen die Seite geklemmt, hinüber. Dem Fährmann entwischt ein erschrecktes »Madonna!«, als er mich sieht.

Ein Fischer wahrscheinlich. Fortan meidet er meinen Blick. Als ich in das schwankende Boot geklettert bin, bekreuzigt er sich schnell und stößt uns mit einem Staken vom Ufer weg. Dann taucht er die hochgeklappte Schraube wieder ins Wasser. Schweigend tuckern wir über die tintige Lagune. Ich nehme vorn am Bug auf einer Holzbank Platz. Einmal seh ich mich um: An der Küste wenige Lichter, und ganz im Süden funkelt Marsala. So schleppt sich der Kahn über die am Bug klätschelnden Wellchen dahin. Nach etwa zehn Minuten kommt Land, vermutlich Mozia, in Sicht. Der Fährmann schaltet den Motor aus, dreht bei, stößt uns dann mit dem Stecken näher ans Ufer. Ganz erreicht er es nicht. »Gehn Sie!« macht er unwillig. Ich soll die letzten zweidrei Meter waten. Zögere, klettre über Bord. Dabei paß ich auf, daß die Aktentasche nicht naß wird. Den Umschlag hab ich während der Überfahrt schon hineingetan. Das brühwarme Wasser kaum knietief. Seh mich einmal um. Der Fährmann unterm Mond. Bekreuzigt sich wieder und stößt den Kahn ab. Dann hört man den Motor, und als ich lange schon an Land bin, verklingt noch das Tuckern. Dazu, um mich her, das wilde Zirpen und Kreischen und Schreien Getiers. Herbe Gerüche: Sand, Strauchwerk, Nager. Es erwartet mich niemand.

Ich scheine völlig allein zu sein. Versuche, mich zu orientieren. Nach dem Gefunkel von Marsala her zu schließen, stehe ich auf dem südwestlichsten Zipfel des Inselchens. Gleich rechts neben mir ein Becken, vielleicht ein alter Hafen, geradeaus, also nach Norden, führt ein nicht sehr breiter mondsilbern bepuderter Pfad. Da fällt mir ein: Ich soll ja zum Museum. Dort will Arndt mich erwarten. Es dürfte sich in der Nähe der offiziellen Anlegestelle befinden. Fern das Rattern eines Hubschraubers. Wird lauter. Licht oben aus Richtung des Landes. Rotorenlärm, tiefer tosender Krach. Der Kegel eines Flutscheinwerfers be-streicht Pinien, Büsche, Macchia. Instinktiv werf ich mich hin, krieche in Deckung. Meine Jeans behindern mich, ich muß irgendwie aus ihnen raus. Auch das Hemd spannt. Mit beiden Händen packe ich ein Hosenbein, unten überm Fußspann, und reiße den Genoveser Stoff mit einem schnellen Ruck auseinander. Erstaunlich, daß ich das kann. Dann rechts. Das Hemd platzt am Rücken. Egal, also auch das weg. Wo ist die Aktentasche? Der Helikopter geht runter, und der gleißende Schein, den der Strahler wirft, wird flacher, aber länger. Ich muß wissen, was da los ist! Solch pompige Ankunft ist nicht Arndts Stil. Verdammt, hab den Stein vergessen! Hetze zurück, durchsuche die Jeansfetzen, drehe meine Hand in die Hosentasche. Reiße sie auf. Da ist er. Die Aktentasche unterm linken Arm, in der linken Faust den Stein, renn ich vorgebeugt los, immer im Schutz von Bäumen und Sträuchern, Tausende Fährten, Kaninchen, Mäuse, Sandvipern, nehme den rechten Vorderlauf zu Hilfe, wie ein Menschenaffe komm ich mir vor. Aber angenehm, unter den Ballen Steine zu spüren. Eine ausgedehnte Pineta, davor ein Platz, auf dem ist der Hubschrauber gelandet. Ducken. Nadelteppich. Hock mich ins Gesträuch. Schnappe nach einer Grille. Die lange Seitentür des Helikopters schiebt sich rasselnd auf, zwei Leute springen heraus, man kann sie aber nicht erkennen. Offenbar Militär. Es riecht nach Metall und Leder. Der Motor dreht weiter. Ein dritter, ein Soldat, er pflanzt sich seitlich auf, das Maschinengewehr im Anschlag. Jemand brüllt einen Befehl. Man bringt dem Jemand was. Megafon plärrt. Das klingt wie damals an Bord. Die Stimme des Zahlmeisters der Fähre von Neapel. »Kommen Sie mit erhobenen Armen heraus!« Der zweite beugt sich vor zu dem ersten, ich erkenne immer noch keinen. Der erste ruft: »Wir werden Ihnen nichts tun, doch stellen Sie sich.« Ich knurre in mich hinein, drücke mich nach rückwärts, tiefer ins Gebüsch.

Zwei weitere Soldaten verlassen den Helikopter. Noch zwei. Drei. Eine ganze Armee. Der erste gibt Zeichen, kräftige Taschenlampen leuchten, man schwärmt aus. Ich habe keine Wahl, muß in die Lagune zurück, muß wegschwimmen, hier wird man mich in jedem Fall in die Hände bekommen. Krauche rückwärts, wende mich um. Haken schlagen. Das Megafon ruft wieder. Nehme Witterung, hier, meine Spur, dort da vorne, lockend schillert Wasser. »Da ist er!« Ein Schuß. Noch einer. Neben mir spritzt es hoch. Ich komme wegen des Steins in der Hand und wegen der nassen Aktentasche nicht richtig voran. Und mein Fell wird ganz schwer. Scheinwerfer am Ufer. Der Grund nadelspitz. Seeigel! Die Stacheln kriegst du nie wieder raus! »Geben Sie auf! Kommen Sie zurück! Sie haben ja doch keine Chance! Feuer!« Eine neue Garbe platzt ins Wasser, ganz dicht neben mir. Ich will rufen: »Hören Sie auf!«, aber krieg keinen Ton über die Zunge. Lecke mir aufgeregt die Nase. Dreh mich, schwimme, halb wate ich zurück. Jemand ruft: »Stellt das Feuer ein! Er kommt!«

Endlich Land. Schüttle mir den Wasserballast aus dem Pelz. Richte mich auf.

»Madonna!« entfährt es einem Unteroffizier. Er bekreuzigt sich, wie sich vorhin der Fährmann bekreuzigt hat. »Das glaube ich nicht. Das glaub ich einfach nicht.« – Neben ihm, im Anorak, die Aktentasche unterm Arm, Vesely. »Sie sollten das auch wieder vergessen«, sagt er. »Im übrigen ist er ganz ungefährlich. Er sieht nur so wild aus.« Und zu mir: »Ich grüße Sie, mein Freund. Tut mir leid, daß wir uns unter solchen Umständen wiedertreffen.« Streckt eine Hand aus. Neben ihn schiebt sich ein umfangreicher Mann in Zivil. Die tiefschwarz glänzenden Haare gefettet und in Strähnen flach nach hinten gelegt. Unter der Nase ein dürres wohlgewichstes, aufgezwirbeltes Bärtchen. Das rechte Auge blinzelt unentwegt, aber das linke ist starr und leuchtet. Stehkragenhemd mit dunkler Fliege. Nadelstrei- fenweste, die eine schwere Uhrkette ziert. Anders als die Soldaten, denen er offenbar vorgesetzt ist und die kniend freihändig die zitternden Mündungen ihrer MGs auf mich richten, hat er keinen Geruch. Die Angst der andren rieche ich. Der Gestank macht mich wütend. Doch der Blick des Zivilisten nagelt mich fest. – »Na kommen Sie, seien Sie brav und geben mir die Tasche.« So wieder Vesely. Es bleibt mir nichts übrig, ich streck sie ihm zu. Welch eine seltsame Hand ich habe! Elegant wächst ein erhobener Strom grauen Haars durch den dunklen Pelz in ihren Rücken hinein. Ich beschaue mir das, vergesse die Aktentasche vor Staunen. Schon hat Vesely sie mir aus den Fingern gezogen. »Na bitte, Colonello Cotone«, sagt er zu dem Zivilisten. »Da haben wir ja den Film.« Er stellt sich seine Aktentasche zwischen die Füße, öffnet die Schnalle der meinen, holt den Umschlag heraus. »Was ist das?« fragt der Oberst, schaut mich an. »Sag, mein Freund, was ist das?« – Es grollt mir tief im Hals. Schürze die Lippen, blecke die Fänge. Die Sol- daten zucken angespannt zurück. – »Na na«, macht Vesely. In Richtung der Soldaten schnalzt der Oberst mißgestimmt zweimal. Vesely händigt ihm den Briefumschlag aus, der öffnet ihn, staunt. »Bohnen«, sagt er. »Das sind sehr kleine Bohnen oder so was. – Besser ich laß sie untersuchen im Labor. – Und der Film?« – »Haben Sie mal ein Messer?« – Der Oberst gibt jemandem einen Wink. Der Unteroffizier reicht in der offenen Hand einen Dolch. Und immer das Gedröhn der Helikopterrotoren. Vesely schneidet sorgfältig im Licht, das ein Soldat hinhält, entlang der Nähte. Dann gnickert er erfreut und zieht zwei dünne Streifen aus dem Leder. »Da haben Sie sie. Und nehmen Sie besser gleich die ganze Tasche mit. Vielleicht ist das nicht alles. Und also jetzt zu *meiner* Seite des Geschäfts.« – Der Oberst reicht

Tasche und Streifen weiter. Der Unteroffizier zeigt auf mich: »Sie wollen wirklich nicht, daß wir das Ding da ...!?« Vesely schüttelt den Kopf. »Gehen Sie«, sagt er. »Ich habe mein Versprechen gehalten, nun erwarte ich von Ihrer Regierung ...« – »Sie wollen mit dem Vieh da alleinbleiben?« – Der Oberst wendet sich ihm zu. »Das ist schon in Ordnung.« Und zu Vesely: »Die Abmachung ist klar, wir haben keine Einwände mehr.« – Der Unteroffizier zögert noch, aber der Oberst gibt ihm ein herrisches Handzeichen. Der Mann strafft sich, salutiert und befiehlt den Leuten Aufbruch. In loser Gruppe eilt man durch Büsche, Schlagschatten und Pinien zum Helikopter zurück. Schwerfällig folgt der Zivilist.

Vesely nimmt vor mir auf einem Steinsims Platz, immer noch die Aktentasche zwischen den Füßen. Der Motor wird lauter, und mit einem scharfen Getöse erhebt sich der Korpus in die Luft, legt sich schräg, die Positionslichter blinken, dann jagt das schwere Ding davon.

Es wird still und braucht ein bißchen Zeit, bis das Getier sein Nachtkonzert wieder aufnimmt.

»Ja, mein Lieber, jetzt zu uns beiden.« – Ich ziehe mich ein Stückchen zurück. – »Ich weiß, Sie haben Schwierigkeiten zu sprechen. Überhaupt werden Sie bald nie wieder sprechen können. Tut mir leid. Ich habe auch gar nicht vor, Ihnen etwas anzutun. Meinethalben dürfen Sie am Leben bleiben und fortan als Schreckgespenst Sizilien unsicher machen. Das ist mir einerlei. Aber geben Sie mir den Stein.« – Ich weiche ein weiteres Stückchen nach hinten. – »Nein nein, haben Sie keine Angst. Und bitte: Versuchen Sie nicht zu fliehen. Wissen Sie, was das ist?« Er hat die Aktentasche geöffnet und eine kleine Pistole herausgezogen. Außerdem sind zwei Armbanduhren und sein Notizheft herausgefallen. Die nimmt er vom Boden und läßt sie zurück in die Tasche gleiten. »Sehen Sie«, sagt er, »es ist so:

Die freundlichen Soldaten vorhin hätten Ihnen nichts anhaben können. Mal im Ernst: Wie will wohl ein Mensch einen Spuk erschießen? Dumm, oder? Offensichtlich haben Sie, mein Lieber, noch überhaupt keine Ahnung von Ihren Fähigkeiten. Hingegen dies hier«, er hält die Pistole hoch, »ist ein Weihwassergeschoß. Das ist nicht nur schmerzhaft, o nein! Das wird Sie von innen verbrennen, sozusagen Verätzung der Aderwände. Außerdem werden Ihnen die Organe platzen, das geht nicht mal schnell, das dauert so seine Stunde. Schrecklicher Tod.« Schnalzt. »Glauben Sie mir, ich täte Ihnen das nicht gerne an. Ich habe Sie in mein Herz geschlossen auf unsrer gemeinsamen Reise. So was passiert mir sonst selten. Also sein Sie lieb und geben mir den Stein.«

»Das würde ich *nicht* tun.«

Sowohl Vesely als auch ich schaun inseleinwärts, woher die Stimme kommt.

Arndt.

»Guten Abend«, sagt er. Arndt, wie ich ihn kenne.

Burnus, über dem Kopf die Kapuze mit Aagal, den Stoffbeutel an der Seite, das Gewehr im Anschlag. – »*Ahoj, pane Schut!*« So, völlig gefaßt, Vesely. »Ich habe mit Ihnen nicht mehr gerechnet.« – »Ich weiß.« – »Ich werde Ihren hübschen Pudel erschießen, wenn er mir den Stein nicht gibt.« – »Aber Vesely! Wozu wolln Sie das tun?« – »Das wissen Sie. Damit Ihre Gönnerin sich nicht noch weiter ausbreiten kann.« – »Gefährdet sie so sehr Ihren christlichen Herrn? Im Gegensatz zu uns hat der doch ohnedies allerbeste Beziehungen zur Welt.« – »Wohl wahr. Aber Macht darf man nicht teilen und erobertes Gebiet niemals verlassen.« Und zu mir: »Schaun Sie, mein Junge, schaun Sie sich an. Was meinen Sie, wer hier wirklich Ihr Freund ist? Bin ich's oder der? Was man mit Ihnen angestellt hat, ist ja nicht meine Schuld.« – Am liebsten würde ich ins Unterholz kriechen. Und den Stein behalten. Doch Vesely spricht fortgesetzt auf mich ein, indes Arndt stumm dasteht, weiterhin das Gewehr im Anschlag. – »Wenn es nach meiner Seite ginge, wäre so etwas, wie mit Ihnen geschehen, schon lange nicht mehr möglich. Es ist auch lange nicht mehr möglich gewesen. Helfen Sie dem da, dann wird sich das ausbreiten, dann wird alles wieder unklar werden, dann gerät alles in Unordnung. Das wollen Sie doch nicht?« Und zu Arndt: »Sagen Sie ihm doch, wessen Landser Sie sind!« Arndt aber lächelt und schießt. Der Prager fällt vornüber. Arndt schießt noch einmal. Lädt nach, feuert zwei weitere Male. »So«, sagt er, »jetzt haben wir eine Zeitlang Ruhe vor ihm. – Kommen Sie, mein Boot liegt am alten Nordhafen. Hier lang, wir nehmen den Weg über die Insel.« Er dreht sich um, ich zögere, er dreht sich zurück. »Nun kommen Sie schon!« Und während er voranmarschiert und ich hinter ihm herschleiche, sagt er noch: »Das haben Sie sehr gut gemacht mit der Aktentasche und den Samen. Außerordentlich gut. Ich hab mir gedacht, daß Vesely drauf reinfallen würde. Wenn die wüßten, was man ihnen da zugespielt hat!« Er lacht.

Der Mond bescheint weite abgesperrte Ausgrabungsgelände, hinter uns bleibt die Pineta zurück. Bleiche, kopfhohe, knochentrockene Vegetation, durchweg gespenstisch. Dann das Ufer, mir voran klimmt Arndt die kleine Böschung hinab, sucht etwas, pfeift tonlos einmal und zieht dann ein Ruderboot aus dem Gestrüpp. »Helfen Sie mal!« Wir schieben es in die Lagune, klettern hinein, Arndt nimmt die Riemen, steckt sie in die Hartgummifassungen und beginnt zu pullen. Ich halte immer noch den Stein in meiner Hand. Er strahlt in einem kräftigen Hellgrün. Die Wärme macht mich schläfrig. Das Schaukeln des Bootes macht mich schläfrig. Ich döse ein. Träume von Bäumen und hohem, saftigem, sich wiegendem Gras. Es ist ein heller Tag. Die Berge sind begrünt, und Wild streift umher. Bis an den Horizont dehnen sich immergrüne Steineichenwälder. Das Unterholz Kreuzdorn, Erdbeerbaum, Myrten, Pistazien. Mitunter Korkeichen und Aleppokiefern. Wilde oleander- und tamariskengesäumte Bäche strömen hindurch. Oben steht eine Sonne, und unter ihr schlüpft Ciane aus dem Teich, schüttelt die nassen Haare zurück und winkt mir zu. Ich fliege zu ihr, spring an ihr hoch, sie tätschelt mir die Seiten. Ein Ruck. – Ich schüttle den Schlaf weg. – Die Küste. »So, und jetzt laufen Sie!« sagt Arndt. »Bringen Sie den Stein nach Erice. Ich kann Sie leider nicht begleiten, aber Sie werden es schaffen. Viel Glück!« Er läßt mich aus dem Boot klettern, ich stehe am Rand einer Saline, er winkt mir noch zu, dann legt er sich in die Riemen, und das Boot taucht in die Nacht.

Es KLOPFT. Ich öffne die Augen. Es klopft noch einmal. Ich liege im Bett. Schon. Ja. Aber wo? Es klopft wieder. Dann entfernen sich auf dem Gang Schritte. Blinzeln. Links neben dem Stuhl mein Rucksack. Umgekippt. Ein Paar Sokken herausgekullert. Das Zimmer ziemlich warm. Leuchtendes Gelb fließt über die geschlossenen Scheiben. Es braucht ein paar Momente, bis ich bei mir bin. Strecke die Arme aus, recke mich, seh mir meine Hände an. Trete das Laken weg. Meine Beine. Erstaunlich. Dann springe ich auf, geh zum Spiegel, seh mir ins Gesicht. Ich wirke ungepflegt, muß dringend die Stoppeln wegrasieren. Schlechten Geschmack im Mund. Erst mal das Fenster öffnen. Auf dem Hof steht der Alfa. Wo ist der Stein? Die Jeans! In der Tasche: – nicht zu finden. Einfach weg. Ich durchwühle den Rucksack. Windjacke, T-Shirt, ein zweites Hemd. Das Hemd von gestern ist ebenfalls abhanden gekommen. Ich kratze mir den Hinterkopf, versuche zu denken. Das geht aber nicht. Es ist kurz nach sechs Uhr morgens. Zur Tür. Jemand hat einen Umschlag unten durch den Spalt geschoben. Ich nehm ihn, reiße ihn auf. »Vergessen Sie Erice nicht. Alles Gute. Arndt.« Wieder zum Fenster. Der Alfa steht auf dem Hof. Der Mercedes ist fort. Wo ist aber der Stein?

Schließlich finde ich ihn auf der Matratze unter dem zerknäulten Laken.

Ich rasiere mich, putze die Zähne. Ich ziehe mich an. Ich hab ja noch die Shorts. Stecke die Nachricht ein, schnüre den Rucksack, verlasse den Raum. Nichts vergessen?

Unten empfängt mich der junge Mann von gestern. − »Haben Sie mir den Umschlag unter der Tür durchgeschoben?« − »Umschlag? Ich? Gewiß nicht.« − »Und wer hat mich geweckt, wer hat geklopft?« Er zuckt mit den Schultern und macht die Rechnung fertig. Als ich bezahle, frag ich noch, wem der rote Alfa gehöre. Er sieht mich ganz verwundert an. »Alfa?« fragt er. »Ich weiß nicht. Vielleicht jemandem von den anderen Gästen,« − »Dann ist's ja gut«, ich lache. − »Sie sehen besser aus als gestern. Waren Sie krank?« Er reicht mir meinen Paß. − »Gibt es eine Buslinie nach Mozia?« − »Sicher, Linie 4. Sie fährt von der Piazza del Popolo ab.« − Ich bedanke mich und gehe. Erst mal zum Bahnhof, um mein Gepäck loszuwerden und nach dem Anschluß für Trápani zu schauen. Es gibt hier nur zwei Geleise. Gegenüber arabische Schachtelbauten, aus einem grob und lieblos ummauerten Garten ragt eine Palme. Hinterm Schalter ein ausgesprochen schöner, ungefähr fünfunddreißigjähriger Mann mit zurückgewellten, gelackten Haaren. Läßt mich warten. Ist ausgesprochen bedeutend, das will er gefühlt wissen. Ich schau nach den Zuganschlüssen. 12.07, 13.35, 14.00, 14.45. Da hab ich, denke ich, genügend Zeit. Endlich erbarmt der Narziß sich meiner und schließt die Kammer auf, worein mein Gepäck deponiert wird. Ich erhalte meinen Beleg und mach mich auf. Um sieben lange ich bei der Piazza del Popolo an, ich hab etwas Zeit für Caffè und Cornetto. Erstehe zudem, für allerdings horrendes Geld, einen patentgefalteten Stadtplan, dessen Rückseite auch Mozia erfaßt. Auf der Strecke orientiere ich mich darin. Offizieller Landesteg vor der Casa dei Mosaici. Die Pineta, Südhafen, der Nordhafen.

Der Bus fährt nördlich aus der Stadt, schon bald kommt Lo Stagnone, die Lagune, in Sicht. Sie erstreckt sich wenige Kilometer nördlich Marsalas und wird – die flachen Erhebungen Santa Marias, Mozias und der winzigen, Scuola und San Pantaleone genannten Fleckchen im Becken – von der langgestreckten Tafel der Ísola Longa vorm Meer geschützt. Kaum einmal zwei Meter ist sie tief. Ausgesprochen fischreich birgt sie einen noch unversehrten Poseidonienrasen. Ich spüre ihn unter den Füßen. Schneeweiße Aufschüttungen von Salz auf den Salinen der planen sizilianischen Westküste. Hübsche hellgraue Windmühlchen mahlen das Salz, leuchtend rote Spitzdächer. Mozia selbst ist eine alte karthagische Stadt, einst eine der blühendsten Mittelmeerkolonien. Am Anfang des vierten vorchristlichen Jahrhunderts von Syrakus zerstört, wird die Siedlung anfangs dieses Jahrhunderts von einem Engländer entdeckt und ausgegraben. Seitdem Privatbesitz der Familien-Foundation Whitaker. Naturschutzgebiet obendrein. Mir eigentümlich bekannt. Rauchverbot wegen der zwar üppig mediterranen, aber sehr trockenen Vegetation.

Eine lange Straße führt an der Lagune vorbei. Rechts Weinanbau, links die Salinen, vereinzelte Häuschen, mitunter zu Gruppen zusammengeschoben. Viele Kinder sind draußen. Dann der Steg. Es stehen schon einige Touristen da und warten auf das Fährboot. Drüben, vielleicht eine halbe Meile weg, Mozia. Ich steige aus, stelle mich in die

Schlange. Das Boot tuckert her, eine Art Kutter mit extrem flachem Kiel. Man kann vom Steg aus durchs Wasser bis auf den Grund sehn. 4 Mark die Fahrt inklusive Besuch des Museums. Aber interessiert mich nicht.

Vom Anleger der breite Weg geradeaus zu dem gründerzeitlichen Bau des Museums und der Pineta, links streckt sich ein Pfad durch Macchien und an Kiefern vorbei. Den nehme ich. Es ist wieder sehr heiß. Ich habe, weil in der Nacht mein Handtuch verloren, eines aus dem Hotel gestohlen. Damit wische ich mir das Gesicht. Der alte punische Hafen, das ehemals rechteckige, jetzt unregelmäßige Becken ist voller Wasser, aber den dünnen Durchstich zur Lagune hat man zugeschüttet, und der Pfad führt darüber. Alles ist ledergrün, rotbraun, ocker. Deutlich sind noch die Fundamente und einzelne halbzerfallene Mauern antiker Befestigungsanlagen zu sehen. Ein Stückchen weiter nach Osten, ein paar zehn Meter vielleicht, immer am Ufer entlang, drüben die Ísola Longa, dahinter hebt sich als blaugraue, fast durchsichtige Horizontmasse eine der Egadischen Inseln aus dem offenen Meer. Dann stoppe ich. Werde fündig. Ein paar Fetzen, die Jeans. Das zerrissene Hemd. Ich laß sie liegen und schau nach Fußabdrücken. Dort. Hier auch. Der ganze Boden aufgetrampelt. Etwas blitzt, ich bücke mich. Eine Patronenhülse. Hochkalibrig. Weitergesucht. Die zweite, die dritte. Die vierte finde ich nicht. Auch sind nirgends Blutspuren zu sehen. Leute haben sich durchs Gestrüpp zur Pineta geschlagen: abgebrochene Zweige, niedergestapfte Macchia. Das reicht, ich weiß jetzt genug. Schlendre den Weg am Westufer gen Norden, eine Steinbank direkt an der Lagune, ich setze mich einen Moment, sehe zur Ísola Longa und dahinter nach der verschwimmenden Favignana hinüber, stehe auf, quer durch die Insel zum Baukomplex, die kleine Trattoria unter einer dichten, mit Matten bedeckten Pergola, ein

Glas Wein, vorzüglich, ein Glas Wasser, außerdem darf man hier rauchen. Dann wieder zum Anleger. Der Fährkahn tuckert mich zurück.

Die Fahrt nach Trápani dauert etwa eine Stunde. Das ist für sizilianische Verhältnisse zügig. Das Land flach. Der Nahverkehrszug kriecht neben den Weinplantagen immer an der Lagune entlang, dann geht's leicht landeinwärts, dann wieder Salinen, sehr hohe Buckel aus Salz, Bagger, Container, es wird industriell. In weiter Schlaufe an riesigen Tanks und Lagergebäuden vorbei läuft die Strecke zur Stadt. Schon ist der Monte San Giuliano zu sehen, auf dem Erice liegt, der Venusberg, urgeschichtlicher Klotz: Das einzige Stück des sizilischen Festlands, das weit über die Egadischen Inseln hinaus ins freie Meer sieht.

Jeder noch so kleine Bahnhof Siziliens hat ein behütetes Gärtchen. In Trápani ist es ein kleiner tropischer Park. Ohnehin hat wer von Süden kommt den Eindruck, in die Zivilisation zurückzukehren, jedenfalls an diesem Sackbahnhof. Ich bleibe vor wild und bunt, ja geradezu glühend blühenden Pflanzen ein bißchen sitzen und schaue zu, wie die Trapaneser sich aus dem Hahn eines kleinen Brunnens ihr Trinkwasser füllen. Es schmeckt stark nach Mineralien und Chlor, irgendeinem vielleicht künstlichen Zusatz. Die Luft schwanger vor dampfender Feuchtigkeit. Es riecht schwer nach Veilchen. Dann zieh ich die Jacke aus dem Rucksack, außerdem paar Kleinigkeiten und gebe mein Gepäck am Deposito ab. Erhalte wieder einen Beleg, nehme eine Granita in der der Halle angeschlossenen Bar, zusätzlich trinke ich ein Glas Mandelmilch, zahle, und draußen halt ich mich links, um das Gebäude herum, ein verwahrlostes Plätzchen, überall abgerissene Plakate und Müllsäcke. Dann der Busbahnhof. Außen angeschlagen der

Fahrplan. Guck unter *Erice* nach, noch eine halbe Stunde. Ich setze mich auf die Stufen, drei führn zum Busgebäude hoch, rauche. Ein paar Ausflügler warten. Auch Sizilianer warten, die wahrscheinlich oben in Erice wohnen. Hol mir den Stein aus der Tasche meiner Shorts, wiege ihn, werf ihn knapp in die Luft, fang ihn, leg ihn von einer Hand in die andre. So vergeht die Zeit. Der Bus kommt. Ich löse das Ticket.

Der Bus fährt die vierspurige Allee stadtauswärts. Haushohe Palmen. Die Restaurants preisen auf Kreidetafeln Couscous an. Dann wieder industrielle Ödnis, schließlich biegt die Straße nördlich gegen den Berg.

Dieser am Fuß weitgehend kahl. Die Straße schlängelt sich steil hinauf, überall Felsbrocken, vorspringende Tafeln, alles ausgedörrt, knochentrocken. Dafür ungehemmter Blick hinunter auf Trápani und hinüber zu den Egadischen Inseln mitten in einem Meer voller Leuchtkraft und Lokkung. Ich muß daran denken, daß es sich im Mai von Blut purpurrot färbt, wenn die Thunfischschwärme vor der Insel Favignana vorbeiziehn und das Schlachtfest der Fischer tobt. Nun erreicht der Bus die Nordseite des Berges, und ich kann, hart am Meer, bis zum Monte Cófano schaun. Dahinter der Gebirgszug zum Capo Lo Vito, dem nordwestlichsten Zipfel Siziliens. Die Auffahrt bewaldet sich, Laubbäume, Mischwald, schließlich Kiefern, mitunter Tannen. Ein Gefühl, wie wenn ich Abschied nähme. Wir fahren in den Himmel, die Welt bleibt unter mir zurück. Selbst im strahlenden Sommer wipfeln Baumkronen in böigem Luftzug. Der Wald zunehmend dicht, abgezäunt jetzt. Wo keine Zäune sind, liegt Müll. Von weitem schon ganz oben weißrot bemalte Gestelle einer Funkanlage.

Auf einem Parkplatz mit Büdchen hält der Bus. Die alte Mauer, das erste Stadttor, Porta Trápani, hindurch, links das

Gelände der mittelalterlichen Chiesa Madre. Chiaramonte-Stil, gotisch, rauh, der noch ältere Campanile frei vorm Portal. Strenges klares Mauerwerk, kaum Zierat. Merkwürdig wuchtig für dieses Städtchen. An den Säulenkapitellen des Mittelschiffs fantastische Dämonengesichter. Die mich aus der Kirche treiben. Als schöbe mich wer gewaltsam und hämisch hinaus. Es besteht doch gar kein Grund, nervös zu sein: Alle Welt treibt sich fröhlich in Erice herum. Die steile, mit mosaikartig geschlagenen Katzenkopfsteinen gepflasterte, blau schimmernde Via Vittorio Emanuele, die ins Zentrum des Normannenfleckens führt. Enge Nebengäßchen, nicht zwei Personen können aneinander vorbei. Mauern, überall Mauern. Dahinter öffnen sich bisweilen Höfchen voller Anmut: Rote, blaue, orangene Blütenpracht ist darin versteckt, terrakottafarben die Wände, oft Brunnen, oft Amphoren, oft Bänkchen. Ganz selten mal ein Fenster zur Straße. Auch hier also der arabische Einfluß, architektonische Introvertiertheit, nach außen alles schmucklos, und innen wuchert künstlerischster Reichtum. 70 Kirchen gibt es in diesem Ort, die meisten längst unzugänglich. Vermauert. Bisweilen Bögen, über die geschmackvolle Arabesken ziehen. Rechts von mir überwächst eine geradezu fette Efeukaskade die Mauer zum Hof und erfaßt knapp eine rechteckige, völlig schmucklose Tür. Aus einem der Häuser weht Elvis Presley. Ruf aus einer anderen Welt. »It's now or never«. An draußen in die Wandmauern geschlagenen Haken hängen Müllbeutel. Wo der Wind hinkommt, baumeln sie. Der Geruch lebkuchenartigen Backwerks. Über einem Bogengang eine neonblaue Madonna. Ganz selten mal ein Balkon. Irgendwo ist ein einsames Moped abgestellt. Und endlich der vordere Teil des Kastells, die mittelalterliche Burganlage direkt vor dem hübschen, Balio genannten Englischen Garten. Es riecht stark nach Veilchen. Und außerdem ... wie vertraut ...! –

Schnuppern. Dann – – auf dem Boden – – – Eicheln! *Eichen* sind das hier! Schmierereien an Bronzebüsten. Ein paar Stufen hinauf, Blick ins Land. Die Stufen wieder hinunter. Eine weite, brückenartige, wie frei hängende Schwungstraße führt dem Normannenkastell zu, das auf den Resten des alten Demetertempels steht. Natürlich über einem rauhen, felsigen Abhang. Knapp achthundert Meter geht es dort steil hinab. Merkwürdig das Zittern in meinen Knien, als ich die Zufahrt entlangschreite. Touristen fotografieren und lachen und schwatzen. Eishörnchen schleckend schlendern sie mir in Gruppen entgegen. Es ist zwar ausgesprochen böig, aber als ich die Jacke anzieh, fang ich darunter zu schwitzen an. In meiner Hosentasche, rechts, pocht dieser Stein. Und klopft. Und pulsiert. Ich hol ihn heraus. Nichts. Nichts zu sehen, nichts zu spüren. Ein grober Schiefersplitter wie Tausende. Steck ihn ein. Abermals fängt er zu pochen an. Es ist verrückt. Die wadenniedrige Mauer rechts zum Hang, Kiefern wachsen herauf, links das Gebäude der Burganlage, dann verengt der Berg sich zum Grat, rechts hinunter nur noch Klippen, links aufwucherndes Grün. Eine gebogene Treppe führt zu dem stark rekonstruierten Eingang unter einer Art Turm. Oben drin ein feines arabisches Doppelfenster. Über dem Tor ein Adler, der ein Wappen trägt. Will die langgezogenen Stufen nehmen, da löst sich das Tier aus dem Stein, stürzt, schlägt zweimal träge mit den Schwingen, belebt sich, Stein wird Feder und Haut, schwingt sich auf, greift mich an. Ich schreie. Schau hoch.

Der Adler steinern im Mauerwerk.

Trete wieder auf die Stufe. Wieder stürzt er sich abwärts und auf mich, schlägt mir die Krallen in die Schulter, der spitze gebogene Schnabel sucht meine Augen, ich sträube mich, wehr das Vieh ab, schreie, falle, schlag mir das Knie auf. Jemand hilft mir hoch. »Was ist los mit Ihnen? Sind Sie krank?« – Ich versuche zu lächeln. »Bin gestolpert.« – »So so. Na na.« – Seine kleine Tochter starrt mich mit offenem Mündchen an und pult in der Nase. – »Annina, komm!« – Beide gehen sie, und die Mutter folgt ihnen, durch das Tor. Ich seh zu, ihnen nachzukommen, bevor mich das Vieh erneut attackiert. In einem überdachten, ummauerten Durchlaß weitere Treppen, es geht hinauf, dann tritt man auf den beinahe kahlen, sehr nüchternen Burghof. Hinten ist eine provisorische Antennenanlage mit drei hohen grauen Stahlmasten errichtet. Je darunter ein Wellblechhütt-chen. Ein sirrender Elektroverteiler, und oben, in den Stre-ben der Masten, jammert der Wind. Eine sehr große Libelle mit blauem Hinter- und grünem Vorderleib flitzt im Zick-zack durch den Hof. Ein kleiner Bogen gleich rechts neben dem Haus führt irgendwohin abwärts. Ist aber zugeschüttet worden. Die Außenmauern teils überwuchert mit Kletter-pflanzen. Blick ins Flachland und zu den Egadischen Inseln. Der Burghofboden felsig. Mitunter nackter, wie polierter Stein, teils flachgerundete, plötzlich wegbrechende Fels-platten in mehreren tafeligen Schichten. Sonst Macchia und vereinzelte Bäumchen. Mauerreste. Ein großer runder, mit einem drahtdurchflochtenen Metallgitter abgedeckter Brunnen. Ich werfe ein Steinchen durch eine Masche. Zähle. Es braucht fast acht Sekunden, bis es mit hohlem Geräusch aufschlägt. Lombardische Zinnen auf den Mau-ern. Verwitterte, quaderförmige Steine liegen in lose auf-geschütteten Haufen.

Was will ich hier? Touristen schauen herein, latschen herum, kichern, strecken die Zeigefinger nach den Inseln aus. Benehmen sich banal und dumm. Einer hat ein Koffer-radio dabei, das vor sich hinplärrt. Ich hab mich mitten in den Hof auf die Felsplatten gesetzt und rauche. Würde gern aufstehen, zu denen hinüber und ihnen sagen, sie befänden sich an geweihtem Ort. Aber das verstehen die nicht. Niemand versteht das mehr. Sie lärmen ja selbst in ihren eigenen Kirchen. Ich habe mich in allem getäuscht. Den Stein wegwerfen? Ich werde ihn mit mir nehmen. Was von nun an anfangen mit mir?

Stehe auf, geh noch mal zu einer der Mauern rüber, schau hinunter. Ein Schlößchen leuchtet, eingemuschelt zwischen Normannenkastell und Burg, aus dem Waldhang. Drüben, am Rande Erices, eine weiße Kirche, die aussieht wie eine Moschee. So verlasse ich die entsegnete Venusstätte, vielleicht komm ich gegen Abend noch einmal zurück. Es ist ja auch wirklich zu hell und zu sonnig und zu warm für jederlei Gespinste. Trotz des jaulenden Windes.

Der hört im Burgmauerschatten auch auf. Schwere Hitze statt dessen. Jacke aus. Um die Ecke. Jacke wieder an. Über den Balio unter Kiefern und Tannen, geharkte Sandwege, es geht Stufen runter, unbebauter Platz, links führt's in die Stadt, hinter einem Mäuerchen eine Treppe. Die nehm ich. Es geht steil den Hang hinab, der Pfad bald überwachsen, überall Schlingpflanzen, Bäume, Lianen, ein Wespennest, an diesem sehr langsam vorbei. Tausend Vogelstimmen. Dann das Schlößchen, Dornröschen, *Torretta Pepoli,* auf eine der Klippen gebaut. Das seh ich aber jetzt erst, als ich davorstehe. Leider verschlossen. Zerschlagene Fensterscheiben über Stürzen. Ein turmartiger Hausbau mit orientalischer, doch abgeflachter Kuppel und Erkern. Reichtum an Mäuerchen oben, die wahrscheinlich um kleine Terrassen laufen, ein Rundturm mit Zinnen und unter diesen, rund herum, offene langgestreckte Bogenfenster. Dreimeterpfad hinüber, die Tür durch eine monströse Kette gesichert. Attenzione! Pericolo di Crollo!, Einsturzgefahr. Ich trete zurück, schau mich um. Der Weg geradeaus führt weiter hinab, direkt in die wilde Felsformation hinein, dorthin, wo keine Bäume mehr wurzeln können, wo nur noch dürres Gesträuch und Flechten wachsen. Das geht möglicherweise einmal um das Gebirgsheiligtum herum. Versuch ich's also. Geh weiter. Eine Ecke. Drüben, im schwindelerregend freien Hang, bizarre hundert Meter unterm Normannenkastell, wandert wer heran. Ich warte auf ihn. Zwei dort hätten nebeneinander auf keinen Fall Platz. Einer von beiden stürzte ab, das ist klar. Kommt näher. Ich kenn ihn. Bin gar nicht verwundert, daß es Prestigiacomo ist. Er winkt mir zu, hält irgend etwas in der Hand. Es ist ein schwerer Schlüssel mit langem Bart. »Da sind Sie ja«, sagt er. »Sie haben es also geschafft.« Ich reich ihm die Hand, er schlägt freundschaftlich ein. »Ich dachte schon, dies alles sei nichts als ein langer schwerer Traum gewesen.« – »So schlimm ist's doch auch wieder nicht. – Aber kommen Sie jetzt. Ich muß den Schlüssel bald zurückbringen, sonst fällt das auf!« Er führt mich zum Schlößchen und macht sich an der Kette zu schaffen. Löst sie. Mit kräftigem Rasseln gleitet sie zu Boden. »Ist ziemlich verrottet da drin, tut mir leid. – Nach Ihnen, bitte!« Eine steinerne Wendeltreppe führt hoch. »So«, sagt er. »Hier müssen Sie jetzt warten. Seien Sie nicht unruhig, wenn ich draußen wieder die Kette vor die Tür lege. Es darf ja nicht auffallen, daß hier jemand drin ist!« – »Natürlich«, sage ich. – »Den Stein haben Sie?« – »Hab ich. Ja.« – »Und Ihr Rucksack?« – »Der ist unten, Trápani Bahnhof!« – »Geben Sie mir den Beleg? Sie brauchen ihn ja nicht mehr!« – Ich zögere. – »Wir müssen doch die Spuren verwischen!« – »Richtig«, sage ich. »Das sehe ich ein!« Ziehe mir das Portemonnaie aus der Hintertasche, suche flüchtig, finde den Zettel, gebe ihn ihm, stecke das Portemonnaie wieder ein. »Wie lange wird es dauern?« frage ich. – »Ich weiß es nicht. Eine Stunde, drei Stunden, vielleicht bis morgen früh. Kann ich wirklich nicht sagen. – Sie haben nichts zu trinken dabei? Soll ich Ihnen schnell noch was holen?« – »Nein, nein, wird schon gehen.« – »Also dann! Sie schaun übrigens wieder gut aus.«

Im Eingang dreht er sich noch einmal herum. »Ach so, ja: Haben Sie vielen Dank.« Dann schließt er die Tür. Ich höre das Rasseln der Kette, das Knirschen des Schlüssels im Vorhängeschloß. Draußen entfernt sich sein höchlichst vergnügtes Pfeifen.

SO WARTE ICH DENN. Überbrücke die Zeit damit, etwas in dem Gebäude herumzustöbern. Doch muß ich vorsichtig sein. Das Schild draußen hat recht. Der Stein unter den Füßen bröckelt unversehens, bricht weg. Der Boden eines Zimmers längst durchgekracht, man kann in zwei weitere Geschosse hinabsehn. Ehemals massive Holzträger, jetzt morsch. Wie gebrochener Torf. Vor nicht allzu langer Zeit allerdings scheint das Gebäude noch zugänglich gewesen zu sein, denn in den mürben Räumen finden sich Coladosen, Wasserflaschen aus Kunststoff, Plastiktüten von STANDA, Papierfetzen, sogar vermodernde Kleidungsstücke. Außerdem stinkt es in manchen Ecken nach Scheiße. Ich würde gern einen Platz finden, wo ich mich ausruhen kann. Steige vorsichtig die Wendelung des Türmchens hinauf, kleines, nahezu freies Plateau zwischen den hochgereckten Rundfenstern. Höher geht's nicht. Der Boden hält mich. Hier setz ich mich nun hin.

Über mir die Venusburg.

Unter mir Sizilien.

Rechts die schroffen Felsklippen. Ein Riff in der Luft.

Dahinter das Meer.

Dann kommen die Mädchen herauf. Ich hör sie schon unten kichern. Eine läßt ihren dunklen Lockenkopf blicken. Kichert noch mal, klettert bis zum Bauchnabel hoch, stellt mir eine Schale mit Milch hin, verschwindet. Ich sitz an einem der Fenster und schau mir die Erscheinungen an. Keine Lust, was zu sagen. Eine andere, blonde, zeigt sich, gickert albern, stellt eine zweite Schale hin, zieht sich flink zurück. Etwas Festeres drin, sieht wie Honig aus. Die Mädels kichern unten. Entfernen sich trippelnd. Es wird wieder still. Nur der Naturruf um mich her. Irgendwann erhebe ich mich doch, ja, das ist Honig. Auf die Außenseite der Gefäßchen sind, sorgfältige Arbeit, Ornamente gemalt: rundherum Augen. Ich koste. Nippe an der Milchschale. Eine Fliege ist drin ertrunken. Mit dem kleinen Finger stipp ich sie raus. Gleichzeitig paß ich auf, daß man mich von oben, vom Normannenkastell aus, nicht sieht. Immer wieder fotografierende Touristen über die Mauern gebeugt. Jetzt dämmert es, die Luft ist schlierig in der Ferne, Dunst senkt sich auf die Inseln. Die Gerüche des Waldes zunehmend süß, herber, betäubender Rosenduft. Man hat mir etwas in die Milch getan, in den Honig, vielleicht in beides. Meine Lider werden schwer. Ich bin mir ganz sicher, daß hier irgendwo Rosen blühen. Es sind aber keine zu sehen. Der Geruch wabert um mich, ich selbst ströme ihn aus. Schon hör ich die Mädchen erneut. Sie tappen die Wendeltreppe hoch: leises feines Klatschen der Fußsohlen. Jetzt kommt man mich holen. Das erste Köpfchen, das zweite, schließlich stehen neun Mädchen um mich herum. Sie mögen zwischen vierzehn und achtzehn Jahren alt sein. In bis zu den Knöcheln reichenden, frei schwingenden, in der Taille locker geschnürten Kleidern aus einem sehr festen schweren hellen Stoff. Zwei fassen mich an den Füßen, ziehen mich von meinem Säulenfenster fort, ich liege lang, sie nesteln an den Senkeln der Reeboks herum, dann fassen sie sie an den Fersen und ziehen sie ab. Eine andere zerrt mir die Jacke über Schultern und Arme, die nächste knöpft mein Hemd auf. Man stellt weitere Schalen neben mich. Ich werde völlig entkleidet. Das ist angenehm. Als flöge ich. Seltsam, muß ich denken. Man holt den Stein aus der Hosentasche der Shorts, gibt ihn mir in die Hand. Befremdlich. Und sowieso eigenartig, daß man das Geschehen vom Normannenkastell aus nicht bemerkt. Denn im Augenwinkel kann ich auch jetzt noch Touristen über die Mauern blicken sehen. Aber die Leute sehn nur, was sie sehen wollen. Nun werde ich gewaschen. Der warme poröse Schwamm wischt über meine Haut. Man nimmt mir den Stein aus der Hand, wäscht meine Handfläche, legt den Stein wieder hinein. Man trocknet mich ab. Und während all dem wird unablässig gekichert und leise geschnattert. Die Mädchen reiben mich mit Nelkenöl ein, massieren es in die Haut. Eine hebt mich an, zwei weitere helfen, gemeinsam schleppt man mich wieder an meinen Fensterbogen. Eine vierte setzt mir dort einen aus Narzissen und Myrten geflochtenen Kranz auf das Haupt. Die fünfte legt mir ein jochförmiges, rundes, vorne geöffnetes Halsband aus Bronze um, das rechts einen Ring trägt. Zwei andere räumen derweil die Schalen, den Schwamm, die Handtücher zusammen und tragen sie fort. Die achte und die neunte kommen mit einem Pinsel und drei Schälchen, die ebenfalls mit getuschten Augen verziert sind, und malen mir etwas auf die Stirn. Neckisch kommentieren sie ihre Striche, legen den Kopf schief, prüfen, lachen, verbessern, kichern. Daraufhin ziehen sich alle, weiterhin gickernd, wieder zurück. Stille.

Der Abend. Die Rosen. Der Wald.

Die Konturen des Normannenkastells und die Bizarrerie des Felsens verwischen. Entrücken sich ins Dunkle, werden Schatten, Silhouette, schon steigt der Mond wie eine Silberbarke am blauen Himmelssee empor. Hinter dem Berg verglüht die Sonne, ein bis über mein Türmchen hinausfingerndes rosa Schwären im Blau. Wird ultramarin, wird violett. Ich spüre eines fernen Windes Wehn hinter den dunklen Fichten. Es fällt die Nacht, der Mond bläht sich. Unter der rauschenden Walddecke tönen Rufe, hohle Schreie, Krächzen und Zirpen, und darüber blinken flirrende Stecknadelspitzen, erste Sterne. Es werden immer mehr, sie vereinigen sich zu flächigen ungefähren Striemen, zu kosmischen Schleiern. Die Welt schläft ein, doch Brummer umschwärmen mich derb. Es gibt auch Schnaken, aber sie meiden den Nelkengeruch. Endlich wieder menschliche Geräusche. Kein Kichern, sondern Geflüster. Nähert sich. – Warme Reflexe flackernden Lichtes. Vielleicht Fackeln. Ja, es sind Fackeln. Die Mädchen treten auf die Empore, eines nähert sich mir, besprengt mich mit getrockneten Veilchenblüten, jemand bringt von hinten eine Art Maske. Sie sieht aus wie der vordere Kopfteil eines Rehs oder Hirsches. Eines der Mädchen klinkt den Haken einer Leine in den Ring des Halsbandes. Danach wird mir die Maske vors Gesicht gebunden, sie reicht bis an die Brauen. Lederriemchen werden am Hinterkopf und Nacken verknüpft. Ich kann nichts mehr sehen. Man hilft mir hoch. Überall Hände, die mich leiten, führen, aufhalten und weiterschieben. Die Wendeltreppe. Es ist nicht leicht, so blind hinabzukommen. »Du mußt durch dein drittes Auge sehen«, flüstert eines der Mädchen mir. »Schau durch die Stirn!« wispert eine andere Stimme. Ich versuch's ja, aber es geht nicht. Wie weit die Treppe hinunterreicht! Endlich Ebene. Werde hinübergezogen und -gedrückt. Sanfte, doch bestimmte Klapse mit den Händen. Es quietscht eine Tür. Es fängt feucht zu riechen an, muffig, Tropfstein. Der Boden unter meinen nackten Sohlen wird kalt. Mich fröstelt. Die Mädchen fühlen das an meiner Gänsehaut, jemand legt mir eine Decke über die Schultern, ich ziehe sie vor der Brust zusammen. Doch an den Füßen bleibt es unangenehm. Weitere Stufen hinab, Sand oder feines Geröll. Spitzig. Milchiges Licht dann, Strahlen, verschwommen. Auf- und abwackelnde Feuer. Es geht einen unterirdischen Gang entlang, offenbar immer tiefer in den Fels. Ich kann jetzt die Konturen der Körper erkennen. Es sind nicht nur die neun

Mädchen, sondern viele andere Gestalten, ein langer Zug, nur zwei können jeweils nebeneinander gehn. Weiter vorn wird eine Monstranz getragen, ich erkenn aber nicht, wen sie darstellt. Auf einem Plateau warten Musiker. Durchweg Männer, aber in Frauenkleidern. Hier halten wir einen Moment. Die Männer beginnen, auf ihren Flöten zu spielen, sie schlagen kleine Tamburine, manche haben Klappern in den Händen und hell klingende Becken. Wir ziehen weiter. Erneut gewendelte Stufen, nun aber hinauf. Ziemlich steil, man paßt nicht nebeneinander. Muß hintereinander. Werde halb gezogen, halb geschoben. Der Schacht zwar schmal, aber sehr sehr hoch. Die Treppe dreht sich in eine zähe, nahezu greifbare Luft. Das Licht hat es schwer hindurchzudringen und sieht wie Milch aus. Wir kommen oben im Hof des Normannenkastells hinaus, durch den Bogen, unter dem doch eigentlich zugeschütteten Schacht. Jetzt klafft er auf.

Vom Brunnen bis zu der Antennenanlage ist alles zugestopft mit jungen, mittelalten, alten Menschen. Viele singen und wiegen ihre Oberkörper. Ich kann endlich die Monstranz erkennen: Es ist ein seltsames Mischgeschöpf aus Stein, hat den Körper eines Menschen, indessen das Gesicht einer Ziege, hat auch ein Ziegenbein. Einen Kranz auf dem Kopf. Und einen seltsamen Phallus mit enorm übertriebener Eichel zwischen den Beinen. Er strotzt vor mechanischer Beweglichkeit. Die Monstranz wird abgestellt, man bringt neben ihr und um sie herum Fackeln an, drei Musiker treten dazu.

Als man mich sieht, kommt eine wogende Bewegung in die Menge. Sie drängt an mich heran, es sind ganz normale Menschen. Viele sehen sehr arm aus, abgerissene Kleider. Alle wollen sie mich berühren. Das Einzigartige ist, daß der Hof sein Licht aus einem eigens für ihn geschaffenen Himmel schöpft. Dieser Mond glüht nicht, er flammt. Ich werde nicht mehr gedrückt, sondern vorangestoßen. Stolpere, man zieht mich an der Leine hoch, ich falle abermals hin. Man führt mich zum Brunnen, dort bindet man mich an die Gitterabdeckung fest. Noch immer kann ich nicht sehen, was im Zentrum der Versammlung vor sich geht. Von dorther nämlich ist es seltsam still. Als fänden sämtliche Laute nur außerhalb dieses Kreises statt und würden drinnen verschluckt. Ich halte den Stein fest in der Hand. Man wendet sich zu mir um. Es ist, als würde von mir etwas erwartet. Ein paar Männer schleppen eine gefällte Pinie über den Hof, nur nachlässig ist die Krone entfernt, man kann noch deutlich die Aststümpfe sehen. Der Stamm wird zu der Monstranz hinübergebracht und niedergelegt und, wie vorhin ich, mit getrockneten Blüten bestreut. Ein Priester läßt sich Blut abnehmen, das wird in eine Schale gespritzt. Die Zimbeln, Flöten und Tamburine machen eine fremde Musik. Um das Geschehen herum geraten die Leute in Trance, fangen nun ebenfalls an, sich zu stechen, sogar ihre Adern aufzureißen. Sie besprengen den Pinienstamm und die Monstranz. Dabei tanzen die Frauen. Sie rufen etwas, das wie »Euoi!« oder »Euhoe!« klingt. So geht das einige Zeit, ich schau mir das völlig verwundert an. Jetzt öffnet sich die Versammlung zu mir, es bildet sich ein Spalier bis zur Mitte des Hofes, ja, zu den nackten, wie polierten Felsplatten. Die Menschen werden still. Durch den Weg schreiten die Mädchen. Sie nehmen mir die Maske ab. Jetzt seh ich dreifach klar. Nie sah ich so deutlich, so leuchtend. Ich blinzle vor Blendung. Drüben sitzt auf einem Lager, einer Art Nest, mittels Fellen und Stoffen und Kissen auf den kalten Steintafeln errichtet, eine Frau. Ich habe sie niemals gesehen. Sie mag fünfunddreißig sein oder vierzig, ist hochgewachsen, eher kräftig mit ihren schweren Brüsten, trägt nichts als eine Krone aus zwei Hörnern. Zwischen ihnen glänzt eine runde Silberscheibe. Die Frau wird noch abgetrocknet, gesalbt, sieht herüber. In der rechten Hand hält sie einen Granatapfel. Auch ihr wird ein Kranz aus Narzissen und Myrte um das Haupt geschlungen. Ihr zur Seite je zwei Priester. Man löst meine Fesseln, ich weiß, was ich zu tun hab, ich schreite sehr langsam. Jeder Mensch, an dem ich vorüberkomme, berührt mich kurz mit der Hand. Die Frau reicht mir einen Holzkelch. Ich nippe. Gekühlte Milch ist darin, mit Honig gesüßt. Ich reiche ihr auf der flachen Hand den Stein. Sie zeigt auf den Kelch. Ich tu den Stein hinein, ich trinke nochmals, es ist sehr frisches Wasser. Ich reiche den Kelch ihr. Auch sie trinkt. Man nimmt ihr Granatapfel und Kelch aus der Hand. Dann zieht sie mich zu sich hinab aufs Lager. Um uns schließt sich die Versammlung. Alles weitere unbewußt. Dann saust die Doppelaxt auf mich herab. Und ich komm zu mir in meinem Turm, hetze auf allen vieren unentschlossen herum, ich trau mich nicht zu springen, trau mich auch die Treppe nicht runter, und mein Fell sprießt wie wild und juckt so erbärmlich. Gefangen. Dann die Kette unten vor der Tür. Es kracht. Ich verkriech mich. Jemand ruft. Mann. Knurre, die Nackenhaare auf. Kommt herauf. Lefzen hoch und zurück in die Nase gedrückt. Ruft noch mal. Augenschlitz. »Komm her! Komm raus, du! Na los!« Kopf. »Da bist du ja. Brauchst keine Angst zu haben.« Stinkt. Häßlich knirschender Schritt. »Will dich doch nur freilassen, nun hab dich nicht so.« Ich mich weiter an die Wand zurückgedrückt. Er näher. Der Boden so dreckig. Dann. Satz nach vorn. Schnappe zu. »Verdammtes Vieh!« Und entweiche. Und springe. Strecken. Weit. Zusammenziehn. Hinab. Der Wald. Die Kronen. Mich zusammenkugeln. Schrammt. Die Stämme. Bewuchs. Komm auf und jage davon.

In der folgenden Nacht reiß ich meinen ersten Bock.

Im Hotel Sole, Trápani, hat Herbst eine friedlose Nacht gehabt. Nicht nur ist es tags zuvor, als er sein Zimmer beziehen wollte, zu einer heftigen Auseinandersetzung gekommen. Er reiste aus Palermo an, ein Großteil seines Gepäcks war dort im Hotel Elena geblieben, wo er für die Zeit seines Sizilien-Aufenthaltes Quartier bezogen hat. Außer einem kurzen Ausflug nach Agrigent und jetzt dem Abstecher nach Trápani, um seine Angelegenheiten zu Ende zu führen, hat er Palermo nicht verlassen. Deshalb das erstbeste Hotel gleich hier am Bahnhof. Sehr unruhig ist er schon bei Ankunft gewesen.

An diesem Abend, gestern, schaute Herbst dann immer wieder zum Monte San Giuliano hinüber, von der Spitze der Sichel Trápanis aus, von dort, wo die zugemauerte Burg direkt vorm Meer steht, zu der anderen Burg auf der Spitze des Bergs. Bis spät in die Nacht lief er unstet am Felsstrand herum. Schließlich begab er sich in Richtung des Hafens und fand im Viertel eine Trattoria, wo er pappige Pasta aß. Er hatte ohnehin keinen Appetit. Suchte sich noch eine Kneipe, was nicht leicht war, rauchte enorm und betrank sich. Er ging nicht, sondern wankte ins Hotel. Die ganze Nacht über Lärm, schlagende Türen, arabisch kehlige Gutturallaute, durch den zum Zimmer offenen Toilettenschacht hallten Schreie. Er träumte schlecht: Halbtote mit leuchtenden Augen befahlen ihm, einen Wasserbottich zu füllen, der keinen Boden hatte. Als er über der Eimerschlepperei irgendwann zusammenbrach, wacht er auf. Kein Licht im Zimmer, weil ja das Fenster nicht nach draußen, sondern eben in den Toilettenschacht schaut. So braucht er ein paar Minuten, sich zu besinnen.

Steht auf, schaltet Licht an, wäscht sich, kleidet sich an.

An der Rezeption ruft ihn jemand anderes als der kleine Alte von gestern abend. »Signor Herbst?!« Er hat deutliche Schwierigkeiten, den ausländischen Namen zu intonieren. – »Pronto?« – »Man hat etwas für Sie abgegeben. Und Ihre Rechnung ist schon bezahlt. Hier, Ihr Paß.« – Herbst nimmt diesen sowie einen braunen Umschlag entgegen, noch am Tresen reißt er ihn auf. Drinnen finden sich ein Gepäckschein, Bahnhof Trápani, ein Autoschlüssel mit Hertz-Anhänger und ein Alitalia-Ticket Palermo-Francoforte via Milano. Als Herbst nach draußen schaut, hat sich der Himmel bewölkt, und erste Regentropfen fallen. Erstaunt sehen die Sizilianer hoch, Kinder rennen auf die Straßen und jubeln. An der Ecke läßt jemand eine Feuerwerksrakete steigen. Warmfrischer Wind geht durch die Stadt, gleich drüben neben dem Bahnhof der rote Alfa.

Herbst löst am Deposito den Gepäckgutschein ein, läßt sich den Rucksack geben, zahlt die 1500 Lit. Schleppt den Rucksack zum Auto, schließt den Kofferraum auf, schaut nach, gut, der Benzinkanister ist gefüllt. Wuchtet den Rucksack dazu, läßt die Klappe knallen, öffnet die Fahrertür, steigt ein. Sieht ins Handschuhfach. Die Wagenpapiere. Und eine Quittung. Prima.

Es regnet stärker.

Über die Autobahn fährt Herbst Richtung Palermo. Verläßt sie bei Álcamo, nimmt die Staatsstraße. Irgendwo im Bergland biegt er rechts in einen Sandweg und läßt den Wagen rollen, solange es geht. Stellt den Scheibenwischer ab, schaut zum Himmel hoch. Beeilt sich: Steigt aus, holt Rucksack und Benzinkanister aus dem Kofferraum, verschließt den Wagen, halftert den Rucksack und schleppt ihn einen Kilometer schottereinwärts. Schließlich vergewissert er sich, daß niemand in der Nähe ist, läßt den Rucksack von den Schultern gleiten, leert ihn aus, packt alles auf einem Haufen zusammen, sucht trocknes, noch nicht naßgeregnetes Buschwerk, reißt dürre Ranken aus der Erde, schichtet auf den Haufen drauf und unterfüttert ihn. Sucht schwere Steine zusammen, ordnet sie um den Haufen zu einem Wall. Dann kippt er das Benzin dazu, vorsichtig, damit nichts verspritzt. Reißt ein Zündholz an, wirft es drauf. Noch eines. Noch eins. Endlich fängt der Haufen Feuer. Fette Regentropfen zischen, schwarze Qualmwolken steigen auf. Immer wieder schaut Herbst sich um.

Eine Bewegung hinter paar Brocken. Herbst starr. Bewegt sich nicht mehr. Eine halbe Sekunde lang schaun Wolf und Mensch einander in die Augen. Das Tier zieht die Lefzen über die Vorderzähne, hellrosa Zahnfleisch, die Fänge. Legt die Ohren scharf nach hinten. Da senkt der Mensch die Lider. Und das Tier, gereizt, unruhig, hält noch einen Moment die feuchte Nase in die Luft, die Ohren bleiben zurückgestellt, das Kinn hinaufgeworfen, noch sträubt sich das Fell. Dann zweimal mit dem kräftigen Oberkörper her und hin. Gewendet. Und lautlos zwischen den Felsen davon.

Herbst wartet noch, bis er sich wieder rührt. Wischt sich die Tropfen aus den Brauen. Bückt sich, räumt die heißen Steine wieder fort und zerstreut die schwelenden, bereits naßstinkenden Reste des Feuers, zerreibt sie mit den Schuhsohlen. Wirft Unverbranntes, Angebranntes ins Land. Das Aluminiumgerüst des Rucksacks aber nimmt er mit, schmeißt es später, bei Partinico, auf einen Müllhaufen am Straßenrand.

Erneut über die Autobahn nach Palermo. Der Regen immer dichtere Schleier. Völliges Verkehrschaos: Vom Stadtrand bis zum Hotel braucht Herbst fast zwei Stunden. Von dort holt er sein Gepäck. Auch hier bereits das Zimmer bezahlt. Nun die dreißig Kilometer zum Flughafen Punta Raisi. Den Wagen volltanken, ihn abgeben. Einchekken, ein letzter Caffè. Doch lange lange Verspätung des Abflugs.

An diesem Tag auf Sizilien alle Brände gelöscht. Das Verkehrsnetz zusammengebrochen: sämtliche Züge stehengeblieben. Die elektrische Versorgung über Stunden wie tot. Es regnet und regnet. Es ist kein Unwetter, das sind nicht reißende Güsse. Sondern gut fällt das Wasser. Und mitten im Sommer begrünt sich das Land.

August bis Dezember 1994.
Berlin und Frankfurt am Main.
Sowie auf Sizilien.

Klassische Reisebücher im dtv

»Der echte Reisende beginnt früh wie das Genie…«
Alfons Paquet

Johann Gottfried Seume
Spaziergang nach Syrakus
Vollständige Ausgabe
Herausgegeben und mit einem Anhang versehen von
Albert Meier
Originalausgabe
dtv 12378

George Sand
Ein Winter auf Mallorca
Herausgegeben und übertragen von
Ulrich C. A. Krebs
Mit zahlreichen Illustrationen
dtv 12497

Johann Wolfgang Goethe
Italienische Reise
(Hamburger Ausgabe)
Herausgegeben von
Herbert von Einem
Mit 40 Illustrationen nach zeitgenössischen Vorlagen
dtv 12402

Théophile Gautier
Reise in Andalusien
Mit 28 Holzstichen von
Gustave Doré
Herausgegeben und übersetzt von
Ulrich C. A. Krebs
dtv 2333

Die Kunst des Wanderns
Ein literarisches Lesebuch
Herausgegeben von
Alexander Knecht und
Günter Stolzenberger
Originalausgabe
dtv 20030

Pierre Loti
Im Zeichen der Sahara
Aus dem Französischen
neu bearbeitet von
Dirk Hemjeoltmanns
Mit einem Nachwort von
Susanne und Michael Farin
dtv 12736

Pierre Loti
Nach Isfahan
Aus dem Französischen
von Dirk Hemjeoltmanns
Mit einem Nachwort von
Susanne und Michael Farin
dtv 12763

T. C. Boyle im dtv

»Aus dem Leben gegriffen und trotzdem unglaublich.«
Barbara Sichtermann

World's End
Roman · dtv 11666
Ein fulminanter Generationenroman um Walter Van Brunt, seine Freunde und seine holländischen Vorfahren, die sich im 17. Jahrhundert im Tal des Hudson niederließen.

**Greasy Lake und
andere Geschichten**
dtv 11771
Von bösen Buben und politisch nicht einwandfreien Liebesaffären, von Walen und Leihmüttern...

Grün ist die Hoffnung
Roman · dtv 11826
Drei schräge Typen wollen in den Bergen nördlich von San Francisco Marihuana anbauen, um endlich ans große Geld zu kommen.

**Wenn der Fluß voll
Whisky wär**
Erzählungen · dtv 11903
Der Zusammenstoß zweier Welten in den USA – der Guerillakrieg zwischen Arm und Reich hat begonnen.

Willkommen in Wellville
Roman · dtv 11998
1907, Battle Creek, Michigan. Im Sanatorium des Dr. Kellogg lässt sich die Oberschicht der USA mit vegetarischer Kost von ihren Zipperlein heilen. Eine Komödie des Herzens und anderer Organe.

**Der Samurai von
Savannah**
Roman · dtv 12009
Ein japanischer Matrose springt vor der Küste Georgias von Bord seines Frachters. Er ahnt nicht, was ihm in Amerika blüht...

Tod durch Ertrinken
Erzählungen · dtv 12329
Wilde, absurde Geschichten mit schwarzem Humor.

América
Roman · dtv 12519

Riven Rock
Roman · dtv 12784
Eine bizarre und anrührende Liebesgeschichte.

Umberto Eco im dtv

»Dass Umberto Eco ein Phänomen ersten Ranges ist,
braucht man nicht mehr eigens zu betonen.«
Willi Winkler

Der Name der Rose
Roman
dtv 10551
Dass er in den Mauern der
prächtigen Benediktiner-
abtei das Echo eines ver-
schollenen Lachens hören
würde, damit hat der Fran-
ziskanermönch William
von Baskerville nicht ge-
rechnet. Zusammen mit
Adson von Melk, seinem
jugendlichen Adlatus, ist er
in einer höchst delikaten
Mission unterwegs ...

**Nachschrift zum
›Namen der Rose‹**
dtv 10552

Über Gott und die Welt
Essays und Glossen
dtv 10825

**Über Spiegel und
andere Phänomene**
dtv 12924

Das Foucaultsche Pendel
Roman
dtv 11581
Drei Verlagslektoren
stoßen auf ein geheimnis-
volles Tempelritter-Doku-
ment aus dem 14. Jahrhun-
dert. Die Spötter stürzen
sich in das gigantische
Labyrinth der Geheimleh-
ren und entwerfen selbst
einen Weltverschwörungs-
plan. Doch da ist jemand,
der sie ernst nimmt ...

**Platon im Striptease-
Lokal**
Parodien und Travestien
dtv 11759

**Wie man mit einem Lachs
verreist
und andere nützliche
Ratschläge**
dtv 12039

Im Wald der Fiktionen
Sechs Streifzüge durch die
Literatur
dtv 12287

**Die Insel des vorigen
Tages**
Roman · dtv 12335
Ein spannender histori-
scher Roman, der das Zeitalter der großen Ent-
deckungsreisen in seiner
ganzen Fülle erfasst.

Vier moralische Schriften
dtv 12713